“一国两制”与基本法

二十年回顾与展望

王振民 著

江苏人民出版社

自　序

在撰写这个序言的时候，我一直在思考自己与香港的缘分或者故事应该追溯到何时。经过反复认真考虑，我决定从著名的“八十年代三大任务（三件大事）”说起，因为任何人的成长、择业离不开所处的时代大背景。如果没有结束“文化大革命”、没有上世纪八十年代把实现国家统一列入中国共产党和中国政府的议事日程，也就没有过去30多年波澜壮阔、彪炳史册的港澳回归大业，也就没有今天我为之努力的“一国两制”研究事业。

1982年秋，中国共产党第十二次全国代表大会召开，邓小平在9月1日的开幕致辞中郑重提出：“加紧社会主义现代化建设，争取实现包括台湾在内的祖国统一，反对霸权主义、维护世界和平，是我国人民在八十年代的三大任务。”“八十年代三大任务”或者口语所讲的“三件大事”由此成为国家政治的主题词，也成为几乎所有政治课考试的必考题目，那个年代的青年学生对此都耳熟能详。我1982年初中毕业，进入当时河南省重点名校密县第二高级中学。当时的政治考试总是少不了这道题，考查学生知不知道中华民族要完成的这三件大事，依稀记得年少的我还真的思忖过自己能否参与其中某件大事的解决。其实，任何人想要成就一番事业，都必须参与到自己祖国、自己民族面对的重大使命中去。

从那以后,在每五年一次的中国共产党全国代表大会上,这三件大事都被以不同方式提出,2002 年以后统一改称为"三大历史任务"。2012 年 11 月 8 日,胡锦涛在中国共产党第十八次全国代表大会上的报告《坚定不移沿着中国特色社会主义道路前进　为全面建成小康社会而奋斗》中提出:"在新的征程上,我们的责任更大、担子更重,必须以更加坚定的信念、更加顽强的努力,继续实现推进现代化建设、完成祖国统一、维护世界和平与促进共同发展这三大历史任务。"可见,这三大历史任务不仅是上世纪八十年代的三件大事,而且是中华民族很多代人都要持续不断努力才能真正全面完成的历史使命。

1985 年我中学毕业,进入大学读法律。当时我的学术兴趣就是宪法,志向是推动国家的民主法治大业,让人民富裕幸福。我没有想到自己以后会与三大历史任务中的第二个"实现国家统一"、与港澳回归和"一国两制"有什么联系。再说那个年代谈国家统一,指向都是台湾地区,人们一直热衷的是研究两岸如何实现统一的问题。也许由于新中国成立后我们对港澳的基本政策是"暂不收回,维持现状,长期打算,充分利用"这 16 个字,不追求立即统一港澳,很多人对港澳问题所知不多,只是知道那时中国地图上香港、澳门两个地名下面都很别扭地加了括号,一个写着"英占",一个写着"葡占"。

长期以来,在联合国安理会常任理事国中,中国是唯一一个尚未实现统一的国家。这是中华民族近代百多年屈辱历史遗留下来的国族伤痛。粉碎"四人帮"、国家恢复正常政治秩序之后,这件事情就迅速被提上议事日程,其重要性与现代化建设、改革开放是一样的。1978 年 12 月 26 日,第五届全国人民代表大会常务委员会第五次会议讨论通过著名的《告台湾同胞书》,1979年元旦发布。熟悉中国大陆政治制度和运作的人士都注意到这封"家书"不是惯常由中共中央或者国务院通过并发布,而是破例以最高国家权力机关常设机构的名义发布,赋予其浓厚的法律意涵。可见"一国两制"从萌芽开始,就以严谨的法律形式出现。此后几年,邓小平频繁接见海外华人和港澳台同胞,不断阐释、发展、完善他的"一国两制"构想,最终形成了完整的"一国两制"理论,从解决台湾问题扩展到解决港澳问题,形成了"一国两制"的港澳版,并成功运用于1982年至1984年中英关于香港问题的谈判。1984年《中英联合声明》签订,1985年香港基本法的起草工作启动,后来澳门问题也顺利解决,港澳终于踏上了回家的征程,三项历史任务之第二项的解决获得重大进展。

后来常讲"一国"是"两制"的前提和基础,今天结合"一国两制"当时产生的历史大背景,我们更加认识到"一国两制"必须首先满足"一国"的基本要求,因为提出"一国两制"的初衷和目的就是实现国家统一(即"一国"),完成祖国统一大业,也就是基本法序言所说的实现"长期以来中国人民收回香港的共同愿望"。如果"两制"不能满足"一国"的基本要求,甚至威胁"一国"自身的存在和安全,让香港得而复失,人们就要质疑我们是否忘记了实现并维护国家统一这个初衷。我内心深处坚信"一国两制",希望"一国两制"事业永葆青春、历久弥新,不希望个别人的不理性行为毁掉"一国两制",才提出这样的逆耳忠言。

1989年我从郑州大学本科毕业,到中国人民大学读宪法学专业研究生,一直到1995年毕业,在那里获得了硕士和博士学位。当时中国人民大学宪法学科的掌门人许崇德教授是香港基本法和澳门基本法起草委员会委员,作为他的弟子,我很自然选择了基本法作为我的博士论文选题。从那时候开始我接触基本法、研究基本法和港澳问题迄今也有20多年时间。30

多年前在家乡农村中学饥肠辘辘、背诵“八十年代三件大事”的我，没有想到我的学术生涯和事业发展真的与国家统一大业结下不解之缘。

1992年许崇德教授组织了一次高规格纪念中国现行宪法公布施行十周年的国际研讨会。时任香港大学法律学系主任韦利文（Raymond Wacks）教授和佳日思（Yash Ghai）教授都参加了会议。韦利文教授提出会后希望访问河南省，由于我是河南人，许崇德教授就把组织这次河南之行的光荣任务交给了我。成功的河南之行后，韦利文教授邀请我到香港大学学习，许崇德教授帮助我解决了生活费问题。1993年9月我从中国人民大学来到香港大学法律学院学习并开展研究工作，1995年4月结束学习，回到北京。能够出境学习，在那个年代还是很特别的。在香港这不到两年的学习生活，对我认识“一国两制”和基本法，对我认识香港司法、法治、法律教育和香港社会，起到十分重要的作用。1995年我完成香港的学习，并从中国人民大学博士毕业正式加盟清华大学，参与清华法学院的筹备复建工作，一直从事法学院的管理工作，其中从2008年到2016年担任法学院院长，同时从事宪法、基本法的教学研究，是典型的“双肩挑”。清华大学法学院的建设不仅得到香港法律界、工商界的大力支持，而且办学模式也借鉴了香港的法律教育，例如对普通法教学的重视。我的学术研究主要集中在宪法和基本法领域，后来也从事国家安全法和中国共产党党内法规的研究工作。2015年底我被借调到中央人民政府驻香港特别行政区联络办公室工作。20年后重新回到香港，直接从事“一国两制”和基本法的实践，耳闻目睹、亲身见证了几场大的选战，特别是今年第五任行政长官的选举，更新了我对香港的很多认识，修正、改变了很多看法和想法。

1994年我用英文写了一篇关于“一国两制”的文章，题目是“One

Country Two Systems：Its Historical Background，Present Operation and Future Development"(《"一国两制"：历史背景、实际操作和未来发展》)，1995年7月发表于亚太法协会刊《比较宪法》(LAWASIA：*Comparative Constitutional Law*)，这是本人第一篇关于"一国两制"与基本法的论文。在文中我首先从中国政治历史的角度分析了"一国两制"的巨大进步意义，之后从香港、澳门两部基本法的异同分析"一国两制"在两地的差异，认为"一国两制"的实质是"一国多制"，因为香港和澳门各自的那一制也有很大不同，至于未来台湾的那一制只会更加不同，文章最后对"一国两制"进行展望，坚信"一国两制"一定能够取得成功，一定会得到长期坚持，表达了对贯彻实施"一国两制"坚定的信心。今天我对"一国两制"的未来仍然是这个看法。20多年来，"一国两制"事业不管遇到多大的挫折，我对"一国两制"的信心从未动摇过。从这篇文章之后，除了我的博士论文《论中央与特别行政区的关系》，我一半的学术创作都是关于"一国两制"和基本法的。2004年以来我开始担任澳门基本法委员会委员(其中一段时间同时担任香港基本法委员会委员)，还兼任众多与港澳有关的学术职务，港澳研究占据和花费了我学术研究的大部分时间和精力。

本书精选了20多年来我在"一国两制"和基本法研究方面的主要文章、评论，记载了20多年来我对相关问题的学术探索历程，时间截至2017年4月。全书正文共分为五章：第一章收录关于"一国两制"的文章，共计10篇。前三篇是关于"一国两制"的基本理论和实践，接着是关于"一国"和"两制"的关系，强调"一国两制"的初衷是先实现并维护好"一国"，然后在"一国"前提下维持两种制度长期不变，之后讲如何处理"两制"之间关系的问题、特区居民的公民身份问题等。第二章关于宪法和基本法，共计8篇。这一部分讲回归后香港新宪法秩序的确立及其构成、宪法与基本法的关系，以及中央与特区的关系包括相关职权划分等。第三章关于人大释法，共计6篇。这部分首先分析了回归前后香港法律解释制度的变化，之后结合五次释法的经验对人大释法本身进行研究，并对国家宪法在香港法院的适用进行了整理研究。第四章关于政制发展，共计6篇。这部分包含了政制发展与“一国两制”和基本法的关系，涉及如何看待全国人大常委会关于普选的决定，如何在政改中巩固香港行政主导的政治体制等内容。第五章关于普通法与大陆法，共计5篇。这部分主要是对普通法的观察，涵盖特区行政、立法和司法机构在普通法制度下的角色。“结语”概括总结了我对“一国两制”和基本法研究的主要学术观点，特别是对学术研究的基本立场和取态。全书梳理了香港20多年来发生的主要政治法律事件，特别是回归以来发生在香港的重大宪法、基本法事件，可以说是香港回归20年宪制发展的学术见证。

20年是很好的回顾与展望的时间节点。根据基本法，1997年香港回归祖国，保持原有的资本主义制度和生活方式，五十年不变。现在已经进入五十年不变的中期。当初与很多学者一样，我也曾经认为随着1997年香港回归、1999年澳门回归，需要研究的问题就没有多少了，这件大事很快可以完成，可以刀枪入库、放马南山，去研究其他问题了。现在看来这不符合实际。其实“一国两制”和基本法实施中产生的问题比起草制定基本法遇到的问题更多，更复杂，更需要研究。美国宪法最初的文本只有几千字，实施200多年来，美国一代又一代学者可以说前赴后继地开展研究，到今天很多问题还没有研究清楚。基本法作为一部非常年轻、非常特别、非常复杂的宪制性法律，需要研究的问题只会更多，肯定不是更少，需要我们世世代代发奋努力，不断把“一国两制”事业推向前进。

目　录

第一章　“一国两制”

第二章　宪法与基本法

第三章　人大释法

第四章　政制发展

第五章　普通法与大陆法

第一章

“一国两制”

“一国两制”是政治宽容精神的体现*

“一国两制”是邓小平先生20世纪80年代初提出的政治构想，是关于国家统一乃至关于人类未来发展的科学理论。在这个方针指引下，中国成功解决了历史遗留的香港和澳门问题。总结过去20多年尤其是港澳回归以来“一国两制”实践的经验，当获得了更多的历史空间和时间，我们就越发能够窥见其全貌和精髓，对“一国两制”产生许多新的认识。“一国两制”并非仅仅是中国解决国家统一问题的方法，它更是一种全新的世界观和方法论，是中国改革开放整个大战略的有机组成；它既是处理一个国家内部不同社会制度如何共存的方针，也是我们处理世界上实行不同社会制度的国家之间关系的新思维。

一、“一国两制”是一种新型的世界观

1949年中华人民共和国成立后，中国的主体开始逐渐实行社会主义制度。在相当长的一段时期，由于极左思想影响，更由于50年代内地社会主义改造的提前完成，资本主义在内地被迅速消灭。从此我们就一直认为无产阶级可以很快在世界范围内战胜资产阶级，社会主义可以立即代替资本主义而推行于全球。因而社会主义与资本主义不仅不可以在一个国家中共存，在整

* 发表于《紫荆》(香港)2005年10月号。

个世界上也不可以共存，而必须尽快用社会主义代替资本主义。在这种思想指导下，我们长期认为，中国应该在社会主义的旗帜下实现国家的统一。从某种意义上说，1949 年后中国不能很快实现统一，主要是意识形态上的原因。

肇始于 20 世纪 70 年代末的改革开放为中国各方面事业带来了深刻的变化。随着马克思主义实事求是思想路线的恢复，中国认识到尽管社会主义制度比资本主义制度优越，但是社会主义最终代替资本主义、无产阶级最终战胜资产阶级，是一个相当长的历史过程。不仅在国际上，而且在国内都是如此。在可以预见得到的未来，中国内地将长期处于社会主义初级阶段①，中国既无意继续消灭自己国内港澳台的资本主义，也无意消灭其他国家的资本主义，无意向其他国家输出共产主义红色革命。在相当长的历史时期，中国的社会主义既要与内部港澳台的资本主义共存，也要与国际范围内的资本主义国家共同存在。这两种制度在国内和国际都应该和平共处，共同发展，平等竞争，而不是人为地拿一种制度取代另一种制度。②

这是中国共产党世界观的重大转变。这种新的世界观更加强调对客观存在的东西的承认。社会主义和资本主义是近代人类创造的两种主要的社会制度。资本主义给人类带来了高度的物质文明和法治文明，带来了社会的巨大进步，我们应当予以承认。当然我们也必须认识到资本主义给人类带来的各种问题，有些问题今天越来越严重。社会主义正是建立在对资本主义制度批判的基础之上，其目的是为了避免资本主义的各种问题和负面效应，创造出更加科学合理的社会制度，它是人类试图利用自己的主观能动性、掌握自己命运、把握自己未来的伟大尝试。尽管社会主义的实践在一些国家遇到了重大挫折，但是我们应该认识到这种同样产生于西方的社会政治理论，其产生也是人类社会发展的必然，具有自己的政治逻辑和社会基础，有其存在的合理性和优越性。

---

① 1993 年和 1999 年中国两次修改宪法，规定社会主义初级阶段问题。见《中华人民共和国宪法修正案》第 3 条和第 12 条。

② 参见《邓小平论祖国统一》，团结出版社 1995 年版，第 24 页、36 页、41 页、42 页。

因此，这两个“主义”都是人类近代先进文明的产物，是我们的先人独立思考、科学研究的成果。我们无法选择自己的祖先，人类也无法选择自己的历史。主观能动性必须建立在对客观现实的承认和尊重基础之上。资本主义和社会主义既然谁也无法改变谁，谁也不能取代谁，那就要老老实实相互承认，与自己的“敌人”和平共处，让时间和实践来做最后的决定。存在决定意识，而非意识决定存在。意识不能改变存在，意识更无法改变历史。我们只能尊重客观存在，尊重先人的选择，在这个大前提下，才可以产生正确的小前提和结论。

二、意识形态和社会制度的不同，不应该成为国家不统一的理由，不应该成为不团结，甚至搞分裂的借口

中国对社会主义与资本主义相互关系认识和世界观的重大转变，极大影响到中国共产党关于国家统一的政策。社会制度的不同和意识形态的差异是客观存在的，但是这不应该成为影响国家统一的借口。一个统一的中国完全可以包容两种不同的社会制度、包容两种不同的意识形态。中国不再主张把社会主义制度推行到全国，不再主张必须用社会主义来实现统一，当然也不能同意用“三民主义”或者资本主义来统一国家，而是主张在香港、澳门和台湾与中国的主体实现统一后，这三个地区保留各自原有的资本主义制度和生活方式，而中国大陆主体仍将实行社会主义制度，既不用大陆的社会主义来吃掉港澳台的资本主义，同时港澳台的资本主义也不能吃掉大陆的社会主义。两种制度在一个中国共同存在，共同发展。

“一国两制”打开了我们实现国家统一的思路，我们不再由意识形态来决定国家统一，而是把意识形态放在一边，在互相尊重对方意识形态的前提下来谋求国家的统一。双方摈弃政治成见，求同存异，相互尊重对方对自己生活方式的选择，不代替别人选择人家的生活方式，共同谋取关于国家和社会发展其他方面的共识，构建一个具有广阔包容性的政治框架结构。

当然，“一国两制”以“和平统一”为前提。因为如果国家统一不是通过和平谈判实现的，而是通过战争实现的，也就很难允许那些特别的不同制度的存

在，只能是“一国一制”，而不可能是“一国两制”。所以，“和平统一”是“一国两制”的应有之意，是实施“一国两制”的前提。

三、意识形态和社会制度的不同，不应该成为国家与国家之间不和平的理由，不应该成为战争的借口

同样，在处理国际问题的时候，基于人类的偏见和人性的弱点，以前无论社会主义或者资本主义国家，都是意识形态挂帅，都容不得其他国家采取与自己不同的政治制度。人类过去发生的很多战争，都是由于意识形态和宗教信仰不同造成的。尤其冷战时期，两大阵营为了不同的政治理念花费巨大的人力和物力制造足以毁灭地球很多次的武器，这实际上是人类的自杀行为，十分不值得，而且很危险。

大千世界，芸芸众生，不同的人民、不同的种族选择不同的信仰、不同的社会制度，这是完全正常的。我们不能因为看不惯别人的生活方式，就强行把自己的意识形态和生活方式“推销”给别人。正如前文所言，任何一种社会制度都是我们中的一部分人对自然、对历史和社会长期思考的结果，都有其产生的客观依据。我们可以不同意它，甚至可以批判它，但是，武器的批判不可随意取代批判的武器。况且，如果产生某种意识形态的社会基础还存在的话，仅仅通过战争消灭一些持有这种意识形态的人，那是根本不能解决问题的。要改变一种意识形态，必须从源头上改变产生这种意识形态的土壤。战争可以杀死那些持有不同意识形态的人，但是战争无法改变产生那种意识形态的土壤，甚至成为使那种土壤变得更肥沃的化肥。如此，这种意识形态还会不断产生和扩大。人类必须学会与自己的同类和平相处，国与国必须学会共存双赢乃至多赢。正如邓小平指出的：“世界上有许多争端，总要找个解决问题的出路。我多年来一直在想，找个什么办法，不用战争手段而用和平方式，来解决这种问题。……如果不要战争，只能采取我上面讲的这类的方式。这样能向人民交代，局势可以稳定，并且是长期稳定，也不伤害哪一方。”他还说：“有好多问题不能用老办法去解决，能否找个新办法？新问题就好用新办法。……要把世界局势稳定下来，总要想些主意。”他要求“好好了解和研究一下我们对台

湾、香港问题提出的解决方式。总要从死胡同里找个出路。”①

把“一国两制”推而广之，运用于解决国家与国家之间的关系，可以概括为“一个世界，两种制度”乃至“一个世界，多种制度”。只有如此，让各种制度和意识形态和平存在，平等竞争，让时间和后人来做选择，人类才有和平。意识形态和社会制度的不同，不应该成为国家与国家之间不和平的理由，不应该成为战争的借口。

四、“一国两制”是十一届三中全会后解放思想的重要成果，是国家改革开放大战略的有机组成部分

“一国两制”是改革开放精神在国家统一问题上的反映，其本身也是中国整个改革开放大战略的重要组成部分，是解放思想、恢复实事求是的思想路线的重要成果。没有整个改革开放战略的实施，也就不会有“一国两制”国策的产生。

“一国两制”是政治宽容精神的体现。改革开放以来，这种政治宽容精神在中国得到逐渐发展。这表现在两个主要方面，首先是在经济上，在坚持社会主义公有制的前提下，允许多种经济成分并存，鼓励发展私营经济和外资经济，在沿海建立了四个经济特区和一些开放城市。这在传统的计划经济体制之下是根本不允许的。其次就是在国家统一问题上，在国家的主体实行社会主义的前提下，为了实现国家的和平统一，允许香港、澳门、台湾地区在与中国大陆实现统一后，保留其各自的资本主义制度和生活方式不变，并在这些地区建立“行政特区”，即特别行政区，中央政府赋予其高度的自治权。这就从根本上放弃了传统的一个国家只能实行单一社会制度即“一国一制”的政治观念。可见，“一国两制”是对中国传统的国家观念、统一观念的巨大突破。② 用邓小平的话来说，这“是个新语言，是前人未曾说过的”。③ 只要改革开放的基本方向

---

① 《邓小平文选》第三卷，人民出版社 1993 年版，第 49—50 页。

② 王振民：《“一国两制”：历史背景，实际操作和未来发展》，载亚太法协会刊 LAWASIA：*Comparative Constitutional Law*，1995 (1)，Australia。

③ 《邓小平文选》第三卷，人民出版社 1993 年版，第 102 页。

不变，“一国两制”的决策也就不会改变。

五、“一国两制”并不限制两种制度之间相互学习，甚至鼓励两种制度互相学习，从而创造更好的制度文明

“一国两制”的首要功能固然是为了防止把内地的社会主义制度推行到港澳台去，并防止把港澳台的资本主义推行到内地。但是，“一国两制”并不禁止两种不同制度互相学习借鉴对方好的做法，甚至鼓励“两制”之间的互相学习，互相取长补短。这也是之所以要保持“两制”的重要目的之一，是“两制”的价值之所在。如前所述，社会主义和资本主义是近代人类创造的两种主要的社会制度，两种制度各有所长，也各有所短。世界上其他国家或者只实行资本主义，或者只实行社会主义，而我们两种制度都有。这样可以就近相互学习，学习对方好的做法，把两种制度的优势结合起来，并摈弃两种制度不好的因素，从而不断完善自己。我们要善用“两制”，最大限度地挖掘、利用“两制”的价值。

这里涉及“变”与“不变”的问题。“一国两制”的一个重要指导思想就是保持港澳台原有的各种制度和生活方式不变，保持各自制度“不变”是“一国两制”的重要特点。但是，任何事物都是在发展变化的，完全静止的东西是不存在的。我们固然强调保持原有的制度不变，但是如果变化是朝着好的方向的，是有利于祖国和港澳台同胞的根本利益和长远利益的，这是符合“一国两制”精神的。该“不变”的，就坚决不变；而该变的，就坚决地、主动地推动其良性地演变。把“变”与“不变”辩证地、有机地统一起来，既坚持原则，保持特色，又不因循守旧，敢于大胆探索，大胆创新，辩证地处理“变”和“不变”的关系。

六、“一国两制”适用于台湾问题，是解决台湾问题的起点，但并非全部

众所周知，提出“一国两制”的初衷是为了解决台湾与中国大陆统一问题，一开始并非为了解决港澳问题。即便如此，“一国两制”能够被成功地运用来解决香港和澳门问题，足见它不是为了一时一事，而是长久之计，具有普适性。

如果我们把“一国两制”视为一种新的世界观和新的政治哲学，而不是狭隘地来看待“一国两制”的话，我们可以说，毫无疑问，“一国两制”同样适用于台湾问题的解决。

对于台湾问题，最起码要适用“一国两制”，“一国两制”是起点，是基础，但并不是全部。对于将来两岸统一，我们只能采取“一国两制”。不实行“一国两制”，难道我们能够实行“一国一制”吗？“一国一制”既然行不通，当然就要实行“一国两制”。香港、澳门在“一国两制”之下所享有的一切高度自治权，台湾当然都会享有。除此之外，在一个中国的大框架下，未来统一后，台湾与大陆的关系还有更为丰富的内容和广阔的发展空间，绝对不是到此为止。至于这些“更为丰富的内容和广阔的发展空间”到底是什么，这需要两岸中国人发挥聪明才智，共同去构思、去创造。运用“一国两制”解决台湾问题，必然会极大扩大“一国两制”的内涵和外延，形成“一国两制”的新形式。

结束语

胡锦涛主席 2004 年在庆祝澳门回归祖国五周年大会上指出：“一国两制”是一项开创性事业。在国家主体实行社会主义制度的同时，按照“一国两制”方针把实行资本主义制度的香港、澳门两个特别行政区管理好、建设好、发展好，保持香港、澳门长期繁荣稳定，是中央政府和两个特别行政区政府面临的崭新课题。因此，我们需要在贯彻“一国两制”的实践中积极探索、不断前进。①

总之，“一国两制”是我们的制度优势，具有丰富的内涵和极高的价值，值得我们深入挖掘。我们要继续创造性地全面贯彻实施“一国两制”，探索“一国两制”的新内涵、新价值，为实现并巩固国家的统一、为人类的和平进步发展做出我们的新贡献。

---

① 胡锦涛：《在庆祝澳门回归祖国 5 周年大会暨澳门特别行政区第二届政府就职典礼上的讲话》，2004 年 12 月 20 日。

“一国两制”和基本法成功实施的十年*

“一国两制”是国家解决统一问题的战略方针，也是统一后维系国家统一、处理中央与特区关系的根本指导原则。“一国两制”是否可行，不仅要看回归前，更要看回归后能否据此妥善处理“两制”之间产生的各种矛盾和问题。如果说 1997 年以前“一国两制”主要是作为政策加以实施的话，1997 年以后“一国两制”主要是通过其法律载体——基本法加以实施。回首过去十年，“一国两制”和基本法的实施是非常成功的，主要表现在以下六个方面。

一、宪法和基本法赋予中央的职责得到了切实履行

香港回归后，中央根据“一国两制”的方针和基本法，履行起了宪法和法律赋予的神圣职责。根据基本法的规定，中央负责香港的防务、外交、立法的备案审查、基本法的解释等事务。回归后，在涉及香港的外交和国防方面中央做了大量工作。回归前港人普遍对驻军有很大的疑虑，回归十年的实践证明，中国人民解放军香港驻军确实是一支“文明之师”“威武之师”，得到香港居民的广泛称赞。外交部在全世界范围内为港人提供服务，及时处理了多起涉及港人的事件，为香港居民提供了充分保护，得到了特区居民的高度肯定。

从香港发展的长远利益和根本利益出发，全国人大常委会三次解释香港

---

* 发表于《人民日报》2007 年 7 月 1 日第 6 版。

基本法的有关条款(1999年、2004年、2005年),两次作出有关决定(2004年、2006年),有力地维护了香港的繁荣稳定,解决了特区发展中遇到的重要问题。此外,在1998年亚洲金融危机和2003年“非典”肆虐的时候,中央政府都给予特区巨大支持。例如两地建立更紧密经贸关系安排(CEPA),开放“个人游”,支持大型国企到港上市等,都极大促进了香港经济的复苏,使香港渡过了难关。

实践证明,“一国两制”成功实施,有赖于特区政府和全体市民的努力,也有赖于中央切实履行自己的宪制权力和职责。中央对维护国家的主权和安全负有宪制上的责任,对特区的繁荣稳定也负有重大责任。国家“十一五”规划强调支持香港继续发挥国际金融、贸易和航运中心地位的作用,这是中央贯彻“一国两制”的又一重大举措。

二、两种社会制度保持了不变

香港回归后,根据“一国两制”和基本法,“港人治港”、高度自治得到全面落实,原有资本主义制度保持不变,生活方式不变。香港没有“内地化”,香港的资本主义依然繁荣昌盛,香港的“那一制”没有被社会主义同化。与此同时,回归十年实践也证明,中国内地的“这一制”即社会主义也没有被香港同化,社会主义事业在内地依然蒸蒸日上地发展。

这样就达到了“一国两制”和基本法的设计目标:资本主义和社会主义两种制度在统一后的中国共同存在,“我不吃掉你,你也不吃掉我”。这充分证明在维持“两制”方面,十年实践也是成功的。在如何处理“一国”和“两制”的关系方面,我们也积累了宝贵的经验。经过十年磨合,“一国”和“两制”的辩证统一关系已经得到普遍认可,二者没有根本矛盾,应该是一体两面、互补互惠的统一关系。

三、香港实现了持续繁荣稳定

“一国两制”和基本法并非仅仅是静态地维持两种制度不变,而是要在不变的基础上,继续往前发展。1997年前后,一些人士曾经怀疑“一国两制”和基本法是否可行,担心1997年香港回归可能会导致大倒退甚至“灾难”。实践证明，这些担心是多余的。今天的香港仍然是亚太区主要的国际金融、贸易、航运、旅游和信息中心，是世界第十一大贸易体、第六大外汇交易市场以及亚洲第二大股票市场，是全球最繁忙的集装箱港之一，也是世界主要的黄金交易中心。2006 年香港新股集资额超越纽约及东京，全球排名第二，仅次于伦敦，香港国际金融中心地位更加巩固。香港失业率降到八年半来最低，恒生指数超过两万点，创历史最高。

最近伦敦市政府发表“全球金融中心指数”报告，认为香港已逐步成为亚洲地区最主要的国际金融中心，综合实力全球第三，紧随纽约与伦敦之后。美国传统基金会日前公布 2007 年“经济自由度指数”报告，香港连续第十三年被评为全球最自由经济体系。今年 4 月 15 日，英国首相布莱尔会见到访的中国客人时表示，香港政权移交中国时，人们曾对香港的前途抱有各种担忧，但事实证明，香港在过去的十年中保持着繁荣稳定。可见，十年来“一国两制”、“港人治港”、高度自治方针在香港得到落实，香港不仅实现了繁荣稳定，而且相比回归前在许多方面取得了更大的进步。

在中央政府支持下，回归后香港国际活动空间不断扩大，国际地位显著提升。

四、在法治和人权保障方面取得骄人成绩

香港本来就有很好的法治传统，十年来在维护法治方面香港取得了骄人的成绩。回归后谈法治，首先是“基本法之治”，基本法作为香港新的宪制性法律在香港具有凌驾地位。基本法实施十年来的经验证明，它是完全符合香港实际、切实可行的，基本法规定的各种制度和体制都得到了很好的落实，基本法作为宪制性法律的地位正在确立。由于两地法律制度的不同，对具体的法律条款有不同认识也是很正常的现象。通过人大释法和其他法律机制，两地法律界已经初步找到了“一国两制”下两地法治的磨合机制。

此外，香港立法机关制定了大量本地法律，进一步完善了本地的法制。

香港司法制度也得到了很好的维护，司法保持了独立，无论是中央政府或者特区政府，没有干预特区的司法，对法院给予了应有的尊重。香港特区的司

法和政府清廉得到了社会各界和投资者的广泛认同。

回归后，港人继续享有广泛的自由和人权，香港的人权保障比回归前更加完备；有关人权保护的国际公约适用于香港的有关规定继续在香港生效，通过香港特区的法律予以实施。

香港居民中的中国公民回归后依法享有参与国家事务管理的权利。香港同胞通过人民代表大会和政治协商制度与内地同胞一道成为国家的主人，参与国家各种事务的管理。回归后，香港特区第一次组织代表团参加全国人大的工作，特区居民有些还担任了国家部长级的官员，有的代表国家成功竞选成为国际组织的总干事，国家越来越多专业资格考试对港人开放，这些都为港人提供了更多的权利自由和发展空间。

五、政制民主不断往前推进

基本法的一个重要立法指导思想就是要推动香港民主的发展，使民主制度化、法律化。香港特别行政区行政长官和主要官员必须由香港永久居民中的中国公民担任，中央不派官员到特区政府任职。从“英人治港”到“港人治港”这本身就是巨大的民主进步。基本法还规定，根据香港的实际情况和循序渐进的原则，行政长官和立法会全体议员最终实现普选产生。

在民主发展方面，回归十年香港居民获得了前所未有的民主权利。根据基本法，香港居民有史以来第一次通过法定形式参加了行政长官的产生过程，刚刚结束的第三任行政长官的选举结果与各种事前民意调查结论高度一致，表明了行政长官具有广泛的民意基础。在立法会 60 名议员选举方面，分区直接选举议员人数 1998 年第一届立法会是 20 名，2000 年第二届立法会扩大到 24 人，2004 年第三届立法会直选议员扩大到 30 人，占到议员人数的一半。

为了进一步推动香港民主政治的发展，全国人民代表大会常务委员会 2004 年 4 月 6 日解释了《基本法》附件一第 7 条和附件二第 3 条，明确了政制发展的启动程序。据此 4 月 15 日行政长官董建华向全国人大常委会提交了关于 2007 年行政长官和 2008 年立法会产生办法是否需要修改的报告。4 月 26 日全国人大常委会通过了决定，批准香港特别行政区朝着更加民主化的方向修改2007年行政长官和2008年立法会产生办法。香港特区政府经过18个月的广泛咨询，2005年12月21日向香港立法会提出了一个更加民主的政制改革方案。尽管这个方案没有获得立法会通过，中央和特区政府仍然表示将依照基本法进一步推动香港民主的发展。目前，香港社会各界还在就政制发展进行广泛的讨论。只要严格按照“一国两制”和基本法办事，香港一定能够最终实现行政长官和立法会全体议员普选产生的目标。

六、港人对国家的认同程度有极大提升

作为实现并维系国家统一的新方式，实施“一国两制”和基本法的首要目标是实现“一国”。1997年，中国恢复行使对香港的主权，这是从法理上、主权上和地理疆域上实现了“一国”。随着1997年7月1日五星红旗在香港升起、中国军队和平接管香港，这个阶段的“一国”圆满完成了。此后“一国”问题就转变为如何使香港居民从内心深处接受并认同祖国。回归十年来，中央和特区政府在这方面进行了不懈的努力，港人的“一国”意识有很大提升，对国家的认同得到加强。

判断港人国家认同转变的一个重要指标是港人持有护照的变化。2007年4月，在700万居民中持有特区护照的人数已经超过400万，持有英国BNO护照的为150万人。另外，当年移民外国的港人现在越来越多返回香港，“凤还巢”现象方兴未艾。香港中文大学最新调查结果显示，大部分港人都自觉爱国爱港。以10分为满分计，受访者自觉爱国的平均分近6.5分，爱港的平均分近7.6分。当然，尽管在实现“一国”方面已经取得了巨大成就，但实现人心回归仍然还有很多工作要做。

结论

根据香港大学2007年4月进行的调查，香港市民对“一国两制”的信心大幅上升至78%，创历史新高；81%市民表示对香港前途有信心，89%表示对中国前途有信心，均达到1997年以来的新高。尽管还存在这样那样的问题，但是都是前进中的问题，是可以克服的。总结实施“一国两制”和基本法十年的经

验,我们可以得出以下结论:“一国两制”作为一个科学的理论体系,其本身也要在实践中得到检验和发展。基本法既是“一国”之法,也是“两制”之法,要全面加以贯彻实施。胡锦涛主席曾经指出:“一国两制”是一项开创性事业。在国家主体实行社会主义制度的同时,按照“一国两制”方针把实行资本主义制度的香港、澳门两个特别行政区管理好、建设好、发展好,保持香港、澳门长期繁荣稳定,是中央政府和两个特别行政区政府面临的崭新课题。我们需要在贯彻“一国两制”的实践中积极探索、不断前进。

总之,“一国两制”是我们的制度优势,是中国对人类当代政治文明的一大贡献。我们要用全面的、发展的眼光看待“一国两制”,既要看到“两制”,也要看到“一国”,把“一国”和“两制”有机结合起来。我们应该深入挖掘“一国两制”和基本法带来的各种好处、便利和机遇,让两种制度相互学习,把两种制度的优势结合起来,实现“两制”的双赢,并进而创造出更高级的制度文明,为香港和祖国的繁荣稳定、为人类的进步事业做出更大的贡献。

“一国两制”下国家统一观念的新变化*

改革开放以后，为了解决历史遗留的台湾和香港问题，中国提出了“和平统一，一国两制”的新思想。① 根据这一方针，中国与英国成功解决了香港问题。香港回归十年的历史验证了这个构想是可行的。“一国两制”的提出和成功实践，标志着中国人关于国家统一的观念发生了重大变化。

一、传统的统一观：只有“一制”，才为统一

关于国家是否实现了统一，中国自古不仅要看国家的统治权能否达到那个地方，而且还要看那个地方实行的政治、经济、文化等各方面的制度是否与全国统一。也就是说，只有全国实现了“一制”，才算实现了国家统一。

这种统一观自秦始皇实现统一后开始逐渐形成。公元前 221 年秦王嬴政

---

* 发表于《环球法律评论》(*Global Law Review*)2007 年第五期。国务院台湾事务办公室、海峡两岸关系协会刊物《两岸关系》2007 年 12 月(总第 126 期)摘登，中华全国台湾同胞联谊会《台声》2007 年第 9、10 期全文转载(中国大陆第一份台湾同胞主办的刊物)。

① 早在 20 世纪 50 年代，中国政府就曾设想以和平方式解决台湾问题。1955 年 5 月，周恩来在全国人大常委会会议上即提出：中国人民解决台湾问题，有两种可能的方式，即战争的方式和和平的方式，中国人民愿意在可能的条件下，争取用和平的方式解决问题。《周恩来统一战线文选》，人民出版社 1984 年版，第 353 页。关于“和平统一，一国两制”思想的详细内涵，参见王振民：《一国两制的伟大构想及其成功实践》，载《光明日报》2007 年 7 月 1 日。

用武力统一了东方六国，实现了“六王毕，四海一”①，建立起中央高度集权的政治体制。秦建立大一统的国家对中国以后两千多年的政治发展产生了根本影响，对中华民族政治遗传基因乃至民族性格的形成发挥了决定性作用。中华民族从此以后，无论国家发生什么变化，不管是王朝更迭还是外族入侵，可能天下三分，也可能地方割据，但最终国家都要走向统一。国家统一始终是中华民族重要的核心价值，始终是人心所向，大势所趋。这早已内化为中华民族的政治习性，深入每一个中国人的骨髓，构成民族的政治基因。

与此相应的是在全国实行的制度和体制上，追求整齐划一。每一个王朝统一全国后，都建立起全国一体的集权体制，不允许地方有什么自治乃至灵活性。② 秦统一东方六国后，不仅把其他六国原有的政治、经济、军事制度统统废除，一律采取秦的制度和体制，而且还在以下方面实现了统一。

法律：“海内为郡县、法令由一统”③。全国实行同样的法律和司法制度。

度量衡：“衡同器”。全国统一以秦国的度量衡为标准。④

货币：币同一。废除各国原用货币，采用半两圆钱为通行全国的法定货币。⑤

交通：车同辙。统一全国车辆的轮距为六尺，这据说是世界上最早的车辆标准化法规。⑥

文字：书同文。废除各国原有的各种异体文字，以简化秦文“小篆”作为标准字体，用于公文法令，通行全国。⑦

思想：思一统。实行焚书坑儒，统一全民意识形态。⑧

这种统一观的基本主张是，只有实现了政治、经济、法律、军事、文化、社会

① 杜牧：《阿房宫赋》，载朱碧莲选注：《杜牧选集》，上海古籍出版社 1995 年版，第 225 页。

② “天下之事无大小皆决于上”，引自《史记·秦始皇本纪》。

③ 《史记·秦始皇本纪》。

④ 林剑鸣：《秦史稿》，上海人民出版社 1981 年版，第 374—376 页。

⑤ 林剑鸣：《秦史稿》，上海人民出版社 1981 年版，第 372—374 页。

⑥ 林剑鸣：《秦史稿》，上海人民出版社 1981 年版，第 381 页。

⑦ 林剑鸣：《秦史稿》，上海人民出版社 1981 年版，第 378—380 页。

⑧ “秦廷的焚书分为三类：一，史官书，除秦记外全烧；二，诗书百家语，非博士官所职全烧；三，秦史及秦廷博士官书犹存。”另外，秦廷还制定了几项禁令，以控制人的思想和言论。如，“敢偶语诗书者，弃市”等。详见钱穆：《秦汉史》，生活·读书·新知三联书店 2004 年版，第 22—27 页。

乃至思想等方方面面的统一，国家才是统一的。我们把中国人这种传统的政治统一观翻译成现代语言，那就是“一个国家，一种制度”，即实行“一国一制”，建立全国高度集中统一的单一制国家。换句话说，只有“一制”了，才算实现了“一国”，即“一制一国”，存在“两制”就不构成“一国”，就不视为完成了统一大业。

在实现国家统一的方法上，中国古代追求使用武力，很少甚至没有通过和平谈判实现国家统一的例子。在中国传统政治文化里边，缺乏通过建设性谈判妥协以获得双方进步的“双赢”精神。这种统一方式付出的代价很大，往往要经过长时间的内战，统一后国家元气大伤。

总而言之，秦以后中国政治文化的这种精神可以概括归结为两句话，即“武力统一、一国一制”。

二、“一国两制”下的新统一观

通过“一国两制”的方式实现国家统一，最少从三个方面改变了上述中国人关于国家统一的观念。第一，以前的观念是，只有事事实现了统一，国家才算统一。只有“一制”，才是“一国”。根据“一国两制”的新思维，我们不再追求所有事情上都统一，允许很多方面不一样，一些特殊地方实行不同的制度也可以视为实现了国家统一。国家是否统一，不再看每一个地方实行的制度和体制是否完全相同，而只看是否满足了几个关键条件，达到了特定标准。“一国两制”把国家统一的标准降到了最低。

第二，以前为了一统江山，往往要经过长时间的战争，让人民和国家付出巨大的代价和成本。香港回归的经验说明，我们可以以最低的成本和代价，乃至零代价实现国家统一。我们一定要实现国家统一，同时要保证不让任何一方因统一而遭受伤害或者损失，一方面让香港得以继续维持繁荣稳定，不能以牺牲香港的繁荣稳定为代价，另一方面国家的正常发展、人民的生活不受影响，在不知不觉中实现统一。这样就把实现国家统一的成本和代价降到了最低。当然换一个角度来看，我们对统一的要求提高了。

第三，以前实现国家统一是单一的政治使命，现在则要求不仅不改变现状，不让人民遭受不必要的损失，不让国家为统一付出过大代价，而且还要求统一必须让各方获益，让两地人民能够从国家统一当中获得实实在在的好处，追求各方利益的最大化。

按照“和平统一，一国两制”实现香港顺利回归，从这三个方面改变了中国人的统一观。这可以简单概括为两个“最低”，一个“最大”。现在国家对实现统一的要求有降低的部分，也有提高的部分。降低的部分就是统一的标准降低了，不再事事要求统一了；提高的部分是，既要实现统一，又要维持繁荣稳定，不仅不让任何一方受伤害，反而还要让各方从中获益。下面对这三个方面加以展开论述。

（一）最大限度降低了国家统一的标准

根据“一国两制”的统一观，“一制”固然是“一国”，如果实行不了“一制”，而是存在“两制”乃至“多制”，也可以视为统一，实现了“一国”。即便一些地方实行的制度不一样，全国在有些方面不是一盘棋，可能是两盘乃至三盘棋，但只要满足了几个主要条件，同样可以视为实现了统一。

香港实施“一国两制”的经验证明，国家是否统一，关键不是看各地实行的具体制度是什么，而是看主权上是否统一，是否满足了统一的最基本要求。只要满足了这些最基本要求，允许不同的地方保持自己原有的制度，不再事事追求全国统一，这样就把统一的标准尽可能降到了最低。

1. 根据宪法和《香港特别行政区基本法》（以下简称《基本法》），在以下九个方面中国不再追求全国统一，允许香港与内地不一样。

（1）社会制度、生活方式可以不统一。香港特别行政区成立后不实行社会主义的制度和政策，保持香港原有的资本主义制度和生活方式，五十年不变。①

（2）法律和司法制度可以不统一。“一国两制”在具体的法律和司法体制上表现为“一个国家，两种法律制度”，“一个国家，两个司法管辖区”。法律和司法是否统一不再视为国家统一的必要条件。

香港统一后，可以拥有不同于全国其他地方的独立的法律制度。香港享

① 《中华人民共和国香港特别行政区基本法》第5条。

有立法权，自己制定本地的法律，本地的法律可以与全国的不同。香港原有法律（即普通法及衡平法、条例、附属立法、习惯法）除与《基本法》相抵触或香港特别行政区的立法机关作出修改者外，予以保留。①

香港有独立的司法制度。香港特别行政区享有独立的司法权和终审权。②香港特别行政区成立后，除因香港特别行政区法院享有终审权而产生的变化外，原在香港实行的司法体制予以保留。③ 香港特别行政区法院除继续保持香港原有法律制度和原则对法院审判权所作的限制外，对香港特别行政区所有的案件均有审判权。这样就形成了一个国家有两个乃至多个终审法院的独特现象。

过去我们把法律统一视为国家统一的重要标志，现在，我们允许香港在回归后成为独立的法律和司法区域，说明一个统一的国家可以有两套甚至多套独立的法律和司法制度。这种情况在其他联邦制或者单一制国家也存在，例如在英国，苏格兰和英格兰就实行不同的法律制度。在美国，各州具体的法律制度也不尽相同。但是这些都不妨碍英国和美国政治上的统一。但是，即便在英国和美国，在国家宪法层面全国仍然只有一个司法管辖区，即只有一个司法终审机构，在英国是上议院上诉委员会④，在美国是美国联邦最高法院。因此，一个国家，允许存在两个相互独立的司法管辖区，全国没有一个统一的终审法院，这是中国“一国两制”思想的独创。

（3）在行政管理上不再追求全国统一。香港特别行政区政府独立制定并且执行有关政策，管理各项行政事务，例如独立的出入境管制（包括护照）、教育、科学、文化、体育、宗教、劳工和社会服务等。独立编制并提出财政预算、决算；独立拟定并提出法案、议案、附属法规。⑤

（4）不再追求经济上的全国一体，在国际和国内经济体系中，允许香港成

---

①《中华人民共和国香港特别行政区基本法》第 2 条。

②《中华人民共和国香港特别行政区基本法》第 19 条。

③《中华人民共和国香港特别行政区基本法》第 81 条第 2 款。

④ 英国享有对其海外殖民地包括回归以前的香港的司法终审权，该终审权由英国枢密院司法委员会行使，上议院上诉委员会则是英国本土所有案件的终审法院。根据英国的宪法改革计划，英国将要成立美国式的最高法院以取代上议院上诉委员会行使终审权。

⑤《中华人民共和国香港特别行政区基本法》第 16、62 条。

为独立的经济实体。在经济事务方面，中央没有香港的户头，国家的有关经济统计数字也不包括香港。

香港特别行政区保持原在香港实行的资本主义经济制度和贸易制度。①

所有制上不要求统一，香港继续实行财产私有制。②

香港特别行政区保持国际金融中心的地位。原在香港实行的货币金融制度予以保留。允许香港继续使用自己的货币。③

香港特别行政区为单独的关税地区。④

香港特别行政区保持原在香港实行的航运经营和管理体制。⑤

香港特别行政区保持国际和区域航空中心的地位。⑥

香港特别行政区政府在保留原有的专业制度的基础上，自行制定有关评审各种专业的执业资格的办法。⑦

独立的交通管理制度，车可以不同辙。⑧

香港可以采用不同的度量衡标准。⑨

(5) 独立的文化教育和思想，也就是说意识形态可以不统一。香港特别行政区保持原在香港实行的教育制度。⑩ 各类院校均可保留其自主性并享有学术自由。宗教组织所办的学校可继续提供宗教教育。⑪ 书可以不同文。中文和英文都是正式语文⑫，香港继续使用中文繁体字。

(6) 独立的人权保障标准和机制。香港特别行政区政府保持香港居民原有的权利和自由，包括人身、言论、出版、集会、结社、组织和参加工会、通信、旅

---

①《中华人民共和国香港特别行政区基本法》第 5 条。

②《中华人民共和国香港特别行政区基本法》第 6 条。

③《中华人民共和国香港特别行政区基本法》第 111 条。

④《中华人民共和国香港特别行政区基本法》第 116 条。

⑤《中华人民共和国香港特别行政区基本法》第 124 条。

⑥《中华人民共和国香港特别行政区基本法》第 128 条。

⑦《中华人民共和国香港特别行政区基本法》第 142 条。

⑧《中华人民共和国香港特别行政区基本法》第 119 条。

⑨《中华人民共和国香港特别行政区基本法》第 139 条。

⑩《中华人民共和国香港特别行政区基本法》第 136 条。

⑪《中华人民共和国香港特别行政区基本法》第 137 条。

⑫《中华人民共和国香港特别行政区基本法》第 9 条。

行、迁徙、罢工、游行、选择职业、学术研究和信仰自由、住宅不受侵犯、婚姻自由以及自愿生育的权利。① 《公民权利和政治权利国际公约》和《经济、社会与文化权利的国际公约》适用于香港的规定继续有效②，港人除了治港之外，港人还有权参与治国。③

(7) 允许香港有自己的区旗、区徽。香港特别行政区除悬挂中华人民共和国国旗和国徽外，还可使用香港特别行政区区旗和区徽。④

(8) 不同的国家安全标准。内地有关国家安全的立法和标准不适用于香港。香港特别行政区被授权自行立法禁止任何叛国、分裂国家、煽动叛乱、颠覆中央人民政府及窃取国家机密的行为，禁止外国的政治性组织或团体在香港特别行政区进行政治活动，禁止香港特别行政区的政治性组织或团体与外国的政治性组织或团体建立联系。⑤

(9) 在国际上相对独立的地位。香港可以“中国香港”的名义参加有关国际组织和国际贸易协议，包括优惠贸易安排。在有关国际组织中，香港可以“中国香港”的名义发表意见，并可采取与中国中央政府不同的立场。⑥

上述很多安排都是“一国两制”的独创，是中国共产党理论创新、制度创新的结果。

2. 新的国家统一标准

关于国家是否统一的新标准是什么呢？根据“一国两制”和基本法，香港只需要在以下五个方面与国家保持一致，就视为实现了与国家的统一。

(1) 统一防务，香港不能有独立的军队，国家有权派遣军队到香港特区实施防卫。⑦

---

① 《中华人民共和国香港特别行政区基本法》第27—38条。

② 《中华人民共和国香港特别行政区基本法》第39条。

③ 《中华人民共和国香港特别行政区基本法》第21条规定，香港特别行政区居民中的中国公民依法参与国家事务的管理。

④ 《中华人民共和国香港特别行政区基本法》第10条。

⑤ 《中华人民共和国香港特别行政区基本法》第23条。

⑥ 《中华人民共和国香港特别行政区基本法》第151—152条。

⑦ 《中华人民共和国香港特别行政区基本法》第14条。

(2) 统一外交,中央统一处理涉港外交事务。[①] 外交上全国必须步调一致,这是任何一个主权国家所必然要求的。

(3) 名称和旗帜统一:香港政府名称之前冠以“中华人民共和国”,成为“中华人民共和国香港特别行政区政府”。香港政府大楼要悬挂中华人民共和国国旗。

香港在国际上的身份改为“中国香港”。

(4) 国籍上的统一:香港不能有独立的国籍,居民中的中国居民的政治法律身份改为“中国公民”[②],尽管他们可以持有不同的中国护照。

(5) 宪法上的统一:宪法是国家主权的法律表现形式,全国在某种程度上、以某种形式拥有同一部宪法文件,是国家统一的重要法律象征和保障,一个统一的国家一定要有一部统一的宪法。即便在联邦制国家例如美国,各州可以有自己的州宪法,但是在各州之上还是要有统一的美国联邦宪法,而这个统一的全国宪法对每一个州都是适用的,与各州的州宪法同时发生效力,而且州宪法不得违反联邦统一的宪法。一个国家的宪法对一个地方生效,就意味着这个地方已经实现了与国家的统一。

香港回归后,宪法尽管并非每一个条款都适用于香港,但是从整体上讲宪法毫无疑问对香港特别行政区是有法律效力的,与香港特别行政区基本法同时在香港生效。[③]

宪法上的统一还意味着国家最高权力机关有权为香港制定、修改并解释宪制性法律,即《基本法》。[④] 尽管香港特区有立法权,但是香港无权制定《基本法》这样的宪制性法律。制定宪制性法律的权力是国家主权的重要内容。如果一个地方能够独立为自己制定宪制性法律,就说明这个地方是拥有独立主

---

① 《中华人民共和国香港特别行政区基本法》第 13 条。

② 1996 年 5 月 15 日,第八届全国人大常委会第十九次会议通过了《关于〈中华人民共和国国籍法〉在香港特别行政区实施的几个问题的解释》。该《解释》规定,凡具有中国血统的香港居民,本人出生在中国领土(含香港)者,以及其他符合《中华人民共和国国籍法》规定的具有中国国籍的条件者,都是中国公民。详见蓝天主编:《“一国两制”法律问题研究》(总卷),法律出版社 1997 年版,第 156—160 页。

③ 关于宪法在特别行政区的适用问题的分析,参见王振民:《“一国两制”实施中的若干宪法问题浅析》,《法商研究》2000 年第 4 期。

④ 《中华人民共和国宪法》第 31 条,《中华人民共和国香港特别行政区基本法》第 158—159 条。

权的国家。也就是说，如果一个地方执意独立行使制宪权，为自己制定宪法，那就意味着这个地方宣布独立。如果一个地方不能为自己制定宪制性法律，就说明这个地方在法理和法律上不是一个独立国家。尽管联邦制下，各州、各邦可以制定自己的州或者邦“宪法”，但是这些“宪法”是不具有独立主权的；而且各州、各邦的制宪还有一个重要的政治和法律大前提，即在承认同属“一个国家”、尊重联邦中央政治主权的前提下，才得以制定自己的“小宪法”。

宪法上的统一还意味着，尽管一个地方可以拥有很大的自治权，包括行政权、立法权和司法权，但是全国还是应该有统一的主权机关：包括全国统一的最高立法机关（全国人大有权为特区制定少量涉及国家主权的法律）、全国统一的国家元首机关和全国统一的最高行政机关。

全国统一的最高主权机关有权任命特别行政区行政长官和主要官员①，有权决定特区的重大政治问题（例如政制发展问题）。特区可以是独立的经济实体，甚至是独立的法律和司法实体，也可以是独立的文化教育实体，但是特区不是一个独立的政治实体。我们不再追求经济、法律、文化教育和意识形态等方面的统一，但是在政治问题上中央应该有最终决定权。

政治上的统一主要表现在授权与被授权关系上。② 1997 年香港回归，尽管根据“一国两制”香港在很多方面可以与内地不统一，虽然内地各省不享有香港享有的高度自治权，但是香港从此与内地各省一样，它享有的所有权力来自中央的授权，香港的基本规范③、一切行为的合法性均来自于中国中央政府。与内地不同之处在于中央授予权力的大小和多少不同，两地的社会制度不同。中央与地方的这种授权与被授权关系是全国统一的。

总之，根据“一国两制”的新理念，上述九个方面的不统一和五个方面的统一，显示了“一国两制”的真谛，即“求大同，存大异”。“大同”就是国家的独立和主权不容分割，这是我们最大的公约数。“大异”就是允许在具体制度、体制

---

① 《中华人民共和国香港特别行政区基本法》第 15 条。

② 中央和特别行政区之间的授权与被授权的关系在《中华人民共和国香港特别行政区基本法》第 2 条中明确规定，“全国人民代表大会授权香港特别行政区依照本法的规定实行高度自治，享有行政管理权、立法权、独立的司法权和终审权”。

③ [奥]凯尔森：《法与国家的一般理论》，沈宗灵译，中国大百科全书出版社 1996 年版，第 126 页。

上不一样。以前这种“大异”可能是妨碍国家统一的因素，现在我们从宽界定国家统一的概念，这九个方面的不统一不影响国家政治上和主权上的统一，我们只在最重要、最基本的方面求得统一，其他方面则不再视为必须统一的因素，这样就把国家统一的标准降到了最低。换句话说，双方可以保持在许多问题上的不同认识，但是我们可以把分歧放在一边，共同谋取关于国家和社会发展其他方面的共识，构建一个具有广泛包容性的“统而不同”的政治大框架、大格局。香港回归十年的实践生动说明了这一点。

（二）最大限度降低了实现国家统一的成本和代价

通过“一国一制”的方式实现国家统一，往往让人民和国家付出沉重的代价和昂贵的成本，通常要通过长年的战争和混乱，很多人付出生命，大量的财富付之战火。这样的统一往往要等几百年乃至上千年后人们才会感觉到可贵，当时的人们却要付出巨大的代价，统一对于他们是一个十分艰难的过程，国家在这个过程中也元气大伤。固然，追求统一是中华民族的核心价值，国家一定要统一。但是能否尽可能降低统一的成本和代价呢？甚至把统一的代价降为零，不让人民遭受损失，实现“无痛”统一呢？进而让统一带给人民和国家以和平繁荣，带给人民以更多的实惠、好处，成为国家提升、社会发展的新契机呢？即统一不是减法，而应该是加法，各方都不遭受任何损失，各方的利益都非但不能有减少，反而都应有增加，是一种双赢乃至多赢的安排。统一不仅几百年、上千年后的人们说好，而且当时的人们也说好，因为统一没有给他们带来任何痛苦和损失。

可见，“一国两制”是有条件地维持两个地方的制度现状，在不破坏目前实际现状的情况下实现国家统一，因此通过“一国两制”实现国家统一是零代价的解决方法。诚如邓小平本人指出的：“世界上有许多争端，总要找个解决问题的出路。我多年来一直在想，找个什么办法，不用战争手段而用和平方式，来解决这种问题。……如果不要战争，只能采取我上面讲的这类的方式。这样能向人民交代，局势可以稳定，并且是长期稳定，也不伤害哪一方。”他还说：“有好多问题不能用老办法去解决，能否找个新办法？新问题就得用新办法。……要把世界局势稳定下来，总要想些主意。”他要求“好好了解和研究一下我们对台湾、香港问题提出的解决方式。总要从死胡同里找个出路。”①“一国两制”就是这样一种实现国家统一的方法,尽可能降低了实现统一的成本,保证各方都没有什么损失,实现了统一成本和代价的最低化。

(三)各方都能够从统一中获益,追求各方利益的最大化

“一国两制”不仅能够保证任何一方都不受伤害,谁也不遭受任何损失,相反还能给各方带来益处和实惠。经常有港澳台的人士说,从不惜一切代价实现国家统一到零代价、低成本、任何一方都不遭受损失实现统一,这固然是一个进步,值得称赞,但是,允许我们不变的,都是实现统一前已经有的现状,“一国两制”只不过不让我们遭受什么损失,保留我们既有的财富。但是“一国两制”能给我们带来什么好处呢?这种新的统一方式能否给我们带来什么具体实惠呢?答案是肯定的。“一国两制”,不仅保护现状,保护统一前各自已经创造的财富不因统一遭受损失,而且还能够带来更多的实惠,让大家都从统一中得到实实在在的好处。

1. 统一后,香港居民中的中国居民既是香港的主人,也成为政治上和法律上的中国公民,与全国人民一道也是国家的主人,国家既是内地人的国家,也是香港人的国家,港人与全国人民一起共同享有中国的主权和荣耀。基本法规定,香港特别行政区居民中的中国公民依法参与国家事务的管理。② 这说明,尽管统一后,“国人”不可以参与治港,香港由港人治理,但是港人却有权参与国家事务的管理。这极大扩大了港人的权利空间,统一带给香港同胞的是更多的权利和自由。回归前香港无非是英国一个普通的海外占领地,回归后香港成为国家直辖的特别行政区,港人在许多方面享有超国民待遇。

2. 统一后,香港同胞正式开始与祖国同舟共济,同甘共苦。正是基于统一的事实,中央才会在金融危机、禽流感和 SARS 肆虐的时候,不惜一切代价伸出援手,与香港同胞一起经历了艰难的日子,渡过了难关;正是基于统一的事实,才会有“自由行”,中央政府和特区政府才得以签署《内地与香港更紧密经

① 《邓小平文选》第三卷,人民出版社 1993 年版,第 49—50 页。

② 《中华人民共和国香港特别行政区基本法》第 21 条。

贸关系安排》[1],让香港的个人和企业在内地享有更多的优惠;正是基于统一的事实,国家才会开放各种专业资格考试给香港同胞;[2]正是基于统一的事实,国家驻外使领馆才会给不论持何国护照的香港同胞提供周到及时的领事保护;正是基于统一的事实,奥运会马术比赛才得以移师香港举行,让港人一起亲身感受奥运的精彩与魅力。回归以后,香港国际大都会的色彩更加艳丽。国家“十一五”规划首次把香港考虑进去[3],让香港同胞同样从国家发展中获得更大的好处,这更是只有实现了统一才能有的安排。

目前,香港仍然是亚太主要的国际金融、贸易、航运、旅游和信息中心,是世界第十一大贸易体、第十二大银行中心、第六大外汇交易市场以及亚洲第二大股票市场,拥有全球最繁忙的货柜港,也是世界主要的黄金交易中心。根据伦敦市政府最近发表的“全球金融中心指数”报告,香港已逐步成为亚洲地区最主要的国际金融中心,综合实力全球第三,紧随纽约与伦敦之后。2006 年香港新股集资额超越纽约及东京,全球排名第二,仅次于伦敦,港股市值在全球排名跻身第七。恒生指数由 1997 年的 15000 点上升到现在的 22000 左右,创历史最高。到 2007 年 4 月底香港官方外汇储备资产达 1368 亿美元,全球排行第 8 位。香港失业率降到五年来最低,根据世界各国各地区 2006 年 GDP 总量的排名,香港 GDP 总量达 1871.12 亿美元,世界排名第 34 位;人均 26961 美元,世界排名第 15 位,无论总量或者人均都超过很多国家。[4]

---

① CEPA 即《内地与香港更紧密经贸关系安排》,于 2003 年 6 月 29 日在香港签署。该《安排》的总体目标是:逐步减少或取消双方之间实质上所有货物贸易的关税和非关税壁垒;逐步实现服务贸易的自由化,减少或取消双方之间实质上所有歧视性措施;促进贸易投资便利化。

② 在 CEPA 的进一步开放措施下内地允许符合相关规定的香港居民参加 38 项内地专业技术人员资格考试。见香港特别行政区工业贸易署网站 http://www.tid.gov.hk/print/sc_chi/cepa/legaltext/cepa2_note.html。

③ 国家“十一五”规划纲要指出:保持香港、澳门长期繁荣稳定。坚持“一国两制”、“港人治港”、“澳人治澳”、高度自治的方针,严格按照特别行政区基本法办事,加强和推动内地同港澳在经贸、科教、文化、卫生、体育等领域的交流和合作,继续实施内地与香港、澳门更紧密的经贸关系安排,加强内地和港澳在基础设施建设、产业发展、资源利用、环境保护等方面的合作。支持香港发展金融、物流、旅游、资讯等服务业,保持香港国际金融、贸易、航运等中心地位。支持澳门发展旅游等服务业,促进澳门经济适度多元发展。参见《中华人民共和国国民经济和社会发展第十一个五年规划纲要》第 48 章。

④ 2007 年 6 月 6 日,香港特首曾荫权在“纪念特区基本法实施十周年座谈会”上的发言。新华网 http://news.xinhuanet.com/poli-tics/2007-06/06/content_6204376.htm。

美国传统基金会也曾公布2007年“经济自由度指数”报告，香港连续第13年被评为全球最自由经济体系。根据瑞士洛桑管理学院（IMD）刚公布的世界竞争力报告，香港位居第三，仅次于美国和新加坡，在大中华经济圈中仍然是带头羊，亚洲四小龙之一的风采依然光彩耀人。[①]

3. 统一后，香港的国际活动空间不断扩大，国际地位显著提升。十年来，香港以“中国香港”的名义参加了超过190个不以国家为单位的国际组织；以中华人民共和国代表团成员，或中央人民政府和有关组织所允许的身份参加了超过20个以国家为单位的组织，包括世界卫生组织及国际劳工组织；以“中国香港”的名义单独地与世界各国、各地区及有关组织签署了超过160份双边协议。在中央的授权及协助下，香港签订了超过90份在司法互助、民航运输、互免签证等方面的双边协议。香港成功主办了世界贸易组织第六次部长级会议和世界电信展（首次在日内瓦以外的地方举行）。香港特区前卫生署署长陈冯富珍女士在国家的大力支持下，当选世界卫生组织总干事。香港特区护照已有134个国家和地区给予免签证入境或享有落地签证的待遇。共有117个国家和国际组织在香港设有领馆或官方机构。这一切都说明，回归后香港的国际空间和地位非但没有减少和降低，反而有很大的扩大和提升。[②]

4. 由于实行“港人治港”、高度自治，中央政府不派官员到特区行政、立法和司法任何部门任职，使得香港人获得了前所未有的民主权利，民主政治不断往前推进，人权和自由也得到了大大加强和提升。

香港从统一当中获得实惠，国家同样从统一当中获得好处。完成统一大业本身就是国家一个重要战略目标，事关中华复兴大业的成败。香港回归把完成祖国统一的伟大事业大大往前推进一步，而且香港回归不费一兵一卒，国家不伤一点元气，当然获益。在过去近30年里，香港累计给内地投资达2700多亿美元[③]，比内地吸收来自其他所有国家和地区的投资总额还要多，这些投

---

① 2007年6月6日，香港特首曾荫权在“纪念特区基本法实施十周年座谈会”上的发言。新华网 http://news.xinhuanet.com/poli-tics/2007-06/06/content_6204376.htm。

② 同上。

③ http://news.sina.com.en/c/2006-11-29/084110636603s.shtml。

资对我国改革开放事业的成功具有重大意义。此外，“一国两制”还带给国家其他的实惠。社会主义和资本主义是近代人类创造的两种主要的社会制度。资本主义给人类带来了高度的物质文明和法治文明，带来了社会的巨大进步，我们应该予以承认。当然我们也必须认识到资本主义给人类带来的各种问题。社会主义正是建立在对资本主义制度批判的基础之上，它试图避免资本主义的各种问题，它的产生也是人类的必然，具有很大的优越性。其他国家或者只有资本主义，或者只有社会主义，而我们两种制度都有。这样我们可以就近相互学习，学习对方好的做法，把两种制度的优势结合起来，并摈弃两种制度不好的因素，从而不断完善自己。尤其对祖国内地，香港高效廉洁的管理、健全的法治、成功的市场经济对于内地的改革具有很大的影响。事实上，内地从香港学习到不少好的经验。相对其他社会主义国家，尤其是苏联，中国的改革开放能够成功，香港的贡献是很大的。可见，“和平统一，一国两制”，不仅香港受益，国家也受益。

可见，通过“一国两制”实现统一不仅没有让我们付出什么代价，任何一方都不受任何伤害，反而还都有所获，都从统一中得到很大的好处和便利。香港因为有一个强大的祖国而受益，这是新加坡所没有的。祖国因为有一个香港而对资本主义不陌生，这是俄罗斯所没有的。

三、新统一观的形成是解放思想的成果

1949 年后中国共产党对国家统一的基本政策最初也是“武力统一，一国一制”①，也就是说用武力彻底消灭中国境内的资本主义，用社会主义统一全中国。改革开放以来，随着解放思想和实事求是思想路线的恢复，中国认识到尽管社会主义制度比资本主义制度优越，但是社会主义最终代替资本主义、无产阶级最终战胜资产阶级，是一个相当长的历史过程。不仅在国际上，而且在国内都是如此。在可以预见的未来，中国内地将长期处于社会主义初级阶段，中

① 在 1949 年建国前夕至 1954 年 12 月期间，大陆准备使用武力解放台湾，即通过战争的方式来实现中国全部领土的统一，并实行“一国一制”。详见程林胜：《邓小平“一国两制”思想研究》，辽宁人民出版社 1992 年版，第 283 页。

国既无意消灭自己国内港澳台的资本主义，也无意消灭其他国家的资本主义，无意向其他国家输出革命。在相当长的历史时期，中国的社会主义既要与内部港澳台的资本主义共处，也要与国际范围内的资本主义共存。这两种制度在国内和国际都应该和平共处、共同发展、平等竞争，而不是因为统一就人为地拿一种制度取代另一种制度，让一种制度遭受重大损失。①

我们不再由僵化的观念来决定国家统一，而是把社会制度和意识形态分歧放在一边，在互相尊重对方的前提下谋求国家的统一。意识形态和社会制度的不同，不应该成为国家不统一的理由，更不应该成为不团结，甚至搞分裂的借口。双方应摈弃政治成见，求同存异，尊重对方对自己生活方式的选择，不代替别人选择人家的生活方式和意识形态，共同谋取关于国家和社会发展其他方面的共识，构建一个具有广泛包容性的“统而不同”的政治大框架、大格局。“一国两制”的核心和精髓就是和平、和谐、相互尊重。

这是中国共产党世界观的重大转变。这种新的世界观更加强调对客观存在的东西的承认。社会主义和资本主义都是人类近代先进文明的产物，是前人独立思考、科学探索的成果。二者既然谁也无法改变谁，谁也不能取代谁，那就要老老实实相互承认，与自己的“敌人”和平共处，让时间和实践来做最后的决定。存在决定意识，而非意识决定存在。意识不能改变存在，意识更无法改变历史。我们只能尊重客观存在，在此基础上寻求一种双赢的制度安排。

把“一国两制”推而广之，运用于解决国家与国家之间的关系，可以概括为“一个世界，两种制度”乃至“一个世界，多种制度”。意识形态和社会制度的不同，不应该成为国家与国家之间不和平的理由，不应该成为战争的借口。只有如此，让各种制度和意识形态和平存在，平等竞争，让时间和后人来做选择，人类才有和平。

当然，“一国两制”以“和平统一”为前提。因为如果国家统一不是通过和平谈判实现的，而是通过战争实现的，也就很难允许那些特别的不同制度的存

① 《邓小平论祖国统一》，团结出版社 1995 年版，第 24、36、41、42 页。

在，只能是“一国一制”，而不可能是“一国两制”。所以，“和平统一”是“一国两制”的应有之意，是实施“一国两制”的前提。

“一国两制”体现了可贵的政治宽容精神。改革开放以来，这种政治宽容精神在中国得到逐渐发展。这主要表现在两个方面，首先经济上在坚持社会主义公有制的前提下，允许多种经济成分并存，鼓励发展私营经济和外资经济。其次就是在国家统一问题上，在国家主体实行社会主义的前提下，为了实现国家的和平统一，允许香港、澳门、台湾在与中国大陆实现统一后，保留其各自的资本主义制度和生活方式不变，并建立特别行政区，中央政府赋予其高度自治权。这就从根本上放弃了传统的一个国家只能实行单一社会制度的政治观念。“一国两制”是对中国传统国家统一观念的巨大突破，用邓小平的话来说，这“是个新语言，是前人未曾说过的”。①

可见，这种新统一观是解放思想、进行理论创新和制度创新的重要成果，体现了一种新的世界观，形成了新的方法论。

四、新统一观未来的发展

如果说运用“一国两制”解决香港问题是“求大同，存大异”的话，那么运用“一国两制”解决台湾问题，那就是“求更大的同，存更大的异”。所谓“求更大的同”就是说只要两岸实现和平统一，关于国家统一的标准可以更加宽松。所谓“存更大的异”就是说台湾在更多的问题上可以采取不同的制度和政策，在更多方面可以与大陆不一致。

提出“一国两制”的初衷是为了解决台湾与中国大陆统一问题的，一开始并非为了解决港澳问题。即便如此，“一国两制”能够被成功地运用解决香港和澳门问题，足见它不是为了一时一事，而是长久之计，具有普适性。如果我们把“一国两制”视为一种新的世界观和新的政治哲学，而不是狭隘地来看待“一国两制”的话，毫无疑问，“一国两制”同样适用于台湾问题的解决。

① 《邓小平文选》第三卷，人民出版社 1993 年版，第 101—102 页。

对于台湾问题，最起码要适用“一国两制”，“一国两制”是起点、是基础，但可以不是全部。对于将来两岸统一，我们只能采取“一国两制”。香港、澳门在“一国两制”之下所享有的一切高度自治权，台湾当然都会享有。除此之外，在一个中国的大框架下，未来统一后，台湾与大陆的关系还有更为丰富的内容和广阔的发展空间。至于这些更为丰富的内容和广阔的发展空间到底是什么，“更大的同”是什么，“更大的异”又是什么，这需要两岸中国人发挥聪明才智，共同去构思、去创造。运用“一国两制”解决台湾问题，必然会极大扩大“一国两制”的内涵和外延，形成“一国两制”的新形式，而且必然会进一步扩大我们关于国家统一的概念。

根据有关两岸统一的政策和法律，起码在以下几个方面是明确的：

1. 统一后，台湾人民与大陆人民一道成为国家的主人，共享中国的主权和荣耀，从中华崛起当中获得好处。

2. 台湾可以继续保留军队。① 这是全世界都没有的对国家统一最宽松的定义。

3. 在外交方面，两岸可以协商台湾地区在国际上与其地位相适应的活动空间。②

4. 名称方面：2005 年全国人大通过的《反分裂国家法》没有冠以“中华人民共和国”的名称，这为未来两岸协商预留了足够的空间，显示了大陆的极大诚意。《反分裂国家法》第 2 条还指出：

世界上只有一个中国，大陆和台湾同属一个中国，中国的主权和领土完整不容分割。维护国家主权和领土完整是包括台湾同胞在内的全中国人民的共同义务。

台湾是中国的一部分。国家决不允许“台独”分裂势力以任何名义、任何方式把台湾从中国分裂出去。

这一条是《反分裂国家法》的核心和灵魂。这是迄今为止对两岸现状、对

---

① 1985 年 1 月 20 日邓小平在会见香港核电投资有限公司代表团时讲话指出，“下一步要着手解决台湾问题，解决台湾问题的条件更宽，所谓宽就是台湾可以保留军队。解决台湾问题也不能一厢情愿。”参见《人民日报》1985 年 1 月 20 日。

② 《反分裂国家法》第 7 条。

“一个中国”最权威的表述。概括而言，就是说只要追求两岸统一，坚持两岸同属于一个国家的原则，其他问题都可以协商。“一个中国”原则实际上就是“一个国家”原则。

至于其他方面，例如国籍问题、宪法及相关政权问题、台湾当局的政治地位问题等都可以在“一个国家”原则框架下得到合理解决。

如果采取“一国两制”实现统一，就能保证不让台湾同胞付出任何成本和代价，台湾不受任何伤害，不仅可以保留目前已有的一切成果，包括民主成果，还可以从统一中得到更大更多的好处和便利。如果说台湾居民大部分追求维持目前现状的话，“一国两制”其实就是维持现状的最好方法，其精神实质就是维持台湾和大陆各自的现状，在不改变目前现状情况下实现国家统一。如果统一是必然的，那么能够维持现状的统一当然就是最好的统一方式。至于是否叫做“一国两制”并非问题的关键。如前所述，“一国两制”其实是一种新的世界观，一种新的政治哲学和思维方式。解决台湾问题，实现祖国完全统一，一定要有这种新的世界观。

五、结论：三套国家统一标准

关于“国家统一”的概念是不断变化的，不同国家、不同时期、不同情况下有不同的理解和要求。什么情况下才叫做实现了“统一”？“统一”要满足哪些基本条件？尽管古今中外的认识不一样，但还是有一些最重要的共同标准，例如政治主权的统一和宪法上的统一。“一国两制”的提出及其实施，使得我国关于国家统一的标准多样化。根据本文的分析，目前已经形成或者正在形成的共有三套统一标准。

第一套是适用于中国内地（大陆）31个省、直辖市和民族自治区的统一标准，根据宪法规定，中央与这些地方的关系按照“一国一制”或者叫做“一制一国”的原则来处理，所有这些地方都必须遵循“中央的统一领导”，在这个大前提下，可以发挥地方的积极性和主动性。① 即便是民族自治地方享有较大的自

① 《中华人民共和国宪法》第3条。

治权，但总体上也是实行同一种社会制度和体制。

第二套是适用于香港和澳门两个特别行政区的、根据“一国两制”方针形成的新统一标准。“一国两制”就是有条件维持两种制度的现状，在不怎么改变某些现状的情况下实现国家统一，因此它极大限度地扩大了统一的概念，非常宽松地阐释了统一的含义。人民为国家统一付出的成本和代价也降到了最低。此外，任何一方不仅都可以保持各自既有的一切，还可以从统一当中获得最大最多的好处和利益，追求各方利益的最大化。

第三套是适用于未来台湾地区的、正在形成的最新统一标准。这个标准同样建立在“一国两制”原则基础之上，它将最大限度地扩充“一国”的概念，最为宽松地解释统一的含义，形成更具有弹性的统一观。但是，这第三套统一标准能否最终形成和实施，取决于两岸统一的方式。如果是和平统一，这套新标准肯定可以成形和实施。反之，如果最后不得不采取武力实现统一，那么两岸将不得不采取第一套统一标准实现最终统一。

运用“一国两制”解决香港问题是思想解放和理论创新的结果。鉴于两岸问题的复杂性、独特性，需要防止台湾向独立的泥潭越陷越深，促进国家早日实现完全统一，更需要解放思想，大胆进行理论探索和理论创新。大陆方面要解放思想，台湾方面也要解放思想。中华民族是充满智慧的民族，相信当代两岸中国人有足够的聪明才智解决这个难题。

“一国两制”的初衷是实现并维护国家统一*

“一国两制”构想产生于20世纪70年代末80年代初，通过基本法的起草成形于20世纪80年代末，随着国家最高立法机关——全国人民代表大会1990年4月4日通过基本法而被法律化、制度化。任何伟大政治思想的产生都与当时的历史条件、时代背景分不开。40年前的中国刚刚结束“文化大革命”，经历十年内乱内耗和高度政治挂帅，国家一穷二白、满目疮痍、百废待兴。当时的中国急需拨乱反正、解放思想。中华民族面临三大任务，或者说有三件大事：现代化建设、实现国家统一和维护世界和平。在联合国安理会五大常任理事国中，中国是唯一尚未实现统一的国家。这三大任务之间可能是相互矛盾冲突的，比如按照当时的思维，实现国家统一要靠武力，而武力统一就没办法顺利开展现代化建设。这就要求我们必须解放思想，运用超常规思维把推动现代化建设与实现国家统一、维护世界和平统一起来，一举两得乃至三得，三者相互促进，齐头并进。这就产生了“一国两制”。“一国两制”是运用超常规思维解决历史遗留问题的超常规解决方案。换句话说，正常情况下，一个国家是不会采取这样的方式实现国家统一的。中国经历了太多战争内乱，大乱之后人心思治，不希望继续通过战争实现国家统一，希望和平统一，也希望国

---

* 本文是作者2017年4月29日在香港基本法推介联席会议举行的“纪念基本法颁布27周年暨庆祝香港回归祖国20周年研讨会”上的演讲。

家统一可以成为国家现代化的助力并为世界和平做贡献,而不对现代化建设和世界和平产生消极影响。“一国两制”恰恰同时满足了这两方面乃至三方面的需要,自然成为国家的第一选择。

从国家的角度看,提出“一国两制”的目的、初衷首先是为了解决国家统一问题,完成第二件大事,也就是实现“一国”,这是前提和基础。在此前提下,允许港澳台保留自己原有的资本主义制度和生活方式不变,也就是“两制”。事实上,港澳回归前与内地就是两种制度,只不过那时候是“两国两制”。回归后继续保持“两制”,但最大不同是已经成为“一国两制”。对于港人而言,1997 年以后“两制”不是新鲜的,“一国”才是新鲜的。如果我们只谈“两制”,不谈“一国”,或者人为突出“两制”,淡化“一国”,我们就会迷失方向,甚至产生错觉,以为还是“两国两制”。我曾经给一位美国朋友讲“一国两制”,故意只讲“两制”和高度自治,不讲“一国”,结果那位美国朋友听了后突然问我,如果这样,香港与中国还有什么关系?接着我就讲基本法关于“一国”的规定,听了后这位美国朋友才明白“一国两制”的全部含义。可见,如果我们在讲“一国两制”和基本法的时候,如果有意无意只讲“两制”,不讲“一国”,听众对“一国两制”的理解就会产生重大偏差。这也许解释了为什么回归 20 年,我们讲“一国两制”和基本法 20 年,近年来反而产生了不可思议的极端“港独”或者“独港”思潮。

我们必须认识到,实行“两制”的前提条件是必须首先满足“一国”的基本要求,能够实现并维护国家的统一,这是大前提,是“两制”赖以存在的根和本。如果没有“一国”,“两制”就成为无源之水,无本之木。如果“两制”不仅满足不了维系“一国”的基本要求,走形、变样太厉害,甚至拿“两制”来对抗“一国”、破坏“一国”,更有甚者以“两制”为借口闹独立,“两制”反而成为维系“一国”的障碍和阻力,让国家感觉到不再安全,国家自身的存在都因为“两制”而成为问题,在这种情况下,对于任何一个国家而言都会对“两制”的安排产生深深的疑虑,出于生存的本能需要,都不会说我宁可不要国家主权、安全和统一,宁可丢掉自己的性命,也要坚决维护“两制”和高度自治!如果真的出现这种情况,一个符合逻辑的自然发展就是宁舍“两制”,也不能不要“一国”。国家都没有了,“一国”的大前提消失了,“两制”如何存在?所谓,皮之不存,毛将焉附?当然这绝对不是我们希望看到的，我相信国家希望看到“一国两制”长长久久，顺顺利利，不断取得圆满的成功。但是我们确实需要防止想当然，以为一切都是必然的，耗尽了“一国”对“两制”的包容、耐心和信心以及两地之间形成的政治默契。

其实，1949 年后中国与英国就形成了这样的默契：中国暂时不收回香港，由英国人继续管治，但是英国必须确保香港不能成为反华基地，不能成为危害中国国家安全、统一和主权的地方。这就是为什么 1997 年以前港英政府反而严格控制各种反华活动的原因，因为他们十分明白一旦把香港变成反华基地，拿香港来对抗整个中国，中国将毫不犹豫地运用一切办法包括武力拿回香港，即便实行“一国一制”、即便没有了繁荣稳定，也在所不惜。

1997 年后实行“一国两制”实际上也有这样的政治默契和前提，即一方面国家允许香港继续原有的资本主义制度和生活方式，国家允许香港高度自治，自己管理绝大部分事务，另一方面“两制”和高度自治不能危及国家统一、不能威胁国家安全和存在，不能让国家感觉到“两制”反而给自己带来很大麻烦，自己的存在都天天受到威胁、受到挑战，自己反而很不安全。有人试图要把香港从国家身上割走，利用“两制”带来的空间肆无忌惮地从事推翻中央的活动，而且不断得寸进尺、步步紧逼，这些人甚至还可以当选议员、进入建制，并疯狂地进入学校、毒害下一代！更令人担忧的是，人们越来越对此见怪不怪，不加以制止，任其放任自流，冲毁香港继续实行“两制”和高度自治的底线和堤坝！这样不仅不能扩大高度自治，更不可能实现“独立”，反而会葬送“一国两制”和高度自治。

还有一种现象就是只能你“两制”，不能我“一国”，你高度自治可以，我一旦根据基本法履行自己的宪制责任、行使自己的宪制权力，就采取各种方法抵制抗拒，造成“一国”空洞化、形式化，把国家变成君主立宪之下没有任何实权的“君主”，最后实际造成只有“两制”而没有“一国”。一旦产生上述这样的情况，如果你是国家，你将如何选择？你会冒着自己的生命危险继续让香港实行“两制”和高度自治吗？

因此，“一国两制”的顺利实施，除了坚守基本法之外，还有赖于香港与中央维持这样的政治默契和互信。中央有诚意继续坚定贯彻实施“一国两制”,习近平主席和张德江委员长多次重申要坚持“一国两制”的不改变、不动摇。但是我们在香港不能目中无国,只见“两制”不见“一国”,一定要诚心诚意地接受香港1997年已经永久回归祖国的现实,1997年是永久回归,香港再也不可能离开祖国一分一秒,再没有任何一个国家、任何一种势力可以把香港从中国分离出去!在国家积贫积弱的时候,我们都不曾丢掉香港,以今日中国之强大怎么可能会让香港得而复失呢?

中央一再重申,国家会信守承诺,继续让香港高度自治,基本法规定的高度自治权一分一毫都不会打折扣,都会全面实施。与此同时,我们也要以对国家和香港高度负责的精神,展现同样的善意和诚意,也要接受国家主权,接受中央依据宪法和基本法行使自己的权力,不能只许你自治,不许我主权。不要消费、消耗国家的好心好意、诚心诚意。我们要大大方方、光明正大地接受国家主权及其派生的全面管治权,坚定地与自己的祖国站在一起,归入祖国这一边。要尝试理解国家的苦心、真心。国家依法行使主权,做依法应该做的事情,不是干预,外国这样做才是干预,就像不能说你的大脑干预你的手脚一样,因为你本来就是国家的一部分。这样才能够形成“一国两制”的良性循环:国家坚决保证香港继续依法高度自治,坚决兑现各种承诺,香港坚决捍卫国家的主权、安全和发展利益。香港越能够自觉捍卫国家的主权、安全和发展利益,国家就越放心让香港高度自治,给的空间就越大。反之,我们越不能捍卫国家的主权、安全和发展利益,国家对高度自治和“两制”就越有戒心疑虑,自治的空间就越小,这就是“一国两制”的恶性循环。中国人讲,你敬我一尺,我敬你一丈,就是这个道理。中央在香港没有设立专门维护国家主权、安全的法律机构,只能拜托特区了,这也是基本法对特区所有政权机构和所有居民的要求。

我们必须认识到,特区政权也是整个中国政权架构的有机组成部分,本来就有捍卫“一国”的法定职责和义务。如果国家是一条大船的话,香港就是这个大船的一个部位。如果这个部位出问题了,比如说有漏洞、进水了,威胁的不仅是这个部位的安全,而且是整个船的安全,威胁船上包括700万港人在内的13亿人的生命安全。因此,香港的安全与国家的安全本质上是一个问题,不是两个问题。维护包括香港在内的全中国的安全是中央和特区的共同责任。我们还必须认识到,成就一件事情需要很多人共同努力,但是破坏一件事情往往只需要很少人即可。因此,对待“港独”这种似乎只有很少人从事的破坏活动,决不能掉以轻心,麻痹大意。在处理这些大是大非问题上,我们必须头脑清醒,高度负责,不犹豫,不懈怠,不含糊,不矫情,不打折。

既然“一国两制”是在特定历史条件下的超常规安排,因此既具有必然性,也具有偶然性。我们要认识到“一国两制”和基本法来之不易,确实值得每一位同胞倍加珍惜,不要因为个别人的不理性行为破坏了整个“一国两制”的大业。既然“一国两制”前无古人,这就是一场伟大的试验;既然是试验,那就既可能成功,也可能失败。一旦失败,国家损失很大,但主要是面子,香港损失的既有面子,更多的是里子,是全部。因此对于香港,“一国两制”只许成功,不能失败。

作为学者,我希望讲真话、讲实话。为了国家好,为了香港好,为了每一位港人的切身利益,我们必须讲真话、讲实话,做应该做的事情。忠言逆耳,良药苦口,也许大家不希望听这样的话。正是因为爱香港,热爱“一国两制”事业,我才讲出来,这完全是善意提醒,不代表任何官方立场。令人高兴的是,“一国两制”迄今20年的实践总体上是很成功(so far so good),成绩举世公认。环顾世界,相比其他发达经济体,香港20年来的表现相当出色出彩,“一国两制”展现了强大的生命力和旺盛的活力。在中华民族如此接近全面复兴的今天,我们有充分的智慧、顽强的毅力、足够的耐心解决前进中遇到的各种问题和挑战。

我真心希望在香港回归祖国20周年之际,在已经取得的成就基础上,“一国两制”伟大事业再启蒙、再出发,牢记初衷,“一国两制”全面进入良性循环,基本法全面准确贯彻实施。这既是为了伟大祖国,更是为了香港七百万民众的根本利益和福祉。我坚信“一国两制”伟大事业前途无限,香港和祖国的明天更加美好,谁也阻挡不了我们前进的步伐!

香港与祖国：不可分割的血脉与命运*

历史法学派认为，法律，一如语言，乃是一个连绵不绝的历史发展过程本身。换言之，法律是一个国家历史发展过程的高度概括和体现，宪法是一个国家最重要历史经验的总结和凝练。法律是一个国家活的历史，其存在的意义在于不断以具有强制力、约束力的方式向今人和后人展示、讲述这个国家的历史。有什么样的历史，就有什么样的法律。立法者并不能制定法律，而只能表述客观已经存在的法律——也就是社会发展的规律。“法律”一词的英文“law”本身同时就有“规律”的意思。法律人（lawyer）应该同时是历史学家，要认识、了解一国的法律，首先要认识了解这个国家的历史。

基本法“序言”开宗明义写道“香港自古以来就是中国的领土”，正文第一条写道“香港特别行政区是中华人民共和国不可分离的部分”。这些表述既是法律，更是客观的历史事实。制定基本法的人不是人为“制造”出这些说法，他们只不过把香港和祖国自古以来的血肉联系、把香港与祖国内地在历史长河中早已成为坚固的命运共同体这一事实加以描述罢了。

今天我想从历史的角度讲讲基本法为什么这么写，为什么香港与祖国之间的血脉亲情难舍难分，为什么香港与祖国是不可分割的命运共同体。

香港地理上位于中国华南地区，珠江口以东，南海沿岸，北接广东省深圳

---

* 本文是作者 2016 年 9 月 22 日出席亚太法律协会活动时的演讲。

市，西接珠江，与澳门特别行政区、广东省珠海市以及中山市隔珠江口相望，其余两面面向中国南海。从地理上看，香港毫无疑问是中国大陆的组成部分。

从历史上看，香港自古以来经历了三个发展阶段。第一个阶段是1942年以前的“一国一制”，在行政建制上香港一直隶属于广东省。公元前221年秦始皇统一中国，很快派大军深入岭南地区，在此设立郡县，开始对广东地区包括当时的“香港”一带实施管辖，自此历朝历代中央政权莫不对这片土地实施有效管辖，一直到1842年香港被英国占领，从无间断，时间长达2063年。在这两千多年时间里，从秦皇汉武，到唐宗宋祖，再到元明清三代，香港与祖国其他地方完全实行“一国一制”，长期同甘苦，共患难，一同经历战乱，一起分享荣光，祖国什么样，香港就什么样，香港与祖国其他地方相比没有任何不同。那时候香港没有自己独立的历史，中国历史就是香港的历史。在这两千多年历史中，发生在这里的一件大事就是宋朝末代皇帝赵昺（音“丙”）曾经逃难于此，九龙城区至今还有一个名为“宋王台”的纪念石碑，以纪念当年发生在这遥远渔村的国家历史大事。

1840年爆发的鸦片战争是中国近代史的开端，也正是这次战争，让香港这个位于中华帝国边陲默默无闻的小岛“暂别”2000多年中华帝国共同体，走上了国内和国际舞台。中国古代史也正是在这里结束，中国近代史也正是从香港开始。其实，在当时英国外交大臣巴麦尊看来，香港不过是“一个贫瘠之岛，永远不会成为贸易中心”，他更倾向于索取更大、更富有的舟山群岛而不是香港。如果不是历史的偶然，如果英国真的要了舟山，而不是香港，可以想见，香港会和中国其他地方一样，继续跟随国家历史的沉浮而起伏，可能至今还是广东省的一个市或者县。

根据1842年的《南京条约》，中国被迫割让香港岛给英国，道光皇帝当时对香港几乎一无所知。1860年根据《北京条约》中国被迫割让九龙半岛，1898年又被迫将新界租借给英国长达99年。事实上，清政府从来不愿意放弃包括香港在内的任何一寸中国土地。针对当年英王提出的“欲求相近殊山地方小海岛一处”，供英国商人停歇并收储货物的要求，乾隆皇帝在给英王的敕谕中严正指出：“天朝尺土，俱归版籍，疆址森然，即岛屿沙洲，亦必画界分疆，各有专属。”短短几句，尽显乾隆捍卫国家主权和领土完整之凛然决心。对中华民族而言，失去香港是一段屈辱的历史，是近代中国为自身落后而付出的代价，但也激发了一代代仁人志士探索让中国富强的道路和良方。

从失去香港的那一刻起，从清末到民国，到新中国成立，中国人民无时无刻不关心牵挂着香港，始终希望让香港重新回到祖国的怀抱。正如基本法序言所述：“中英两国政府签署了关于香港问题的联合声明，确认中华人民共和国政府于一九九七年七月一日恢复对香港行使主权，从而实现了长期以来中国人民收回香港的共同愿望。”这段话是祖国人民对香港真情的自然体现。

从 1842 年清政府向英国割让港岛到 1997 年香港重新回到祖国母亲的怀抱，英国在香港统治了 155 年的时间。这是香港历史发展的第二个阶段，即“两国两制”，香港走向了一条与祖国不同的发展道路。香港从此开始有了自己相对独立的历史，但仍然是中国史不可分割的组成部分，有时甚至是重要组成部分。有人觉得英国 155 年的统治从头到尾都非常美好，每一天都非常美好，但这并不是事实。在这 155 年内的大部分时间里，一方面英国的殖民统治本身独断专制、腐败横行，港人享受不到多少真正的权利和自由，更谈不上什么民主和法治；另一方面尽管和中国中央政权断绝了直接联系，但从太平天国起义到甲午战争，从八国联军入侵北京到辛亥革命，再到军阀混战、八年抗战和国共内战，国家长时期战乱、内忧外患也都深刻地影响着香港，包括大量内地难民涌向香港，港人的日子并不好过。

客观地说，在上世纪 40 年代之前，香港各方面的状况还不如上海，当时上海是远东的大都会，无论哪方面都比香港好。1949 年新中国成立后，香港的日子要比内地好，但也不是非常繁荣。这其实“得益”于祖国长期闭关锁国，香港一度成为国家唯一的对外贸易的窗口，在特殊年代以特殊方式发挥了“超级联系人”的作用。另外来自内地的同胞其实很多不是难民，而是富人和各方面精英，客观上给香港带来了全国的财富和人才，为香港后来的腾飞打下了坚实的经济和人才基础。这点类似 1949 年后的台湾。

香港真正的大发展是从上世纪 70 年代中后期开始的，也就是说，香港的腾飞、乃至成为亚洲四小龙之首，与国家的改革开放正好同步。香港是中国改革开放最大的受益者和贡献者。由于特殊的地理和历史地位，香港一直扮演着中国内地跟世界各方面“联系人”的角色。“联系人”一定是双向的，如果中国内地不开放，香港也就没办法担当“联系人”的角色，联系必须是双向的，不能是单向的。所以，国家的改革开放使香港充分发挥了“联系人”的功能和作用并从中获益，香港同时也给内地发展提供了大量资金支持，成为内地最大的境外投资来源地，两地在这个过程中共同发展壮大起来。

历史反复证明，即便在英国殖民统治“两国两制”之下，一个贫穷、落后、封闭、混乱的中国决不是香港之福；如果中国乱，香港也绝对无可能独善其身。祖国不好，香港也肯定好不到哪里去。相反，一个开放、稳定、繁荣的祖国一定是香港之福，香港一定从中获益。国家对香港的影响无论正面反面，都一定存在，因为我们本质上还是一个命运共同体。

香港历史发展的第三个阶段就是1997年以后的“一国两制”。回归近20年来，香港能够持续保持繁荣稳定，主要也是得益于国家持续深入的改革开放。香港和祖国内地同舟共济，共同发展，内地通过香港对外投资额占对外投资总额的近60%，这对内地的发展起到了强大的助推作用，香港也在这个过程中获益甚丰，放在任何一个地方，这个地方都一定会繁荣起来。一方面与过去一样，开放繁荣稳定的祖国是香港最大的利好，是中央对香港最大的支持，比任何“大礼”“红包”更重要；另一方面香港是国家重要的资产，没有香港，中国的现代化可能要摸索更长的时间。香港为国家的改革开放，特别是市场经济建设做出了巨大的贡献，这是中国其他任何一个地方都没办法取代的。过去40年的历史说明，一个开放、文明、繁荣的祖国，一定会带来一个繁荣稳定的香港。祖国好，香港一定好。

无论1842年以前的“一国一制”，还是1842—1997年的“两国两制”，或者1997年以后的“一国两制”，或者2047年以后，香港与祖国同属一个命运共同体的事实都无法改变，祖国一定会影响香港，无论好坏。香港应该庆幸在国家改革开放、欣欣向荣的时候回归祖国。试想如果1997年的祖国像“文革”时期一样混乱，香港也得回归，那可能就没有“一国两制”了，恢复1842年以前的“一国一制”也未可知。香港应该继续助力国家的改革开放，无论经济、民主、法治都应该为国家树立积极、正面的典型。比如香港730万人的民主如果做不好，如果民主带来的是极端、暴力乃至分离，如何能够期待14亿内地同胞大胆发展民主呢？如果我们在香港不把法治当回事，肆意破坏法治，如何让内地14亿同胞学习香港的法治呢？

值得一提的是，在脱离祖国母体的155年时间里，国家并没有忘记香港。英国占领香港后，曾允许清政府在九龙城寨设置官府，为在港的内地居民提供服务和管理。二战时期，英军投降导致香港被日本占领了三年零八个月。在这段时间里，只有中国共产党领导的东江纵队和港人共患难，开展营救，抵抗侵略。二战结束后，英国政府与当时还只是中国地方政权的中国共产党政权达成协议，一方面中国共产党的武装力量撤回内地，另一方面这个特殊的政治实体可以在港设立代表机构——新华通讯社香港分社，与香港政府进行事务性交涉。这就是今日香港中联办的前身。2000年1月18日新华通讯社香港分社正式更名为中央人民政府驻香港特别行政区联络办公室。从这个意义上看，中联办作为中央驻港机构，早已经是香港社会的重要组成部分，在香港运作的时间比在座很多人的年纪都长。

香港有年轻朋友问我，祖国强大了，内地全都开放了，香港是否没用了，没有前途希望了？而且内地人勤奋，人才又多，我们没办法与他们竞争。香港的繁荣稳定很大程度是因为祖国，今天香港的衰落有人认为也是因为祖国的发展发达。于是有人就想躲避祖国，试图把香港的门关起来，把香港孤立起来，甚至完全与祖国切割。让港人在香港关门过小日子如何？有些不惜采取极端手段破坏香港。看到这些很令人痛心，因为香港不属于几个人，而是属于700万香港同胞，属于全国人民，香港与内地本来就是一个统一体，是一个body。折腾香港这个局部，就是折腾整个国家。香港“感冒”了，“生病”了，吃药的不仅是香港，而是整个国家。我们必须明白，香港乱了，对于国家全局的损失可能是万分之一，但是对于香港这个局部，却是百分之百，是全部，是灾难，这是我们谁都无法承受的。

如果把香港与祖国内地对立起来看，有人会觉得祖国强大对于香港是威胁。但是我们也不能不让内地开放、不让内地进步、不让内地繁荣，来换取香港的繁荣呀！况且历史已经证明，尽管一个封闭的中国，香港成为唯一对外窗口，香港固然可以获益，但是一个开放、自信、繁荣的大中华，香港超级联系人的角色更能发挥，香港更加获益，这是香港当年能够成为亚洲四小龙之首的重要原因。

如果我们诚心诚意把香港作为中国不可分割的部分来看待，我们就不会把国家的发展、稳定、繁荣视为香港的威胁，而是我们千载难逢的机遇，同样是我们同胞的骄傲和自豪。祖国的强大，就是香港的强大，祖国的繁荣稳定就是香港的繁荣稳定。1842 年以后我们已经习惯于看到贫穷落后的祖国。今天中华民族正在经历伟大复兴，香港同胞作为中华民族的重要组成部分，不仅与有荣焉，而且有重要角色需要担当，有更重要的作用需要发挥。“一国两制”为我们参与国家的建设发展、为我们参与“一带一路”等重要国家战略倡议，提供了得天独厚的政策保障，有无限的可能和希望。我想在此重复我过去常说的一句话：在中华民族伟大复兴的过程中，香港不能做旁观者，必须要做参与者、积极贡献者。北望神州，香港前程似锦、前途无限。

展望未来，一百年、一千年，永远永远，香港都是中国的一部分，没有人能把香港从祖国搬离出去。从历史长河来看，与香港是中国的一部分而且还要一直是中国的一部分相比，英国管治香港这 155 年实在是弹指一挥间。祖国永远不会再抛弃香港，外族统治的历史也决不会重演。随着时间的推移，香港与祖国的联系将更加紧密，中国人的认同将更加坚定，基于“一国”的命运共同体将更加牢固。无论回归后发生了多少风风雨雨，无论 155 年外族统治发生了什么事情，香港最终都要坚决、坚定地与自己的祖国站在一起，这是谁也改变不了的历史潮流和时代大势。

“一国”之下“两制”的相处之道*

为什么讲这个问题?

香港自古以来即为中国领土。公元前221年秦始皇统一中国后,很快就派大军深入岭南地区,在此设立郡县,开始对广东地区包括当时的香港一带实施管辖,自此历朝历代中央政权莫不如此,到今年已经2237年。虽然1840年鸦片战争后,香港被英国强占并进行了155年的统治,中国政府已于1997年7月1日恢复对香港行使主权,实现了香港回归,迄今已经19年。展望未来,一百年、一千年,永远永远,香港都是中国的一部分,没有人能把香港从祖国搬离出去。从历史长河来看,与香港是中国的一部分两千多年而且还要一直是中国的一部分相比,英国管治香港这155年实在是弹指一挥间,根本改变不了香港的血脉和中国属性。香港的本质和本源是中国/东方,不是英国/西方。随着时间的推移,香港与祖国的联系将更加紧密,中国人身份的认同将更加坚定和牢固。无论回归后发生了多少风风雨雨,无论155年外族统治发生了什么事情,香港最终都要坚决、坚定地与自己的祖国站在一起,这是谁也改变不了的历史潮流和时代大势。

既然“一国”是永远的,是谁也无法改变的历史、现实和未来,“两制”就是最佳的选择,而且最好是长远的安排,我坚信“两制”必将跨越2047年。既然,“一国”是永恒的,“两制”又是长远的,我们就应该认真寻找“一国”之下“两制”

---

* 发表于《紫荆》(香港)2016年8月号,《大公报》(香港)2016年8月2日转载。

长远融洽相处之道，最大限度地取其利，避其短，实现互利双赢。我认为，要实现这个目标，需要解决以下三个问题。

一、香港如何正确看待自己的祖国

要处理好“两制”之间的关系，香港首先要对自己的祖国有正确、全面、客观的认识。我们不仅要认识祖国的过去，也要认识祖国的现在，既要接受过去的祖国、历史上的中国，也要接受现在的祖国。一些香港朋友表示，他们很接受历史上的中国、文化上的中国，但现实的、现在的中国，让他们接受很困难。今天的中国和过去的中国是不可分割的，因为她是过去中国的自然延伸和发展。今天，中国的政治、经济、社会、文化也是两千多年特别是过去100多年中国社会发展的必然选择和归宿，我们没有办法选择我们的过去，没有办法选择我们的历史，我们只能把握好今天。所以我们必须接受今天的中国、现在的中国，而不仅仅是历史上、课本上的中国。

第二，我们不仅要接受苦难、贫穷、落后的中国，更应该接受繁荣、富强、进步的中国。我们对国家的历史记忆，一直是苦难的中国、贫穷的中国、落后的中国。在香港被英国人占领统治的150多年里，香港人大部分时间里看到的是一个落后、贫穷、艰难的祖国。到现在一些没有亲自到内地访问、参观的人，脑海中“认识”的祖国仍然贫穷落后。但是经过改革开放30多年的发展，我们国家已逐渐繁荣、强盛起来。我们应当了解和认识到，今天的国家已经变化，祖国正在进步。但无可否认有些人对祖国的发展、变化和进步不适应，习惯于看到一个落后的家乡。这是一个心态调适的过程，港人要和祖国内地人民一样，为国家的进步，为国家的繁荣、强盛感到骄傲，感到自豪，而不应做局外人。《论语》中有一句话：己欲立而立人，己欲达而达人。意即如果你想站起来，你一定要帮助其他人站起来；如果你想要被人理解，你要帮助其他人去理解。香港比内地先发达起来，也要帮助内地发达起来。经过这些年的努力，祖国内地和香港确实一同站起来、发展起来了，我们应该以此为自豪，应该接受发展起来的祖国。

第三，祖国虽然还有不少不足的地方，还有不少缺点，但也要看到并承认国家一直在进步。一些媒体报道祖国负面的东西很多，有的是事实，但有的并不客观。没有一个国家是没有负面东西的，没有一个国家是完美的，除了解国家存在的负面东西外，我们更要看到祖国的进步、祖国的优点和祖国的长处，特别是改革开放以来取得的巨大成就。我在20多年教学历程中有一个很深的感受，如果看不到学生的优点，只看他的缺点，这个学生的缺点就会越来越多，缺点不断被人为放大。如果你不断欣赏、鼓励学生的优点，这个学生的优点会越来越多，进步越来更快。我们非常欢迎媒体监督，特别是港澳同胞对国家有很多批评建议，国家绝对欢迎，但是我们也要看到国家的进步。与人一样，国家如果有进步，也需要大家给予鼓励，国家也需要掌声。

第四，要客观、科学认识国家的政治体制。最近，全世界发生了很多的事情，前不久英国举行了“脱欧”公投，7月16日法国发生恐怖袭击，包括美国、土耳其等发生了非常恐怖的事情。南中国海因仲裁不公而风云激荡。今天的世界很不平静、不太平。有一个根本的原因，就是有一些国家自认为自己的制度最好，从而不断向其他国家推销，你不接受，就强迫你接受。结果是什么？不仅是所谓的“好制度”没有建立，反而使这些国家失去了秩序，失去了基本人权，发生人道灾难，大量平民丧生。我在清华大学教过的一个学生今年从哈佛大学肯尼迪学院研究生毕业，回到上海，在一间大国际律师事务所工作。她有位叙利亚同学说：“我很羡慕你有一个和平的祖国可以让你随时回去，我无家可归，我的家乡现在战火纷飞，满目疮痍。”她的叙利亚同学因为战争失去了父母、失去了家园，他的国家失去了基本秩序。国家的基本功能就是能够为国民维持良好秩序，提供和平的环境，这是最宝贵的，也是人的第一需求。中国今天政治制度的形成不以任何人的意志为转移。近代以来中国尝试过各种制度，包括西方的政治体制，例如“三权分立”、议会制、总统制、君主立宪制等，都曾经尝试过，但最后都以失败而告终，有些甚至引起国家内战。今天中东很多国家所正在经历的，历史上我们都似曾相识。想当年，中国也有大量大量的难民。难道我们今天来之不易的和平环境、繁荣的局面能随便不要了吗？一些香港朋友对国家的政治体制和制度有各种各样的看法，这很正常。比如为什么要中国共产党领导？在香港谈中国共产党领导比较敏感。本人曾经应邀到很多国家的大学去讲中国共产党，他们没有请我去讲宪法，却请我讲中国共产党。包括美国MBA学生到清华大学来交流也让我讲中国共产党。他们希望了解的是真实的中国。我们不能假装中国没有共产党。所以香港同胞应真正认识和了解自己祖国的制度，包括共产党的领导，这是自然形成的，是中国社会发展的必然规律。我们没有办法选择历史，也没有办法选择祖国，我们只能共同努力把自己的祖国建设得更好。

我在准备这篇演讲稿的时候，收到一条微信，说突然感觉自己的祖国真不容易：国力要和美国比，军事要和美国、俄罗斯比，福利要和北欧比，环境要和加拿大比，法治要和英国比，制造业要和德国、日本比，华为中兴要与苹果三星比，联想要与IBM比，长城奇瑞要与通用丰田比，龙芯要与Intel比，中国自己研制的大型客机C919要与波音空客比！祖国真的不容易，这么多要求放在一起，都要同时满足，能做到吗？近代以来，受西方列强欺凌，中国丢掉了300多万平方公里的领土，生灵涂炭、民不聊生，被西方列强打得趴在地上100多年。今天我们终于站起来了，中国人可以扬眉吐气了。但是我们对国家的各种要求，远远超出了国家所具备的条件。国家这些年取得的成绩我们往往忽略，而且还会不断提更多新要求。但是，不管你认识不认识，祖国就在那里，她就是你的祖国，你也没办法选择。祖国跟你有密切的关系，不会因为你假装没有祖国，祖国就没有了；你不认识祖国，损失不是祖国的，是你自己的。如果香港是一本厚厚的书，祖国可以说是一本更厚重的书。我们要全面深入认识今日之中国，理解国家面临的各种挑战和困难，要主动地为国家的发展做贡献，在中华民族复兴的伟大事业当中做一个参与者，而不是一个旁观者。当然你也可以不参与，但不管你参与不参与，中华民族都要振兴，都要发展，但香港可能会失去很多机会。我们必须认识到，香港不能没有祖国，离开了祖国，没有办法生存。总之，从中国和世界历史长河来看，香港的根、香港的本、香港的源，香港的过去和未来都在中国，这是绝对跑不掉的。

二、香港是中国改革开放最大的受益者

我们要客观认识、评价英国的殖民统治。有人觉得英国150多年的统治从头到尾都非常美好，每一天都非常美好。客观地说，在上世纪50年代，香港各

方面的状况还不如上海，当时上海是远东的大都会，无论哪方面，发展都比香港好。上世纪60—70年代，香港的生活要比内地好一些，但也不是说非常繁荣。香港真正的发展是从上世纪70年代中、末开始的，在此以前，香港不敢说自己有法治，那时候香港也曾经腐败横行，特别是英国殖民统治者对我们中国人，没有什么公平正义，没有什么法治。必须承认，香港经济的腾飞和国家的改革开放几乎同步。我观察，香港实际上是中国改革开放最大的受益者。

由于特殊的地理和历史地位，香港一直扮演着中国内地跟世界各方面的“联系人”的角色。“联系人”一定是双向的，如果一方不开放，你没办法担当联系人的角色。所以改革开放使香港“联系人”的功能和作用充分发挥了。当然内地也在这个过程中发展壮大起来。

改革开放38年来，香港和祖国内地同舟共济，共同发展。国家在发展，香港更在发展，才取得了今天这样的成绩。当然最近这些年，内地发展得更快，香港因为政治上的一些争拗，影响了经济、社会的发展，但上世纪80—90年代，香港的发展速度超过内地。港人靠自己的勤奋和努力，靠“超级联系人”的地位，取得了令人羡慕、令人骄傲的成绩。香港是国家重要的资产，没有香港，中国的现代化可能要摸索更长的时间。香港为国家的改革开放，特别是市场经济建设做出了巨大的贡献，这是中国其他任何一个地方都没办法取代的。俄罗斯的市场经济改革为什么失败？因为俄罗斯没有一个具有像香港一样地位、功能和角色的地方，没有市场经济的经验。

除了香港要认识祖国外，国家也要认识、理解香港。如何认识香港的过去？如何在中国大发展的背景下为香港定位？这也是我们必须面对和解决的问题。我们要欣赏香港，欣赏香港的文明、法治。我听到不少内地来香港工作的同事讲，在香港不会丢东西，手机甚至信用卡丢在出租车上，丢在地铁上都能找回来。香港人办事都自觉排队。香港有非常多的值得我们学习的地方。祖国内地跟香港比，不少地方还有很大的差距，所以要充分发挥香港所长，把香港的发展与祖国的改革开放战略更加密切地联系在一起。

三、“两制”要融洽相处

内地与香港相处要做到以下几点：首先，要坚守法治的原则，合情合理地处理两地关系。英语有一句格言:“Good fences make good neighbors.”意思是,有好的篱笆,才会有好的邻居。香港同广东省,同内地其他地方相处也好,要做 good neighbors,有 good fences。中国也有一个类似说法:“亲兄弟,明算账。”在两地关系上,可以解释为,我们要严格按照法律来处理问题。同时,在合法的情况下,还要合情合理,要考虑到两地是一家人,是骨肉同胞。

第二,共同维护宪法的尊严。宪法既是国家的根本大法,也是事关中央与特区关系的最高法律依据。“一国两制”从哪里来的呢?有人说基本法,其实不对。“一国两制”最早是中央的文件,它的法律化是在 1982 年,而香港基本法是 1990 年制定的。1982 年,国家制定了今天的宪法,就已经把“一国两制”的精神原则写进了宪法。那么对“一国两制”最大的保护就是国家宪法。特别行政区实行的制度由全国人大以法律规定,这就是“一国两制”与宪法的渊源。香港作为中国的一个特别行政区,要尊重国家宪法规定的制度,要尊重我们的祖国。这是基本的相处之道,我不改变你的资本主义制度,但是你也不要改变我的社会主义制度。香港实行什么样的体制、实行什么样的法律,国家给予高度尊重,但也希望香港尊重国家的宪法和宪法制度。

第三,国家要严格地依据宪法和基本法行使主权,担负起对香港的宪制责任。不应该把中央依据基本法行使职权、履行职责的行为视为是对特区的“干预”。我经常听到有香港朋友讲,为什么不喜欢西环,因为西环老“干预”香港。如果基本法规定的高度自治的事项,西环去干预、北京去干预,那可以说是违反了基本法。但是基本法本来规定了就是中央的职责,就是中央该做的事情,那不是“干预”,是在履行宪制职责,履行法定的职能。中央行使自己的职权,是合法合宪的行为,既是权力,也是责任。

第四,确保特别行政区依照基本法充分行使高度自治权。特区政府的高度自治权都是写入基本法的,包括行政管理权、立法权、独立的司法权和终审权,以及《基本法》第五章、第六章规定的那些高度自治的事项。兑现这些权力,也是落实“两制”的需要,中央给予认可和尊重。当然,特区拥有这些自治权的同时,意味着也要独立地承担责任。比如,最近关于今年立法会选举的问题,我们要尊重、支持特别行政区严格依据基本法和本地的法律处理选举当中出现的问题，特别是“港独”人士参选的问题。特区政府和选举管理委员会发表声明、作出决定，要求参选人在声明中拥护基本法、效忠特别行政区，要对此进行确认。我觉得这是合法、合情、合理的。因为，“港独”意味着要把香港从国家分离出去，要建立一个独立的国家，要废除基本法，要成立一套新的政府架构、政权机关，也就是他们不承认香港的立法机关，不承认香港的行政长官、行政机关、司法机关，“港独”要推翻整个特别行政区政府。如果我们还允许他们参选立法会，这逻辑上通吗？我们必须要明确，任何法律之外的行为都是非法的，这是法治的基本原则。

香港一直以法治为骄傲，我们非常支持特区坚守法治的底线，依法处理关于“港独”人士的参选问题。因为参加选举是一种政治行为，不是开一般的研讨会。“港独”分子参选，本质上是要把“港独”理念注入香港特区依据基本法确立的政治过程当中。所以我们非常理解、也非常支持特区政府面对、解决“港独”问题，这是香港长治久安所必需的。

最后，古人当年所讲的人与人之间相处之道，可以给“两制”之间如何相处提供参考。“君子和而不同，小人同而不和”。中文的意思大家听得太多了，讲得太多了，觉得很平常。但是翻译成英文，可能会让人有更深刻的理解。Gentlemen get along with each other without compromising their principles and values. Petty persons always compromise their principles and values without getting along. 就是说，两地永永远远、世世代代生活在一起，一定要get along（和），在 get along 的前提下，你的 values 和 principles 不需要compromise（妥协、让步），这就是两地相互之间的尊重。希望两种制度都是gentle system。只要严格贯彻法治原则，合情合理地处理两地的关系，香港的明天、祖国的明天一定会更加美好，一加一，一定大于二。

祝福香港，祝福大家！谢谢！

（2016 年 7 月 16 日，王振民以清华大学教授、香港基本法澳门基本法研究会会长的身份在“一国两制”与基本法研讨会颁奖礼暨《紫荆论坛》创刊五周年庆典上作主旨演讲，本文由作者根据演讲内容充实整理而成。）

“一国两制”事业需要代代相传*

张建宗司长、汤大律师、陈教授、各位嘉宾、两地的青年朋友，大家上午好！今天我很高兴出席“一国两制”青年论坛成立典礼和研讨会。“一国两制”青年论坛特点很鲜明。首先这是青年论坛，不是中年论坛，也不是老年论坛。我发现今天在座的除了年轻人，也有中年人，包括张司长、我以前在香港大学读书时的老师陈弘毅教授、资深大律师汤家骅先生等。这让我想起一个故事，当年拿破仑在招兵打仗的时候，很多年轻人报名参军，但是有一个年纪很大的人也来报名，别人问他年纪这么大了也来报名干什么，你也打不了仗？他说，我想这么多年轻人报名，总需要有人来管理他们，我报的是管理岗位，不是打仗的岗位。今天的论坛以青年人为主，同时也有非常资深的“一国两制”研究的专家、“一国两制”实践部门非常权威的官员，这是一个非常好的组合。还有一个特点，这是一个两地论坛，包括了香港政治光谱非常广泛的青年精英，也有内地近些年成长起来的青年学者，都很有成就。

伴随着国家改革开放的进程，“一国两制”从提出到现在经历了两个世代，即两个“20 年”。第一个“20 年”是从上世纪 70 年代末到 1997 年，大概经历了 20 年的时间，从“一国两制”提出到“一国两制”的政策化、法律化，我们运用“一

---

* 本文为作者在 2017 年 4 月 30 日“‘一国两制’青年论坛成立典礼暨回归 20 周年研讨会”上的致辞，根据录音整理。

国两制”完成中英谈判，英国人接受了“一国两制”，然后再到基本法的起草，把“一国两制”定型化，然后又经历了香港回归的过渡期，1997年实现了香港回归，这是第一个20年。“一国两制”的产生、发展是以邓小平先生为代表的那一代中国人推动的，包括香港很多当时的青年人，梁振英特首当时担任基本法咨询委员会秘书长，当时也是30多岁，就像今天在座的很多30多岁的青年人一样，积极投身到“一国两制”事业当中去，他们为“一国两制”事业做出了巨大的贡献。第二个“20年”是从1997年香港回归到现在的20年时间，在座的很多朋友参与了过去这20年的实践，“一国两制”落地、扎根、开花、结果，我们当中很多人是参与者，都亲身见证经历了过去20年“一国两制”事业的蓬勃发展，取得举世公认的成就。我们这一代人做了我们应该做的事情。20年前，我刚刚从香港大学学习结束，回到内地成为一名青年教师，当时我们也曾经年轻过。这几年香港很多朋友都很着急，说青年人怎么都这样啊！我说不是都这样，大部分青年都是非常优秀的，对香港和国家很有担当，即便有个别年轻人思想和行为有一些偏激，也不用担心，因为他们也会变老的，每一代人都会变老的，他们也会成熟起来的，未来是有希望的，我们有足够的耐心。

接下来，从现在开始到未来的20年、30年，那就是在座各位青年精英的责任了，未来主要靠你们这一代人来发挥作用，你们应该勇敢地承担起历史责任和使命。当然每一代人面对的问题不一样，比如40年前要面对的问题与20年前要面对的问题是不一样的。第一代人主要面对的问题是如何把“一国两制”变成可以操作的政策，变成一部可以适用的法律。政治领导人提出“一国两制”的概念，老一代专家学者和官员要把“一国两制”这四个字写成一部法律，写成一部基本法，并实现香港顺利回归，那就需要大量创造性的工作，这就是“一国两制”事业第一代人面对的问题。第二代人要面对的是“一国两制”如何在香港、也包括在内地落地、扎根，如何实施基本法。接下来要面对的问题就是如何深化“一国两制”的实践，如何破解“一国两制”实践中遇到的难题，如何把“一国两制”事业继续推向前进。在这个过程中，青年人扮演着极其重要的角色，应该发挥更加重要的作用。我想借这个机会，提出几点个人的建议和希望：

一是要认真学习和把握“一国两制”和基本法，处理好“一国”和“两制”的关系，特别是要加深对国家的全面认识和深入了解，既看到国家的不足，也要看到祖国在改革开放40年取得的巨大进步。与西方发达国家相比，我们毕竟还有很多制度是不健全的，但是我们要对未来抱有信心，我们国家在改革、在进步，我们要全面深入认识祖国。只有这样才能在今日祖国的大背景下，为香港找到一个合适的定位，推动香港和国家的发展。今天我们在香港遇到很多很复杂的问题，这都很正常。但我们在香港碰到的问题比欧洲、美国今天碰到的问题还是要容易解决得多，所以我们要有信心。

要破解香港目前面对的问题，不管是深层次问题、中层次问题，或是浅层次问题，钥匙在哪里呢？钥匙就在“一国两制”。就像刚才张司长和昨天梁特首提到的，就是既要善用“一国”，也要善用“两制”。既把“一国”的优势发挥出来，破解香港今天经济社会发展遇到的难题，很多问题可以从“一国”的角度换一种思路、换一种眼光来看。如果把“一国”运用得好，考虑到祖国内地巨大的市场和机会，香港的问题是很容易解决的。另外，就是把“两制”之便、“两制”的优势充分地发挥出来。

很多人担心强调“一国”，是不是就不要“两制”了？我在很多场合一再讲，我们真心地希望香港的“两制”能发展好、建设好，国家从来没有计划把香港内地化，把香港变成内地，因为如果香港变成内地了，与内地一模一样了，香港将失去价值。例如，内地有很多学者来香港交流，也有很多游客来香港旅游，他们希望看到的是与内地不一样的香港。如果一样了，来看什么呢？来香港交流什么呢？都一样了，就没有交流的必要了。所以国家从来没有把香港内地化的计划，从来没想过对香港进行社会主义改造，我们真心地希望特别行政区能够把自己的特色、把自己的优势充分地发挥出来，发展好自己的资本主义，把“一国”和“两制”结合起来，这才是“一国两制”真正的全部的含义。要破解香港的难题，就是要把“一国”的优势与“两制”的便利都充分发挥出来。内地改革开放学习了香港很多市场经济管理的规则，包括国家的廉政风暴和法治建设也都借鉴了香港的很多好经验，祖国也从香港的这一“制”得到很多启发、便利和好处，怎么可能把香港变成内地呢?！这是不可能的。今天时间有限，将来还可以就这个问题进行深入交流。过去这20年我们看到，香港一些青年人利用“一国”和“两制”两方面的优势成就了非常伟大的事业。希望大家能够珍惜“一国两制”，把握“一国两制”带来的机会，不要浪费了“一国两制”和这个伟大的时代。

二是希望两地的青年学者担负起你们这一代人的历史责任和使命，在各个领域积极投身“一国两制”的伟大实践，支持特区政府依法施政，支持国家依法行使宪法和基本法赋予的职权。我们不能坐而论道、述而不作，要以只争朝夕的精神推动“一国两制”的实践不断深入，同时也丰富自己的人生经验。30多岁的青年人好像还很年轻，实际上在这个年龄已经是可以做出很伟大事业的年龄。我给大家举一个例子。我们知道我国的航天科技、航天工程现在在世界上是和美国、欧盟、俄罗斯并驾齐驱的。参与“天宫一号”工程的科学家的平均年龄是30岁，很多是20多岁年轻的科学家、刚毕业的博士生、年轻的教授和副教授。大家还记得在2011年那个寒冷的冬天，“天宫一号”与“神舟八号”在太空实现了“天空之吻”，当时在地面操作的科学家是平均年龄30岁的年轻人！内地这些年成长起来的很多高科技企业，包括阿里巴巴、华为都是二三十岁的年轻人做主力，打头阵，所以我觉得这个年龄是可以成就大事业的年龄，不要觉得自己还年轻，你们已经不年轻了。像这次法国总统选举大热门候选人马克龙39岁，加拿大总理贾斯廷·特鲁多也就40岁出头，你们应该已经到了承担你们历史使命和责任的时候了。当然每一代人都抱怨说下一代不行，甚至现在“90后”都抱怨“00后”不行。其实我们每一代人都是行的，江山代有才人出，总把新桃换旧符。我相信你们这一代人一样可以创造出辉煌的业绩。

三是勇敢面对实践中遇到的问题，不要被困难吓倒，要以智慧和勇气创造性地解决发展中遇到的问题。我研究宪法特别是比较宪法，比较考察了很多国家的宪法制度。“一国两制”在人类历史确实是前无古人，在实践中遇到一些问题是很正常的。办法总比问题多，解决这些问题需要创造性思维。像2005年西部通道“一地两检”，我参与了这个问题的研究讨论，当时就是要创造性地解决，我们就解决了。第一代人在构思“一国两制”时不可能把几十年以后的事情全部都考虑进去。像美国宪法是200多年前起草制定的，当时美国宪法规定总统是海军和陆军的总司令，因为当时根本没有空军，200 多年前没有飞机，怎么可能想到那么远以后的事情呢?！我们今天遇到任何问题，不要惊慌害怕，不要怨天尤人，要勇敢面对，用创造性的思维去解决。

最后，我希望两地的青年学者要加强交流和合作。这个论坛最大的优势是两地论坛，特别是参加者包括香港很多政治光谱的青年人，我们是很愿意交心交流的，大家诚心诚意地为了香港好，为了国家好，带着解决问题的考虑来参加这样的论坛。希望两地的青年人能够认认真真坐下来，坦诚交流，求同存异，寻找最大公约数，达成最大共识。2016 年我在清华大学法学院 2016 届毕业典礼上给学生演讲，我演讲的题目是“每一代人都要努力奋斗”，都没资格躺在前人奋斗的成果上坐享其成。现在香港年轻人上不了楼、工作不好找、工资低等很多问题，有社会和政府的原因，需要社会和政府为青年人的发展提供更多的支持，但更重要的还是要靠我们个人的奋斗。就像我自己来自河南一个农村，多年来就是靠个人的努力奋斗、努力学习，一步一步成为大学教授。任何时代，无论多么艰难，永远会为努力奋斗、有理想、有担当的年轻人保留足够的空间，让他们去施展才华，成就梦想。时代不会辜负每一代人，我们也不要辜负这个伟大的时代。青年朋友们，发奋努力吧！祝你们成功！

“一国两制”下港澳居民在国家的权利和义务*

香港和澳门回归中国并成立特别行政区后，这两个地方的中国公民在国家应该享有什么样的权利，应该履行什么样的义务，一直不为学界所关注。近年来，随着中国国际地位的不断提升以及港澳两个特别行政区国民教育的加强，特区居民中国公民的意识也得到不断提高。一些现实问题比如特区居民在内地的升学就业应该享有什么样的权利逐渐被提出来。这个问题的妥善解决，不仅是特区居民自身的需要，也是加强国家凝聚力的需要，对巩固国家统一具有重要意义。

前言

（一）公民权利与国家统一

公民是组成国家的重要元素之一。① 现代国家都宣称一切权力属于人民，人民是国家的主人。宪法还据此规定了本国公民享有的众多权利，这些权利是国家赋予自己公民的特权，因为居住在本国的外国公民是不能享有这些权利的。这也是人权与公民权的不同之处。人权是人人都享有的，不管是否本国公民都享有，然而公民权则必须以具有公民身份为前提。

---

* 写于 2008 年 11 月 21 日。

① 除了公民外，其他组成国家的元素包括领土、政府和主权。

公民权利与国家统一有何关系呢？所谓国家统一，对于公民而言，主要表现为一种身份认同，即一个人不仅在法律上属于一个国家，而且心甘情愿承认自己是该国家的一分子。一个人为什么要心甘情愿、诚心诚意地承认自己属于一个集体，而不是属于另外其他的群体，这其中的原因很复杂。自然的血缘因素很重要，比如子女承认父母和自己的家庭，这是自然形成的，不论自己家庭的好坏都要承认和接受。一个人不能选择自己的出身、选择自己的父母，但是可以选择与什么人交朋友、和什么人结婚、参加什么样的社会组织。一个人决定与另外一个人交朋友乃至结婚，组成一个家庭，很大程度上是因为这两个人的兴趣爱好相投，当然也有因为经济、政治原因走到一起来的。而一个人决定加入一个社会组织，例如俱乐部或者一个社团，通常的原因都比较实际，大多是因为加入这个组织会给自己带来好处，这些好处是其他一般人所不享有的，是基于成员身份而享有的特权。同样，当一个地方决定归属一个国家的时候，除了历史的原因外，很大程度上是因为加入这个国家或者这个国家集团（例如欧盟），能够给自己带来很大的政治上、经济上的好处。

反过来，一个国家或者国家集团给自己的成员越能够带来各种权利和利益，她的成员（人民）就越热爱这个国家或国家集团，这个国家或国家集团的凝聚力就越强。如果一个国家赋予公民的权利太少，公民待遇很差，权利没有保障，那就很难让国民热爱自己的国家，国家的凝聚力也就很难维持，而国民也很难有自豪感。因此，一国公民权利的大小、多少及其实施状况如何，对实现并维护国家统一，可谓至关重要。

要享有一国公民的权利，就必须具有这个国家的国籍。现代国家国籍的取得，除了出生取得外，还可以通过后天加入而取得。一般国家也都允许国民改变国籍。如上所述，一个人决定加入另外一个国家的国籍，通常的原因都是非常实际的，即那个国家的国籍身份能够给自己带来特殊的权利，比如那个国家的公民可以不用办理任何签证而到很多个国家自由旅行，或者那个国家的福利好，也就是说那个国家公民身份的“含金量”高。而一个国家要巩固自己的统一，增加国民对国家的认同感和向心力，让公民自觉爱国，非常高兴承认自己是某国人，甚至以成为某国公民而骄傲和自豪，就必须不断做好以下工作：

第一，不断提高公民权利保障的水平，从量和质两个方面保护好自己公民的各项权利，也就是提高公民身份的“含金量”。首先要不断扩大公民权利的范围，增加公民的社会福利；其次要提高公民权利保障的水平，减少乃至杜绝侵犯公民权利事件的发生。

第二，要让公民与国家尤其中央政府直接发生关系，让公民有国家主人的感觉，对国家大事有参与的机会。如果国家大事与自己无关，都是“肉食者谋之”，布衣百姓根本无从问津，那么，公民与国家的关系就会渐行渐远，就会离心离德，乃至最终要脱离国家，导致一个地方的独立。中国古代科举考试的其中一个功能就是在中央政权与社会草根尤其天下读书人之间建立了一个直通车机制，也是最高统治者与民间的一个对话机制，任何一个公民无论出身多么卑微，只要通过考试即可“朝为田舍郎，暮登天子堂”。尽管通过考试很难，但这为所有公民提供了法律上的平等机会，让所有人感觉到这个政府是属于自己的，中央并不遥远，从而产生自然的向心力。联邦制下联邦政府依据宪法负责的事项，联邦政府一定会直接负责到底，不通过任何中间环节，其中道理也是要与人民直接打交道，让人民能够真实感觉到“中央”的存在，而不仅仅是地方政府。因此，让人民享有一定权利，尤其政治权利，是实现并巩固国家统一的重要机制。

第三，必须加强在国际范围内对公民和侨民的保护。一个人在异乡他国发生了问题，在孤立无援情况下，是最需要自己祖国关怀的。如果在这种情况下，自己的祖国不管不问，那是很难让他对国家产生归属感。反之，如果立即有政府官员给他提供各种帮助，他立即就认识到自己国民身份的价值，对国家的归属感就会油然而生。

可见，一个国家如何对待自己公民的权利、如何在国内外保护自己的公民，的确关乎国家的统一问题。只有不断加强公民权利的保护，公民才会产生对国家的认同和归属，才不会与祖国保持距离、视祖国如他国。

（二）问题的提出

按照“一国两制”的方针，我们已经实现了香港和澳门的回归。根据全国人大常委会对《国籍法》在港澳实施所分别作出的解释，港澳永久居民中的中国公民自回归之日起，都是中国公民。① 根据两部基本法的规定，这些特殊的中国公民除了享有基本法规定的各种权利和自由外，还依法享有参与国家管理的权利。② 中国宪法第33条又规定，公民在法律面前一律平等。因此，从宪法上讲，特区居民应该享有与内地居民完全相同的公民权利，包括平等的政治权利。

但是，我国处理港澳问题采取的是“一国两制”的政策，我们一方面肯定特区居民的中国公民身份，允许他们享有相当一部分公民权利，实际上在有些方面他们长期享有比内地居民权利更多的权利，甚至是特权；另一方面，我们又不得不对其在内地享有的权利施加一定的限制，短期内不可能赋予他们与内地居民权利完全相同的公民权利。我们到底应该赋予特区居民哪些权利，给予他们什么样的政治待遇，这就是我们必须认真研究的课题。

实际上，一国对其部分特殊公民赋予不同的权利，在其他国家也是一种常见现象。解决特区居民在“一国两制”条件下的权利问题，可以借鉴其他国家的有关做法。

如何解决香港和澳门两个特别行政区居民的权利问题，不仅攸关港澳与内地的关系，而且对我们解决台湾问题，增加台湾居民对国家的向心力和归属意识，也具有重要的参考意义。

本文的目的就是研究我国在实施“一国两制”条件下，特别行政区居民（香港和澳门）在中国内地所依法享有的公民权利特征及其具体安排，研究我国给予居民不同权利待遇的理论逻辑，以期不断完善特区居民在国家享有的各项权利，并履行相应的公民义务。

一、特别行政区中国居民在最高国家权力机关的代表权问题

特别行政区中国居民在最高国家权力机关的代表权包括三个问题，一是

① 《关于〈中华人民共和国国籍法〉在香港特别行政区实施的几个问题的解释》，1996年5月15日第八届全国人民代表大会常务委员会通过。《关于〈中华人民共和国国籍法〉在澳门特别行政区实施的几个问题的解释》，1998年12月29日第九届全国人民代表大会常务委员会第六次会议通过。

② 《中华人民共和国香港特别行政区基本法》第21条规定：香港特别行政区居民中的中国公民依法参与国家事务的管理。

以特区的名义单独组团出席全国人大的权利，二是特区全国人大代表的名额问题，三是特区在全国人大常委会的代表问题。

（一）特区（特区居民）有权单独组团出席全国人大

在我国行政区划中，香港、澳门本来属于广东省。回归后，它们都升格为与广东省平级的特别行政区。香港、澳门特别行政区作为中国的地方区域，不仅享有高度自治权，可以自主处理大部分地方事务，而且还有权以集体的名义单独组团出席全国人大，参加管理全国性事务。这说明，特别行政区作为省级地方政权，有权以本地方名义直接参加国家最高权力机关的工作。回归后，两个特别行政区立即组成自己的代表团出席全国人大会议，人民大会堂也分别建立了香港厅和澳门厅。特别行政区代表团享有与其他省代表团平等的宪法权利，有权以代表团的名义提出议案，并参加对有关议案、决定的表决等。通过这些形式，一方面维护了本特别行政区的利益，另一方面也行使了宪法赋予中国公民当家作主的权利。

根据《全国人大组织法》的规定，任何一个代表团都有权单独向全国人大提案，尽管其代表人数可能达不到法定的 30 人提案人数的要求。① 由于我国代表机关实行一院制，因此，只能通过这样的方式让人口特少的组成单位，例如澳门、西藏、宁夏、海南等，在全国人大也有平等的代表权。这种安排类似西方国家上议院（参议院）的功能，即国家的每一个组成单位，无论地方大小、人口多少，都应该有平等的代表权。例如美国参议院议员名额的分配，各州无论人口的多少，地方的大小，都有两个议员名额。而众议院议员名额的分配，则按照各州人口的多少来分配，以体现民主原则。如果参众两院都按照人口的多少来分配名额，一些小州根本就不可能产生一个参议员。

因此，全国人民代表大会在确定代表名额和代表产生办法的时候，也要考虑大省（直辖市、自治区、特别行政区）和小省（直辖市、自治区、特别行政区）的平等问题，不能完全按照各地人口的多少来决定代表的名额。

---

① 《全国人民代表大会组织法》第 10 条规定：一个代表团或者三十名以上的代表，可以向全国人民代表大会提出属于全国人民代表大会职权范围内的议案，由主席团决定是否列入大会议程，或者先交有关的专门委员会审议、提出是否列入大会议程的意见，再决定是否列入大会议程。

（二）特区全国人大代表的名额

根据宪法，全国人民代表大会由省、自治区、直辖市、特别行政区和军队选出的代表组成。全国人民代表大会代表的名额不超过3000人。名额分配由全国人大常委会根据情况决定。香港特别行政区、澳门特别行政区应选全国人民代表大会代表的名额和代表产生办法，由全国人民代表大会单独规定。

如果以3000个代表计算，全国13亿人口，大约每43.3万可以选举一名代表，如果完全按照人口多少来决定的话，澳门只能产生大约1名全国人大代表，香港只能产生大约16名全国人大代表。但是，根据2007年3月16日第十届全国人民代表大会第五次会议通过《香港特别行政区选举第十一届全国人民代表大会代表的办法》和《澳门特别行政区选举第十一届全国人民代表大会代表的办法》，在2007年选举产生的第十一届全国人大2987名代表中，香港特别行政区有36名，占代表总数的1.2%多；澳门特别行政区有12名，占代表总数的0.4%。与此同时，中国人口最多的省——河南省（人口近亿）却只有166名，与其庞大的人口不成比例。山东代表团的代表人数最多，有181名。[①] 由此可见，特区在最高国家权力机关中的代表名额与其人口相比，比例是偏高的。

（三）特区在全国人大常委会的代表

全国人大常委会是全国人大的常设机关，在全国人大闭会期间，行使最高国家权力。全国人大常委会共有175名委员。按照惯例，每一个特别行政区通常有一名全国人大常委会委员，参加全国人大常委会的工作。

二、特区居民的选举权和被选举权：特别行政区全国人大代表的选举

人民代表大会制度是中国的根本政治制度，特别行政区居民应循着人民代表大会的途径参与国家管理。但是由于特别行政区并不实行人民代表大会制度，因而其选举全国人大代表、行使选举权和被选举权的办法既不同于产生本地议员的方法，也不同于内地一般省市区产生人大代表的方法。

① http://news.sina.com.cn/c/2005-03-08/15196009140.shtml.

(一)特区居民不在内地参加人大代表的选举

根据中国的户籍制度,内地居民的选民登记原则上依照经常居住地或户口所在地进行,即参加选举的选民在其经常居住地或户籍所在地登记并参加选举。[①] 香港、澳门特区居民由于不纳入内地户籍管理制度,所以并不登记为内地选民,也就不能在内地参与人大代表的选举,包括全国人大代表和地方人大代表的选举。他们只能在"户籍所在地"即特别行政区参与特区全国人大代表的产生。

(二)特区全国人大代表的选举

特区居民在特区内行使公民的选举权。由于目前我国全国人大代表不采取直接选举的办法、而是由省级人大间接选举产生,因此特别行政区的全国人大代表也不由直接选举产生,而是由一个选举会议选举。具体的选举办法由全国人大专门以法律规定。

特别行政区选举全国人民代表大会代表的办法,基本法并没有作出规定。1997 年 3 月 14 日第八届全国人民代表大会第五次会议通过了《香港特别行政区选举第九届全国人民代表大会代表的办法》,这是我国人大代表选举法的特别法。其中规定,香港特别行政区选举第九届全国人民代表大会代表由全国人民代表大会常务委员会主持。香港特别行政区应选第九届全国人民代表大会代表的名额为 36 名。香港特别行政区选举的全国人民代表大会代表必须是香港特别行政区居民中的中国公民。

同样,1999 年 3 月 15 日第九届全国人民代表大会第二次会议通过《澳门特别行政区第九届全国人民代表大会代表的产生办法》,这也是人大代表选举法的特别法。依据该规定,澳门特别行政区成立后选举产生了 12 名全国人大代表,组成代表团,代表澳门的中国公民履行他们的宪法权利。

2002 年 3 月 15 日第九届全国人民代表大会第五次会议和 2007 年 3 月 16 日第十届全国人民代表大会第五次会议对这两个产生办法分别进行了修改,特别行政区据此分别选举产生了第十届和第十一届全国人民代表大会代表。

① 详情参见选民登记办法。

这两个选举办法是中国选举法的特别组成部分。

（三）特区全国人大代表的权利

特别行政区的全国人大代表在人大会议上，享有和其他省、市、自治区选举产生的全国人大代表同样的权利。全国人大代表是最高国家权力机关的组成人员，依照宪法和法律赋予全国人民代表大会的各项职权，参加行使国家权力。全国人大代表的这些职权包括：在全国人大会议期间，出席大会，审议列入大会议程的各项议案和报告，依法提出议案，以及建议、批评和意见，参加各项选举活动，联系群众、听取意见，向全国人大常委会提出对各方面工作的建议、批评和意见等。

（四）特别行政区全国人大代表和特别行政区的关系

根据宪法、全国人大组织法和地方组织法的规定，内地的全国人大代表在本地方事务的决策上有一定的参与权，而且可以列席本地的人大会议，有法定的职责监督地方政府的工作和法律在本地的执行情况。

但是，特别行政区的全国人大代表不可以列席特别行政区立法机关的会议，对特别行政区政府的施政也不应干预。因为他们的工作是在中央，参与的是全国性大政方针的决策，应该关注全国性事务。

根据全国人大常委会的有关规定，特别行政区的全国人大代表不干预特别行政区自治范围内的事务，除正常行使人大代表参政议政的权利之外，可向人大提出对内地各方面事宜的建议、批评和意见；可向人大转达本地居民对内地各方面事宜的意见和申诉。基本法明确规定，监督特别行政区政府是特别行政区立法会的职责，而不是特区全国人大代表的职责。他们可以通过中央人民政府驻特区联络办公室与特别行政区政府沟通。①

可见，特别行政区全国人大代表严格限制在中央事务方面，特别行政区选出的这些“国会议员”在自己的“选区”即特别行政区内的权力有严格限制，其目的是保证“一国两制”的实施。

《香港特别行政区基本法》第 159 条和《澳门特别行政区基本法》第 144 条

---

① 《南华早报》1998 年 3 月 4 日。

规定，特别行政区如果提议修改基本法，须经特别行政区的全国人民代表大会代表2/3多数、特别行政区立法会全体议员2/3多数和特别行政区行政长官同意后，交由特别行政区出席全国人民代表大会的代表团向全国人民代表大会提出。这说明，特区全国人大代表在特区有一定的职责，而且是非常重要的责任，即参与提案修改基本法，并代表特别行政区向全国人大提出修改基本法的提案。

三、特区居民在中央政府担任公职的权利

在参与管理全国性事务权利方面，特别行政区的中国公民有担任国家领导职务的权利。以前港澳同胞在中央的职务较多是全国人大及其常委会和全国政协的职务，目前特区居民担任最高的国家领导职务是全国政协副主席。最近这些年中央政府开始启用港澳人士担任重要的行政职务，如香港著名大律师梁定邦和史美伦曾经分别担任中国证监会首席顾问和副主席，对中国证券行业的发展发挥了很大作用。在中央政府的大力支持下，香港特区前卫生署署长陈冯富珍成功当选世界卫生组织总干事。

在国家层面担任重要行政职务与担任全国人大代表一样，强调必须是特区居民中的中国公民。根据基本法规定，港澳的外国永久居民不可以参与治理国家，中国国家层面的权利仅限于中国公民行使。

四、特区居民通过政治协商会议参政议政的权利

特区居民除了通过人大直接参加国家事务管理和担任国家公务员外，还有权通过人民政协参政议政。中国人民政治协商会议全国委员会特邀香港人士和澳门人士作为特邀委员参加人民政协的工作。尽管政协不是国家机构，但是它在国家政治生活中扮演重要角色。有些学者把它视为中国“议会”的“上院”，这个比喻虽然不准确，因为中国的政协和英国议会的上院、美国的参议院性质上是根本不同的，但是它从一个层面说明了政协的重要性。根据《政协章程》的规定，人民政协的主要职能是政治协商和民主监督，组织参加政协的各党派、团体和各界人士参政议政。

港澳回归后，中国人民政治协商会议第九届全国委员会特邀香港人士 119 名、澳门人士 26 人作为港澳委员参加全国政协的工作，并设立了专门的港澳台侨专门委员会，负责有关港澳台事务和侨务。政协九届全国委员会共有委员 2272 名，因此港澳地区委员的比例是比较高的。中国人民政治协商会议第十届全国委员会特邀香港人士 122 名、澳门人士 27 人。中国人民政治协商会议第十一届全国委员会共有委员 2237 名，其中特邀香港人士 126 名、澳门人士 29 人，人数略有增加。

除了全国政协外，特区居民同时还有许多在各省、直辖市、自治区、省辖市乃至区县的政协担任委员的。

特别行政区的全国政协委员享有其他省、市、自治区委员同样的权利和待遇。除此之外，他们还享有其他一些特殊的便利。

五、特区居民的身份证件和领事保护问题

（一）公民身份证问题

在我国，确定公民身份的基本方式是颁发居民身份证。居民身份证通常是根据公民的申请由其户籍所在地的公安机关制作、发放。随着香港、澳门的回归，我国区域可分为内地（对于台湾称为大陆地区）、香港特区和澳门特区以及台湾地区。相应的，在我国境内，公民的身份也有上述四种不同类型。内地居民持有的是中华人民共和国《居民身份证》，香港和澳门特区居民领取的是《回乡证》，台湾居民在大陆旅行、工作、居住持有的是《台湾同胞证》。这些都是我国公民身份的证明，目前还没有全国统一的公民身份证。

2006 年 3 月 16 日公安部宣布，随着港澳台同胞不断到内地或经商或就学，为便于工作生活，港澳台同胞在具备两个条件后可以申领内地身份证。这两个条件分别为：一、必须迁入内地定居，这说明是内地居民了；二、要办理内地的常住户口。港澳台同胞要拿到常住户口，须根据《中国公民因私事往来香港地区或澳门地区的暂行管理办法》第三章第 18 条办理。该条规定：港澳居民要求回内地定居，应当事先向拟定居地的市、县公安局提出申请，获准后，持注有回乡定居签注的港澳居民来往内地通行证，到定居地办理常住户

口手续。

至于特区居民的护照问题,已经圆满解决。他们可以持有中华人民共和国特区护照自由进出国境。

(二)对港澳同胞的领事保护问题

港澳回归以后,香港和澳门同胞正式成为我国领事保护的对象,外交部对他们和大陆同胞一视同仁提供领事保护。在没有建立外交关系的国家生活的中国公民,包括港澳同胞,也是中国外交部提供领事保护的对象。香港同胞无论持“英国属土公民护照”或者是“英国国民(海外)护照”都属于中国公民,因此他们在国外遇到任何麻烦都可以向我国驻外使领馆求助,使领馆工作人员会在第一时间赶到现场提供优质的服务。对于在入境时受阻或受到不公正待遇、受到肢体的侵害、受到拘留,或是遇到了刑事案件执法人员的不公正对待,以及伤亡或者是寻亲等情况,中国使馆都可以提供帮助。[①] 在这个方面,我国外交部门已经做了大量工作。

六、特区居民取得国家各种专业资格的权利

(一)一般情况

目前,中国内地人事部门与有关部门一起建立推行了30多项职业资格,例如执业药师、注册建筑师、注册律师等。[②] 这些专业资格以前不对港澳地区的居民开放,后来逐渐开始开放试点。2003年6月29日内地和香港签署了《内地与香港关于建立更紧密经贸关系的安排》(CEPA),中央承诺在上述其中一些领域,逐渐实现专业人员资格的互认,例如2003年11月由内地房地产估价师学会与香港测量师协会联合签署了内地房地产估价师和香港测量师资格互认协议书。在其他领域,要进一步扩大港澳台专业人士参加内地专业资格考试的范围。另外,在专业技术职务任聘资格考试方面,也规定可以允许港澳台

---

① 中新社北京,2006年4月28日。

② 范勇:《中国内地专业人员资格制度及两地资格认定——在“香港专业服务融入内地市场的展望——CEPA商机与专业人员资格认定”研讨会上的发言》,《京港学术交流》(香港)第六十二期,2004年6月。

专业人员参加，如计算机技术与软件专业技术资格考试。[①] 国家仍在继续增加“单方批准”及“开放内地专业资格考试”两地专业资格互认措施，内地已有不多于40项专业技术人员资格考试中的30项让港澳居民参加。[②]

有些专业团体拒绝对港澳开放，其中一个重要考虑是担心港澳的专业人士进入内地后，可能会抢了他们的饭碗。这种认识是不正确的。首先，这是港澳专业人士作为中国公民的宪法权利，是必须开放的。其次，国家的市场也是港人和澳人的市场，本来就有他们一份。在回归以前他们无法完全进入中国市场，在回归后，他们理所当然有权以主人翁的身份进入自己国家的市场。况且港澳专业人士所从事的工作往往是内地的专业人士的弱项，是他们不擅长的。港澳专业人士进入内地，与内地同行可以形成互补关系，实现双赢。

（二）司法考试

1994年国家首次对港澳台地区居民开放内地律师资格考试[③]，当年共有300多名港澳台居民参加了考试，只有15名港人及3名台湾人通过考试，并于1995年获得国家颁发的律师资格证书。但是，一直到2004年，根据司法部第81号令[④]，他们才可依照有关法规在内地律师事务所实习和执业。2005年9月才有第一位港澳台居民真正取得内地的律师执业证，可以在内地开始从事法律职业。[⑤]

为了落实《内地与香港关于建立更紧密经贸关系的安排》和《内地与澳门关于建立更紧密经贸关系的安排》，2003年11月司法部发布了《香港特别行政区和澳门特别行政区居民参加国家司法考试的若干规定》，重新允许港澳居民

① 范勇：《中国内地专业人员资格制度及两地资格认定——在“香港专业服务融入内地市场的展望—CEPA商机与专业人员资格认定”研讨会上的发言》，《京港学术交流》（香港）第六十二期，2004年6月。

② 人民网，2006年1月30日。

③ 见《司法部关于认真组织香港澳门台湾地区居民参加今年全国律师资格考试工作的通知》，1994年8月13日。

④ 司法部发布的《取得内地法律职业资格的香港特别行政区和澳门特别行政区居民在内地从事律师职业管理办法》，2003年10月30日。

⑤ 2005年9月13日香港居民吴志强在内地律师事务所实习一年后，根据有关法律规定，在深圳领到了中华人民共和国《律师执业证》，成为自2004年1月1日CEPA正式实施以来，首个获得内地律师执业资格的港澳居民。

自2004年起参加国家司法考试。2005年5月24日司法部修改了该规定，重新发布。

根据这个规定，香港、澳门永久性居民中的中国公民，可以报名参加国家司法考试。参加国家司法考试合格的，可以根据司法部制定的《法律职业资格证书管理办法》的规定，向司法行政机关申请授予《中华人民共和国法律职业资格证书》。香港、澳门永久性居民中的中国公民取得内地法律职业资格，在内地申请律师执业，依照《中华人民共和国律师法》、两个《安排》和司法部有关规定办理。

自2004年开始允许港澳居民参加国家司法考试，迄今已经有五年。根据司法部《取得内地法律资格的香港特别行政区和澳门特别行政区居民在内地从事律师职业管理办法》规定，获准在内地执业的香港、澳门居民，可以以法律顾问、代理、咨询等方式从事内地非诉讼法律事务，享有内地律师的执业权利，履行法定的律师义务；获准在内地执业的香港、澳门居民，符合规定条件的，可以成为内地律师事务所的合伙人，但不能出庭从事诉讼活动。

七、特区居民在内地的社会经济权利

香港、澳门居民在内地的投资，根据现行的法律仍然比照外资待遇。依照国家有关税收的法律和行政法规的规定，他们可以享受税收、用工、用地等方面的优惠待遇。除此之外，根据国家工商总局关于《港澳居民在内地申办个体工商户登记管理工作的若干意见》的文件精神，自2005年1月1日起，香港、澳门永久性居民中的中国公民无需经外资主管部门审批就可以在北京设立个体工商户。港澳居民与北京市民一样，申办个体工商户只需缴纳二十元人民币的登记费以及《营业执照》副本成本费三元人民币。

以前港澳居民及其企业在内地享受的各种优惠实际上是超国民待遇。港澳回归后，特区的中国居民已经不再是外国公民，今后他们的待遇问题，将越来越多地基于公民的身份而确定。这样就要求我们必须普遍提高我国公民的待遇。

在福利方面，目前有些地方允许港澳台人员参加社保，参保险种涵盖养老、医疗和工伤三大险种。例如珠海市劳动保障局规定，凡是依照规定在珠海市劳动保障行政部门办理了《台港澳人员就业证》，与珠海市用人单位建立了劳动关系，并且未达到国家规定的退休年龄的台港澳人员，可参加珠海市基本养老、医疗及工伤保险，按规定缴纳社会保险费和享受社会保险待遇。①

另外，在“一国两制”之下，由于实行“港人治港”、“澳人治澳”和高度自治，根据基本法的规定，特别行政区的经济社会发展是特区高度自治范围内的事项，不属于中央政府的责任，特区政府应该承担起发展特区经济和社会的职责。因此，过去中央不需要过问特区的经济问题，尽管中央给特区提供了许多帮助。但是，中央政府对“一国两制”的成功实施，对特区的繁荣稳定，承担着整体宪制责任，因此，中央不能不关心特区的经济问题。作为中国的一个特别行政区，特区也有权从国家取得它应该享有的一份资源和好处。基于这些考虑，国家的“十一五”规划首次把港澳的发展纳入国家经济社会发展的大战略中去，这是非常必要的，对特区经济社会发展、增强特区人民的国家意识具有很大意义。

八、关于特区居民在内地接受教育的权利

作为中国公民，港澳居民无疑应该享有与内地居民同样接受教育的权利。但是，他们的受教育权主要是由特区政府满足的。但是国家也应该鼓励特区的学生到内地接受各种教育。以前他们在很多方面处于非常尴尬的角色，在收费方面，他们要支付外国留学生的学费，但是在住宿方面又不能享受外国学生的安排。在管理上，他们既不纳入一般中国学生的管理系统，也不纳入外国学生的管理。近年来，国家开始重视这方面的工作，情况在逐步改观。

教育部、国家发展和改革委员会、财政部和国务院港澳事务办公室于 2005 年 12 月 9 日联合发布《关于调整内地普通高校和科研院所招收香港、澳门特别行政区学生收费标准及有关政策问题的通知》，调整了内地普通高校和科研院

① 《文汇报》(香港)2006 年 5 月 1 日。

所招收港澳地区学生的收费标准。从 2006 年下半年开始，对已录取到内地普通高校和科研院所学习的港澳地区本科生、专科生、硕士研究生和博士研究生，执行与内地学生相同的收费标准，即在同一学校、同一科研院所、同一年级、同一专业学习的港澳学生与内地学生的学费标准一致。

中央财政并安排专项资金设立港澳学生奖（助）学金，专项用于奖励、资助港澳地区到内地普通高校和科研院所学习的全日制本科生、专科生、研究生。对内地普通高校和科研院所招收港澳地区学生，国家财政对招收上述港澳学生的有关高校和科研院所，根据每年的招生数量，据实安排财政生均定额补助。

在招生考试上，教育部专门针对港澳台学生举办普通高等学校联合招收港澳台学生考试和从港澳台地区招收研究生的统一入学考试。

九、有关法律适用问题

（一）诉讼权利问题

随着两地交往的不断增多，特区居民在内地触犯刑法或者打官司的情况越来越多。毫无疑问，他们应该享有完全的诉讼权利。由于特区的特殊的国际和国内地位，今后在处理涉及特区居民的刑事诉讼问题时，最好也在第一时间知会特区驻内地办事处，并允许他们以适当方式了解诉讼过程。而且，一定要注意保障法律规定的每一项诉讼权利，充分保证特区居民的辩护权、上诉权和申诉权。

（二）法律适用问题

在“一国两制”下，特区中国公民享受的权利是“双份的”，即宪法和基本法规定的权利都享有。但是，对于宪法和特区基本法有不同规定的权利内容，特区居民在内地应该按照属地原则处理，即应该按照宪法办事，以宪法规定为准。

（三）外国公民在特区的权利问题

特区基本法第三章没有用“公民”而是用了“居民”的概念。那就意味着基本法第三章规定的基本权利甚至包括政治权利，所有在特区的居民，包括中国公民和外国公民都可以行使。这在全世界都是独一无二的，因为任何国家都不可能赋予本地永久居民中的外国公民以选举权乃至被选举权。根据基本法，特区的任何永久居民不管其国籍如何，都享有特区的选举权和部分被选举权。基本法只要求特区行政长官和主要官员、立法会主席、首席法官必须是特区的中国公民。其他行政官员、法官和立法会议员可以是特区永久居民中的外国公民。① 因此，“港人治港”是“在香港的所有永久居民治港”，“澳人治澳”是“在澳门的所有永久居民治澳”。但特区永久居民中的外国公民没有参与中国国家治理的权利，不能享有国家层面的权利。

十、特区中国公民的国家义务

基本法规定特区居民的权利义务是按照“一国两制”的原则，从香港、澳门的实际情况出发的。我国宪法规定了公民的基本权利，同时也规定了公民的基本义务。作为中国公民，特区居民在享受中国宪法规定的权利的同时，理应履行宪法规定的公民义务。但是，基本法没有规定特区居民的义务，或者免除了特区居民应尽的公民义务。其中最重要的是，免除了特区居民缴纳国税的义务和服兵役的义务。

纳税既是国民的义务，也是国民享受权利、当家作主的基础，是国民身份的重要象征。国家征税更是国家行使主权的行为，是国家主权的重要表现。英国资产阶级早期曾经有“不出代议士，不纳税”的口号，也就是说，国王不让推举议员，我就不给你纳税。最能让公民与国家联系在一起、难舍难分的法律机制就是，让公民与国家产生政治上、法律上、经济上、文化上和社会上的实际关系，让公民对国家有“固定投资”，有恒产才有恒心。这种“固定投资”既包括政治上的选举权，而且也包括经济上缴纳国税。然而根据基本法，特区居民不需要纳税，甚至特区驻军的费用也不需要承担，但仍然可以产生自己的全国人

① 《香港基本法》第 67 条规定，20％立法会议员可以是特区永久居民中的外国公民。《澳门基本法》第 72 条规定澳门立法会副主席也必须是中国公民。两部基本法对特区主要官员和议员国籍限制的规定略有不同。

大代表。

同样，服兵役也是国民身份的重要象征，征兵也是国家的主权行为。现在已经有特区的大学生提出愿意服兵役的问题，如何解决这个问题需要我们认真研究。

国家可以免除特区居民纳税和服兵役的宪法义务，但是热爱祖国、维护国家安全和统一的宪法义务是不能免除的。无论特区政府或者特区的中国公民，都必须维护国家的安全和统一。与内地不同的是，特区居民维护国家安全不需要依据内地的国家安全法律法规，《基本法》第 23 条授权特区自行立法维护国家安全。相信特区会在适当时间完成有关国家安全的立法，承担起特区政府和特区中国公民对国家的宪制责任和义务。

结语

根据上述分析，香港、澳门特区居民在“一国两制”之下是特殊的中国公民，他们在国家享有广泛的政治、经济、文化等各方面的权利，有很多甚至是特权，但又可以被免除很多公民义务。一方面，他们在法律上的身份是中国公民，享受特区和国家两个层面上的双重权利，在特区享受基本法保障的各种权利和自由；另外一方面，作为中国公民他们又享有宪法保障的大部分权利，但又不需要履行宪法规定的大部分公民义务。“一国两制”之下特区居民中的中国公民不仅有权“治港”“治澳”，而且有权参与“治国”，但是内地居民在“一国两制”之下不能参与“治港”“治澳”。

为了让特区居民对国家事务有更多的参与机会，增加主人翁意识，将来国家做出重大决策，应主动通过适当形式征求特区各界的意见，特区居民可以按照法律规定方式对国家事务提出意见和建议。另外，可以考虑继续任命港澳人士到中央政府担任职务。各种专业资格考试都应该对特区居民开放，为港澳年轻人提供更多的选择和出路。在社会经济权利方面，也应该给港澳企业提供更多的机会，凡是对外国开放的领域，首先要对港澳开放。

从某种程度上说，这种单方面开放、单方面保护的安排可以说是“不平等”的。在“一国两制”之下，基于港澳的特殊地位，在相当长的时期这种特殊安排将会继续。

长远来看，解决港澳同胞的权利问题，需要提高我国全体公民权利保障的水平，公平善待所有公民，不断提高中国公民身份的“含金量”，让全体公民能够以国家和民族为自豪，形成全新的“中国公民”概念和身份。

香港观察：理性前行或者勇往直前后退*

——一个中国历史的视角

从中学时代，我就对中国历史感兴趣，当年考大学本来报考的第一志愿是历史专业，却阴差阳错读了法律专业。但是，从此我养成一个思维习惯，凡事总喜欢首先从历史的视角来观察分析。

毫无疑问，目前在香港中环正在发生的事情，一定会写入香港的历史乃至整个国家的历史。发起者一定希望以此创造香港的历史，并推动中国历史的进步。但我担心的是，结果很可能事与愿违，他们不一定是在创造历史，反而很可能是在重复历史，复制悲剧。

对于年轻人的政治热情当然应该给予肯定，他们绝大部分人是真诚的，是热爱香港、关心国家的，他们希望香港和整个国家越来越民主，这也是我们共同奋斗的目标。然而，年轻人的政治热情就像一把火，如果火候把握得好，有足够的自制力，能够控制自己的政治情感，这样的火一定会锻造出优秀的政治人才，于己于国于民都是好事。但如果控制不好，失控了，火烧得太大，这样的火真的烧起来，不仅会伤害自己，而且还会殃及他人，甚至烧毁自己的家园。

对于中国历史学家或者中国历史爱好者而言，目前香港发生的事情似曾相识，一点都不陌生：中国过去发生过很多战争，历史上很多问题的解决都是

---

* 本文摘要发表于《人民日报》2014年10月16日第19版。

通过暴力。我观察，在中国政治哲学和政治文化中，基本上不存在西方非常主流的政治理念——保守主义（conservatism）：捍卫传统价值观念和政治架构，主张渐进式政治变革，特别是民主发展要和平理性。“保守”一词在中文里基本上是贬义的，没有中国人愿意被视为保守，谁都愿意激进、革命，两千多年流传下来的“王侯将相宁有种乎”的说法就是例证。因此，类似激进的政治事件在中国历史上不绝于书，革命、起义是政治激进的最高形式。据历史学家统计，中国大约五千年历史一共发生了6539次战争或者革命。① 中华民族一年又一年，一代又一代，同样惨烈的故事不断发生，同样的悲剧反复上演，历史就这样原地踏步打转，摆脱不了那个可怕的暴力魔咒，跳不出那个可恶的恶性循环。

做这样比较，“占中”人士一定会觉得自己委屈，感觉自己不是陈胜吴广，不是洪秀全，认为自己是为了一个崇高伟大的目标，而且自己主张采取和平方式达到目的。其实，历史上任何一场革命的目标初听起来都很伟大，而且组织者最初都希望采取和平手段达到目的，但是最终都失控，“被迫”以暴力结束。香港“占中”的组织者肯定以为自己站在历史正义的一边，认为自己不是在占领中环，而是占领着政治道德高地，是在勇往直前地推动历史前行。但非常遗憾的是，实际上所有这一切都不过是中国历史上类似现象的当代翻版，其结果只能是勇往直前地后退！两千多年来，中国已经有太多太多各种各样的起义、“革命”，都没有带来真正的历史进步，只是每隔一段时间来一次大“革命”，更换一批人，复制一次前朝的体制，中国人打打杀杀两千多年之后，发现最后一个封建王朝清朝的政治体制与第一个封建王朝秦朝的政治体制几乎没有本质的区别！这里最重要的原因就是在中国政治文化中，缺乏政治保守主义，政治激进主义一直占据上风。搞政治激进、发动“革命”其实很容易，几乎不要成本，无需智慧，唯一需要的就是勇气。任何一个人只要有足够的勇气胆量都可以发动“革命”，都可以造反，都可以站到大街上振臂一呼。但是推翻以后呢？有无能力建设？搞建设就不是仅靠勇气即可的事情，那需要很多很多的智慧

① 转引自《中国国家地理》2008年第七期、《中国国家地理》杂志系列地图No. 025－1；参见《明两京十三司战例分布表》、《中国5000年战争年表(简)》。

和能力。需知，用暴力手段从事任何政治活动，包括民主运动，其最终结果也一定是暴力，极端行为的结果也一定是极端的，不会是理性进步。真正推动历史进步的是那些睿智理性、调和鼎鼐、委曲求全、忍辱负重，挽狂澜于既倒，救百姓出水火的伟大政治家，不是不负责任、不顾他人死活、把百姓推向水深火热之中的人。历史一再告诫我们：只有理性，才能前行；只有妥协，才有进步；只有对话，才可双赢！

长期以来，很多香港人士不嫌弃祖国的落后，关心国家，热爱国家，真心帮助国家，中国 30 多年的进步发展也有港人的巨大贡献。但是也有个别知识精英一直觉得自己比内地人高明优越，因为他们很多人在西方受过良好的教育（尽管有些人连西方主流的政治理念——保守主义哲学都没有学到），他们觉得香港比内地文明发达，总是以一种不屑一顾的态度看内地，总想教育中国内地人应该如何如何。确实，中国内地总体发展水平，无论是经济、政治、文化、文明、社会治理等等都与香港有很大的差距，内地这些年在很多方面都一直在认真虚心学习香港。邓小平曾经希望中国能够再建设几个香港。中国内地人谈到香港都很自豪，很骄傲，很珍惜，也很羡慕。我们 1990 年代初到香港学习的“北方佬”都有这样的体会，那时候内地人自卑感很强烈，时时处处总拿香港与内地比较，希望有朝一日内地也能够都像香港那样文明、发达、有序。

但是这一次我不得不说，香港个别知识精英太让人失望了。他们的言行根本不是在推动香港政治进步，而仍然是在 copy 历史，让历史在原地打转，甚至导致香港社会倒退，也给整个国家带来十分不好的影响。英国留给香港最大的政治资产不是民主，而是英式保守主义哲学。英国人最讲政治保守主义，末代港督彭定康曾经还是英国主要政党保守党的主席。但是香港回归只有 17 年，香港这些知识精英的英式保守主义政治理念都已经丢失了，中国人传统的政治激进思想却迸发出来了。他们觉得自己不同于一般中国人，高人一等，自己文明理性，但是他们现在的表现很难让人与理性、文明、法治这些现代政治术语联系在一起，似乎是敏感的麻木，勇往直前的后退。

试想，只有 740 万人口的香港如果民主普选搞不好，如何期待拥有 13 亿人的中国内地可以搞好民主？如果香港的知识精英真的希望国家的民主可以快一点、好一点，那就从香港做起，从今天做起，回归理性，回归和平，与政府开始认真务实的对话。中国从来不缺敢于“革命”的人，不缺敢于牺牲的壮士，缺少的是政治理性和智慧。如果觉得自己不同于一般中国人、先进于一般中国人，就要做出一般中国人做不出的事情，做出真正带动历史前进的事情。

反观中国内地，我们必须承认30多年来在政治文明建设上取得的巨大进步。改革开放后最大的进步可能还不是经济上成为世界第二大经济体、第一大贸易国。因为从汉代以来包括清朝末年很长一段时间，中国经济本来长期就是世界第一，再过若干年中国经济重新成为世界第一，一点也不奇怪，尽管经济第一实在没有什么好处、没有什么值得炫耀的。最大的进步是30多年来，中国人逐渐确立了法治思维，慢慢取代了激进的革命思维，法治方式取代了暴风骤雨式的阶级斗争和政治运动，法治终于成为治国理政的基本方式和政治新常态。英国自1689年实行君主立宪、完成国内政治法治化以后，连续325年没有发生过内战，美国立国迄今225年只发生过一次内战。因为这种现代法治文明的确立发展，中国自结束“文化大革命”以来已经连续30多年没有打内战，也没有再发生“文化大革命”那样残酷的内乱。连续30多年厉行法治，理性发展，和平进步，积累文明，这在几千年中国历史上是前所未有的。30多年来，中国终于实现了国家领导层依法有序更替，解决了两千多年世世代代中国人都无法破解的历史魔咒。下个月将要召开的中共十八届四中全会还要专门讨论依法治国的重大问题，这在中国共产党和中国历史上还是第一次。这一切难道不值得包括香港700多万同胞在内的全体中国人共同珍惜、鼓励吗？作为法律学人，我们实在不想中国难得的法治化进程被打断。香港作为世界上法治最好的地方之一，难道不应该给国家做好的示范吗？为什么要破坏法治、做不好的示范呢？发展民主并不难，难的是建设法治。发展民主有激情、勇气即可，建设法治要靠智慧理性和长期的积累。现在激情过后，是时候冷静下来，自己把火压一压，认真思考如何建设性地推动民主发展，做些真正推动历史进步的事情。

当年曼德拉在南非推行和解，建设政治理性和法治文明，遇到党内和黑人同胞巨大的阻力，大部分民意不同意与白人和解，强烈要求采取暴力手段报复白人当年对他们的暴力，以牙还牙，以眼还眼。电影《曼德拉：漫漫自由路》(Mandela：Long Walk to Freedom)中有这么一个片段：黑人同胞一定要报复白人，不同意与白人分享权力、全国和解，党内很多领导也都说人民(黑人)永远不会接受他的和解政策时，曼德拉坚定地说：“我们必须让他们接受。我们是领导者。那是我们的工作。”甚至他的夫人温妮说，我们必须倾听民众的声音，民众的声音说我们要战争，要报仇，不要和平。一段时间南非街头暴力不断，黑人白人各有伤亡。这时候，曼德拉毫不犹豫地展现了自己特殊的领导力和责任担当。他发表全国电视讲话说：“有人给我一张纸条，说曼德拉先生，不要和平，我们受够了，不要和平，给我们枪吧。我的回答：只有一条路，和平！没有其他方法。……我已经原谅了他们，如果我可以原谅他们，你们也要原谅他们。我们不能赢得战争，但是能够赢得选举。请同胞们留在家里。当选举到来时，请大家去投票。”人们应该被教着学习如何去爱，因为爱更接近人的心灵和本性，而不是仇恨。他的讲话令人深思，最终平息了暴力。这就是领导力。如果社会精英只会顺应“民意”，讨好“民意”，这绝对不是本事，恰恰相反，这是无能的表现。社会精英就是要与众不同，如果事事顺应大多数人意见，这样的人不过芸芸众生罢了，而且也是不负责任的表现。

今天，香港要理性前行，或者大步后退；要创造历史，或者重复过去；要带来光明，或者复制悲剧，端在主事者一念之间。尽管历史是人民创造的，但是人民作为一个整体从来无法对历史负责，人民无需承担任何责任。历史也从来不会责怪人民，最终要追责的还是几个人。尽管人们很不愿意自己的命运和社会发展就这样被少数一些人控制，但残酷的现实往往就是这样：很多时候就是关键的几个人、关键的几件事、关键的几张票决定你我、社会和国家的前途命运！民主本来应当是少数服从多数，但是在特殊的时刻、特殊的地方，多数人不得不服从少数，这实在是民主最吊诡无奈的地方。在这关键的时刻、关键的地方，曼德拉选择了和平理性法治。香港的精英，你们的选择呢？

什么是香港的深层次问题[*]

香港面临的深层次问题究竟是什么？这是多年来我一直在思考的问题。香港今天出现的各种各样事情，不单是某一领域出了问题，而是这些长期困扰我们的深层次问题没有得到有效解决，或者说没有想清楚、说明白。就像中医治病，应该综合施治，不能头痛医头、脚痛医脚。现在看香港问题，很多事情小逻辑都正确，大逻辑却出了问题。大逻辑一出错，再正确的小逻辑都是没用的。所以说，要解决香港问题，需要全面的战略思维。不仅是中央，而且是本地，每一个港人都应该深思这些深层次问题，什么才是真正对香港好，对每一个港人好。我认为有以下几个深层次问题需要我们共同思考。

一、香港原有资本主义与人们对福利社会的追求之间的矛盾

香港原有资本主义与人们对福利社会的追求之间的矛盾，是香港现在面临的最深层次问题。这是香港必须要面对的一个公共政策问题。

我们看西方选举，候选人辩论最多的是税收政策、公共财政如何开支问题，这是西方政党政治、多党轮替制度永恒的议题：政府到底应该收多少税，这些钱如何花，如何在鼓励个人奋斗、坚守资本主义核心价值与增加公共福利、“吃大锅饭”之间取得平衡。但在香港历次选举中，似乎很少人就此进行辩论。

---

* 发表于《紫荆》（香港）2015 年 12 月号，《大公报》（香港）2015 年 12 月 2 日转载。

实际上,资本主义是信奉个人奋斗和低税的,政府收很少的税,使得有本事的人赚到的钱可以尽可能多地留在自己的口袋里。在典型的传统资本主义社会,政府对财富的二次分配是很弱的,原则上是尽可能少地对财富进行二次分配,政府也不会无限扩大公共福利,劫富济贫。香港以前就是这样,这也是为什么香港可以产生那么多亿万富翁的重要原因,因为香港的低税政策非常有利于财富的积累和资本主义发展。穷人在香港就过得比较辛苦,财富悬殊较大。这是香港原有资本主义的特点,也是欧美传统资本主义的共同特征。

1997 年回归后,香港出现了一个重大变化,即政府由过去主要关心少数富人转变为开始关注大多数人。随着民主化程度的不断提高(我们必须承认回归后的民主比回归前要多),特别是推动普选产生的第一个直接反应,就是政府税收政策的变化,开始让富人多交税来讨好普罗大众,社会福利越来越好。民主普选的本质就是要对财富进行再次分配。这个大方向是正确的,不管有没有普选,政府都应该这样做。实际上,香港政府过去几年也做了很多增加公共福利的事,有些福利在典型的资本主义社会是比较困难的。虽然大家对目前香港的财富分配状态都不满意,但是资本主义社会产生很多富人,肯定也会产生很多穷人。富者恒富、穷者恒穷,这当然不是我们追求的理想社会。香港在这方面应该考虑清楚,我们支持普选、支持财富的再次分配是毫无问题的,这些内容也都写入了基本法,而且从整个世界范围来看,关心劳工、关心社会大多数也是大趋势。

但是另一方面,我们是否要从一个极端走向另一个极端?也就是从原来只照顾富人、不照顾穷人,现在突然变到只照顾普罗大众、不照顾富人了?在推进普选的时候,我们讨论了要不要功能团体、要不要提名委员会等问题,但不能就事论事。在这些问题上,民主固然重要,但最本质的问题是香港的公共政策是要像过去那样百分百代表资本家、照顾资本家,还是要转变为只照顾普罗大众、不再关心资本家的利益?在这两个极端之间,保留功能团体、保留提名委员会,实际上是一种平衡,以防止政治从一个极端突然走向另一极端,否则香港社会受不了、资本家也会受不了。当增加税收、增加社会福利、“劫富济贫”太过严重,资本家就会开始考虑,香港是否不再适宜营商。这也是为什么一些香港工商界的头面人物近年在搞产业转移的深层次原因。我认为,这是源于他们内心深处对香港公共政策可能出现急剧变化的担心，而实际上香港的公共政策已经在变化了。

财富肯定要进行二次分配，加税也是必然的。但是我们究竟能不能杀鸡取卵、竭泽而渔？如果搞极端民主，资本家的钱一旦全部都被大家“共产”了，那就是极端的财富分配，也就是实行“共产主义”了，“一国两制”也就被我们自己破坏了。我们应当了解，共产主义、社会主义和资本主义首先都是经济学概念，其次才是政治学概念。所有的政治问题最终都是经济问题。人们在谈政治的时候，其实是在谈经济，在谈财富分配如何对自己、对自己所代表的阶层更加有利。科学合理的做法应该是，既要照顾资本家，也得同样照顾普罗大众，但是绝对不能变成和内地一样，成为以前的“社会主义大锅饭”，干与不干一样，干多干少一样。不然，有些资本家就撤走了。没有资本家的社会能叫资本主义社会吗？我们不能把民主变成鼓励不劳而获，让大家不再靠个人奋斗获得财富，而是想靠政治投机取巧把他人的钱直接拿来，这实际上就是在搞另一种极端革命。

香港基本法规定，香港保留原有资本主义制度不变。也就是说，香港要继续保持个人奋斗的精神。香港的社会发展与繁荣稳定还需靠每一个人的努力，不能总等着政府发福利，吃“大户”。涉及民生福利、涉及经济发展方面的重大公共政策，一定要从实际情况出发，保留原有资本主义制度，维护好香港资本主义市场经济，让资本家和投资者还能继续安心地、有法律保障地在香港发展，不能把香港变成福利社会主义，更不能变成“共产主义”。这是底线问题，是不可回避的最深层次的问题。在保持资本主义这个大前提下，政府一定要照顾好大众的利益，“小众”“大众”都很重要，手心手背都是肉，都是骨肉同胞，经济上要利益均沾，政治上要均衡参与。

二、香港永远不能回避如何面对自己祖国的问题

现在有人提出的一些主张和概念完全忽视了另一个大前提和基本事实，即香港永远不可能回避自己的祖国，香港更不可能独立于自己的祖国去发展，无论政治、经济、社会或者文化，无论过去、现在和未来。二者是牢固的命运共同体，一荣俱荣，一损俱损，这是谁也改变不了的事实。在制定“一国两制”方

针和基本法时，曾有一个考虑，就是香港在经济上可以独立生存发展。所以整部基本法里，没有一句话是关于两地经济贸易关系的。那时候大家认为，香港可能不需要靠祖国帮助，经济上完全能够独立养活自己。这是上世纪七八十年代的情况。当时中国经济在世界上是很小的经济体，无足轻重，而香港是一个较大的经济体，四大国际中心，地位举足轻重。经过 30 多年发展，中国内地已经成为世界第二大经济体，现在不仅是香港、澳门和台湾离不开大陆的经济，世界上很多国家乃至大国都离不开中国内地的经济。最近，习近平主席访问美国、英国，对方都意识到如果离开中国，经济发展将会遭受巨大影响。可恰恰在这个问题上，香港却与祖国内地有意无意分割开了，乃至渐行渐远，以至于失去很多宝贵的机会。

中国现在同许多国家都签订了自由贸易协议，有些国家为了搭上中国经济发展的快车，恨不得与中国结为一个经济体，紧紧地与中国经济绑在一起，从中国经济发展中得到了很多实惠。然而，香港与内地在地理上山水相连，命运一体，理应得天时地利人和之先机，从国家发展中得到更多机会和好处，但遗憾的是，两地在经济发展方面并没有真正连接在一起。几年前，本人曾经提出应该建立一个包括港澳台在内的大中华经济共同体。欧盟 27 个主权国家，可以组合成一个统一的经济体，有统一的经济政策乃至法律。两岸四地是一个国家，却是四个互不连接的独立经济体，这几个经济体之间也没有制度性联系，港澳没有从国家经济发展中制度性地得到应该得到的机会和好处。尽管 CEPA 解决了部分问题，但我认为深层次的制度性连接问题还没有解决，一些港人对与自己的祖国建立更密切的联系还有较深的疑虑，外国人没有疑虑，我们自己人却顾虑重重。

国家经济过去 30 多年都在飞速发展，而香港似乎每年都在维持现状，甚至在某些方面倒退。究其原因，我认为，个别人士一直没有真心实意把自己当成中国人的一分子，没有投入到国家发展的主流中去。这将导致香港“两头不着岸”(in the middle of no where)：国际市场已经饱和了，香港很难进去，庞大的国内机会不愿进，香港只能在大海中间苦苦地挣扎。

我们应该实心实意、真心实意地把香港作为中国政治、经济的一部分，以祖国荣为荣，以祖国喜为喜，以祖国悲为悲，感同身受，诚实勇敢地面对一个日益强大的祖国，以最大的包容和耐心认真处理好两地关系，真正把祖国当成自己的巨大腹地，继续扮演中国同世界经济社会交往的桥梁和纽带。过去中国是封闭的，香港是桥梁和纽带。现在国家发展起来了，香港仍然可以发挥这些作用。港人应该发自内心地把国家发展当成自己的事情，把中国的成就当成自己的成就，同祖国真正地同甘苦、共患难，同舟共济，不离不弃，不舍不分。当年祖国困难时，香港还同内地积极交流，现在国家富了，一些人反而不高兴、甚至幻想脱离，让祖国母亲情何以堪？我们要积极调整心态。祖国永远是祖国，母亲永远是母亲，无论贫穷或者富有，无论生病或者健康。同样，子女永远是子女，无论贫穷或者富有，无论让父母高兴或者生气。

在中华民族复兴的伟大事业中，香港不能做观察者，每天看着祖国发展，却不参与进来。香港应该利用自身得天独厚的优势，把国家发展的机会充分利用起来。现在这两个经济体必须要通过建立桥梁连在一块，这样，国家的发展就把香港的发展带动起来了，香港的经济就会有无穷无尽的动力和机会。

在中华民族复兴的伟大事业中，祖国也不会抛下失散多年的游子，一定会时刻想着这个游子，关心这个游子。国家要看到香港的优点，不断地发挥香港的优点和长处。包括在国际关系上，香港能够帮国家做很多事情。我看到一些香港人士出国，他们讲中国故事、中国的发展比我们讲得好多了。他们能够用西方人的语言和思维来讲中国的故事。香港也应看到国家这些年的优点和进步，不能老盯着国家的不足和问题。这么大的国家怎么可能没有问题呢？个别媒体天天报道这些不好的，好的永远看不到。这公正吗？我们也要看到政府的优点和付出的努力。我认为，香港政府是全世界最勤劳的政府之一，香港的司法、执法是全世界最人性化的。我们不能对中央政府和特区政府为香港做的大量工作视而不见，世界上任何一个政府的工作都会有一些问题存在，这是不可避免的。处理两地关系，心态调整很重要。如果大家能从过去的消极心态转变为积极心态来看问题，那么政府会越来越改进，大家都会越来越好，否则就是恶性循环，大家都越来越紧张，心态越来越差。

总之，内地与香港的关系是我们永远无法回避的深层次问题。既然香港永远不可能独立，那就要认认真真认识自己的祖国，了解祖国的历史、地理、经济、政治等一切“家底”，负责任地告诉下一代祖国的真实情况。比如如何认识共产党的执政，很多外国学生到清华参加中国国情课，主动要求了解共产党党章、共产党如何执政，接受共产党在中国执政的现实。我问他们：为什么对共产党感兴趣？他们说：共产党执政难道不是中国最大、最重要的国情吗？既然我们付学费来认识中国，当然要了解真实的中国。如果你们不教中国共产党，那你们就是在骗我们，不诚实。然而种种原因，我们在给自己人讲国情的时候，有意无意回避共产党执政的现实，假装没有共产党去讲国情，这是不负责任的态度，是不诚实的。既然是一家人，有什么就说什么，是什么就是什么。既然香港与祖国永远不可能分离，永远永远要在一起，那就要端正心态，实事求是，积极建立一个和谐的、健康的、建设性的两地关系，好好与祖国内地相处。

三、政治保守与政治激进的关系

保守主义与自由主义是近代以来人类两种主要的政治思潮，也是两大主要政治哲学流派。特别在英国以及前英联邦体系里，保守主义长期占据主导地位，可以说是主流意识形态，保守主义政党长期执政。这种政治哲学的主要特点是主张渐进改良，在基本维持现状、保护传统前提下追求社会进步，反对革命和极端。尽管英国历史上也有血雨腥风的暴力革命，但是自 1689 年“光荣革命”建立君主立宪制以来，这种保守主义政治哲学就成为英国政治主流的意识形态，即便是英式自由主义，也带有“君子之风”。尽管英国对外是另外一种政治哲学，发动过无数次战争，曾经侵占了地球四分之一的陆地，达 3350 万平方公里之多，控制了几乎所有重要的海洋通道，但是一个不可否认的事实是，由于这种保守主义一直主导英国国内政治，使得英国自 1689 年以来，长达 300 多年没有发生过内战。自己的事情做得很好，国内长期和谐稳定，经济繁荣，政治昌明，法治健全。法治本质上就是保守，其核心理念就是保守主义。也许正是因为政治上的保守主义，使得前英联邦国家和地区今天大部分是法治健全的地方。

香港回归前沿袭了英国的政治保守主义，法治健全，文明理性，讲规则，讲规矩，讲程序，不激进，少暴力，居民安居乐业，社会和谐稳定。香港给人的印象很绅士，很传统，很保守，很文明。但是令人遗憾的是，这些年来，这种保守主义政治哲学、渐进改良的政治形态被不断抛弃，取而代之的不是自由主义，而是政治激进。似乎越激进越好，不愿意保守了，甚至故意破坏法治，挑战传统，恨不得发动一场彻底的暴力革命，推翻现在的政权，完全打碎目前的制度体制和政府机器，按照自己的意愿“缔造”一个“新香港”，制定一部新的“基本法”。香港变得越来越不像香港，一些现象越来越像第三世界。人为制造对立，不守法，不理性，动辄诉诸街头运动甚至拳脚相向。如果怀念英国的统治，为什么不继承英国主流的保守主义政治哲学？不认真学习继承英国的政治文化传统？

人人都爱香港，但什么才是真正爱港？古代有一个聪明的法官裁决两个妇女争夺一个婴儿的复杂案件，这两个妇女都说自己是婴儿的亲生母亲，自己如何如何爱这个孩子。古代没有现在的 DNA 技术，如何判断哪个妇女的爱是真爱，是真正的母亲之爱，法官想了一个办法。法官说，既然你们都这样爱这个孩子，那就把这个孩子用刀分两半，一人一半，这样公平合理。这时候其中一个妇女大哭，求法官不要这样，说自己不要孩子了，只要另一位女人能把孩子养好，她可以放弃，因为她不忍心看着自己的亲生孩子被一分为二。法官看到这个情形，立即认定这个妇女才是婴儿真正的母亲，因为她宁可不要孩子，也不能接受孩子的撕裂，这才是真爱，一种伟大的母亲之爱。为了孩子好，什么都可以牺牲，而且没有任何附加条件，这就是忍痛割爱。同样道理，如果我们真爱香港，真的是赤子之爱，那就不应该撕裂香港，分化社会，动辄暴力相向，让香港、让祖国母亲天天流血流泪，让 700 万同胞天天为我们的不理性行为付出成本，付出代价。这既是对 700 万善良港人的不负责任，也是对香港这一大家共同的家园不公正的惩罚。

为什么中国 5000 年历史能够发生 6000 多次战争①，就是因为中国人不喜欢保守，中国政治文化、政治哲学历来缺乏保守主义传统，凡事容易冲动，走极端。然而，改革开放以来，祖国内地开始大规模法治建设，已经和平发展超过

① 参见《明两京十三司战例分布表》、《中国 5000 年战争年表（简）》、《中国国家地理》（2008 年第七期）和《中国国家地理》杂志系列地图 No. 025 - 1。

30多年，既无外战，也无内战，我们不能不说法治在维护和平稳定发展方面发挥了很大作用。特别是中共十八届四中全会决定全面推进依法治国，"四个全面"战略布局已经形成，国家法治化程度、文明化程度将有质的提升。比如说自1982年宪法生效30多年来，我们坚持一部宪法不动摇，再也没有制定新宪法，控制住了自己的政治任性，这与1949年后第一个30年我们制定多达4部宪法(包括临时宪法《共同纲领》)，形成鲜明对比。和谐和平理性的中国式保守主义——法治主义逐渐形成，这是30多年来中国最大的政治进步。在我看来，这比GDP世界第二更值得我们珍惜和骄傲。建设小康社会并不难，能够建成法治社会才真正考验一个起源于革命党的执政党的能力和智慧。我们应该给祖国建设法治的努力给予高度肯定和最大支持。相反，香港这么一个中国唯一有浓厚法治主义和保守主义传统的地方却反其道而行之，不断放弃自己付出巨大代价、来之不易的保守主义政治传统，重拾偏激的政治习惯，实在令人痛心。这种偏激政治行为无休无止持续下去，乃至完全取代现在的法治，取代保守主义，香港的明天还会美好吗？谁会从中得益？700万港人的福祉难道不应该是政治人物一切行为的出发点和立足点吗？民之所欲，常在我心。是时候所有人冷静下来，放下身段，认真思考什么才是真正为了香港好，什么才是700万人的根本利益。香港如果乱下去，无人受其利，反而人人受其害；任何妥协让步，既是为别人，为香港，为祖国，也是为自己。就像那位真正的母亲，她的妥协不仅解决了一个官司，而且挽救了孩子，最终自己得到了亲生的孩子。我们下象棋，有时候好像是死棋，看前方好像没有出路，令人绝望，其实如果退一步，立马海阔天空，别有洞天，前途无限。我们千万不能敏感地麻木，勇往直前地后退！个别人自以为代表历史正义，在推动香港的发展，其实是把香港、把所有人带向一个恶性循环，带向万劫不复的万丈深渊！我们一定要保持头脑清醒呀！特别是知识精英一定要运用自己的智慧、良知、良心，以天下为己任，时刻把700万人的福祉放心头，带领民众走出目前的僵局，开辟香港良性发展的新局面。

四、全面贯彻实施"一国两制"和基本法

总的来说，"一国两制"和基本法的实施是成功的，但是基于种种原因，其

中的一些制度建构尚未有效落实。

基本法的各种制度设计是有科学道理的，必须可丁可卯全面落实，而不是选择性实施。我们应当勇敢地启动基本法里面那些沉睡的条款，把基本法规定应该建立完善的制度、体制、机制，不折不扣建立起来、完善起来。香港回归祖国18年来，很多事情都说时机不成熟，可究竟什么时候时机成熟？我们总说顾全大局，可什么是大局？全面落实基本法才是大局。当年我们花了4年8个月的时间，精心研究、对比了那么多国家和地方的制度，最终制定了香港基本法。但现在基本法里的一些重要的制度迄今没有完全建立起来，甚至根本没有去用，导致基本法里的一些重要条款至今仍处于睡眠状态。

我相信基本法是一部好的法律，好的法律还需要好的实施，才能够真正发挥法律的功能，达到立法的目的。我相信，如果基本法规定的那些重要制度能够全部到位、全部落实，那么香港的民主发展、经济发展和社会稳定都会是另一番景象。所以我们要回归基本法，处理一切问题应该以基本法为依归，勇敢地把基本法里规定的所有制度落实到位。法律实施一定要实施到位，不能半途而废。这是解决目前困局的钥匙，也应该是最容易达成的社会共识。

国家事务千头万绪，港澳工作只是国家所有重要工作之一，但绝对不是国家事务的全部。但是，对于港澳同胞，对于特区政府，对于中央和内地从事港澳工作的人士，这是大家的全部工作，是大家共同的责任和使命所系。对于国家，港澳的一件事情没有做好，损失可能是全国的百分之一，但是对于港澳，那可能就是百分之百的损失，是不可承受之重。丢掉港澳的繁荣稳定，是国家的重大损失，对于港澳则是全部损失，我们将一无所有。因此，大家没有其他选择，只能和衷共济，齐心协力，团结一致，为着一个共同的目标——港澳的繁荣稳定而努力。港澳工作不仅是一项工作，更是伟大的事业，要以干事业的态度和心情从事每一项具体工作。港澳同胞的福祉、港澳与祖国共同的繁荣稳定安全是我们共同的核心价值，是我们永远坚持不懈的追求。我们一定要以最高的智慧、耐心、决心和毅力，共同克服前进中的一切艰难险阻，创造香港和祖国更加美好的明天。

第二章

宪法与基本法

论港澳回归后新宪法秩序的确立*

1997年中国恢复对香港行使主权，1999年中国恢复对澳门行使主权，从宪法和法律角度来说，港澳回归后，既有“不变”的地方，即法律和司法制度基本不变，经济和社会制度不变，等等；但是也有“变”的地方，最大的变化就是“法统”和宪法体制的根本性改变。港澳基本法对“不变”的地方着墨较多，以致很多人认为基本法就是一部关于“不变”的法律，我们过去关注“不变”的一面也较多，较少关注宪法层面“变”的一面。对“变”的一面有意无意地忽视，影响到我们对回归后港澳新宪法架构和秩序的理解，也影响到新宪法体制与原有法律和经济社会制度的磨合。本文试图探讨港澳回归后基于国家恢复对港澳行使主权以及政权的和平移交，以中国宪法和基本法为核心的港澳特区新宪法秩序是如何取代之前港英和澳葡的宪法规范，建构了特区新的宪法体制和秩序。

一、港澳回归后主权层面和基本规范的改变

为了保证香港、澳门政权的顺利移交，确保港澳社会发展的连续性和稳定性，使港澳社会不因回归而受影响，中英、中葡《联合声明》和两部特别行政区基本法，都发出了强烈的“不变”的信号。“一国两制”的核心就是在实现“一

---

* 发表于《港澳研究》2013年第1期(创刊号)。

国”的前提下，维持“两制”各自的现状不变，寓“变”于“不变”中。中国恢复行使主权、实现“一国”固然是大大的“变”，这个“变”是必需的。但是，这个“变”要在“不变”中实现，也就是说，既要“变”，又要维持港澳原有的资本主义制度不变，同时维持内地的社会主义制度也不变。可见，“一国两制”就是有条件地维持现状，即在实现统一的情况下两个地方各自保留自己的制度现状。作为“一国两制”法律化产物的基本法体现了“不变”的精神，也完全可以理解。也许正因为基本法关于“不变”的信号太强烈，过去对“一国两制”和基本法的解读人们通常较多关注到其“不变”的一面，而较少关注“一国两制”和基本法所体现出的宪制层面“变”的一面。

（一）主权层面的革命性改变

在政治上最大的“变”就是中国恢复了对香港、澳门行使主权。尽管我们不承认中英之间19世纪签订的关于香港的三个不平等条约，但是，我们不得不接受英国在香港行使主权的事实。我们也不得不接受葡萄牙统治澳门400多年的事实。对于香港、澳门来说，九七、九九回归意味着“主权革命”，即主权的行使者由英国、葡萄牙恢复为中国。这是最高层面的主权上的“变”。主要体现在：中国从英国和葡萄牙手中接管了香港、澳门，中国军队进驻港澳，实际控制香港、澳门所有土地；中国的国旗在香港和澳门地区尤其是两地政府大楼上面升了起来，而英国和葡萄牙的国旗则降下来；尽管原政府大部分公务员维持了不变，对市民的服务不变，但名称改为“中华人民共和国香港特别行政区政府”和“中华人民共和国澳门特别行政区政府”；居民中的中国居民的政治法律身份改为“中国公民”；香港在国际上的身份改为“中国香港”，澳门在国际上的身份改为“中国澳门”。通过主权上的改变，我们实现了“一国”。上述这些都是主权层面发生变化的表现。尽管这些改变是最重要、最根本的“变”，但是与居民的日常生活相隔较远，人们在日常工作生活中甚至感觉不到这些变化，马仍然在跑，舞仍然在跳，赌场照开。除了名称上、名片上、信纸抬头上、地址上加上了“中国”二字，除了大街上看到新升起的中国国旗、特区区旗提醒我们香港、澳门这两块土地的主人发生了变化外，其他一切与我们日常生活有关的都没有变。这体现了中国领导人之前所讲的，1997年7月1日香港回归中国，除了国旗发生变化外，第二天早上大家起床后会发现其他什么都没有变化。在人类历史上，一个地方一旦主权状况发生了变化通常会带来一系列明显的变化，尤其会给社会生活、给人们的日常工作带来巨大的影响，但是这些在香港、澳门回归的实践中我们却没有看到，居民的日常生活工作基本没有受影响。中国政府把对居民日常生活工作所可能产生的影响已经压到了最低限度。这是成功的回归，是“和平统一，一国两制”的胜利。

（二）基本规范和权力来源的变化

上述最高层面主权上的改变直接引发了香港、澳门地区基本规范和权力来源或者说合法性的变化。根据当代著名法学家、纯粹法学的创始人凯尔森(Hans Kelsen)关于“基本规范”(basic norm，或者 Grundnorm)的理论，一个社会的“主权革命”必然带来“基本规范”的变化。凯尔森认为，人们之所以必须遵守法律，是因为这些法律是根据更高级的规范制定的，而这些更高级的规范是有效的。人们之所以要遵守那些更高级的规范、那些更高级的规范之所以是有效的，那是因为它们是根据更高级的基本规范制定的，而那些更高级的基本规范是有效的。这样法律就形成了一个效力等级系统，法律规范也形成了一种效力等级层次结构：从一般法律规范到高级法律规范，一直到基本规范。某一个层次的规范是合法的、有效的，那是因为这一规范的上一级规范也是合法的、有效的。这个效力等级一直可以追溯到基本规范，它是合法的、正统的、有效力的，这样人们才遵守整个法律制度。

所谓基本规范，是指具有最高效力和能够产生其他法律规范的规范，换言之，基本规范是不能从更高规范中引申出其效力的最终规范。基本规范是如何产生的呢？凯尔森认为，基本规范来自开国元勋们的言行，其表现形式通常是开国元勋们主持召开的国民大会所制定的宪法。这宪法的效力是这个国家最高的合法性、正统性的来源，是该国法律秩序中一切规范效力所依据的最高权威。人们无法质疑它的合法性、正当性，因为其本身就是一切合法性、正当性的来源，它的存在是一种客观现实，是无需证明的。因此，如果只是修改一般的法律规范或者在原有宪法基础上修改宪法，只要这个最终的基本规范不变，这个国家的法统、价值标准、权力和权利的来源、合法与非法的界限就不会变。但是一旦这个最终的基本规范发生了变化，那么一切就全变了，法统和是非观念就变了，那就是“变天”了。①

基本规范的根本变化，通常发生在这个国家或者地方发生革命以后，或者发生了革命性的政权更迭，实现了“改朝换代”，人民希望有一个新的开始，废除了原有的法统。② 1949年10月1日的中国就是如此。1997年7月1日的香港也是如此，回归前，香港的最高基本规范是英国的法统，其法律表现形式就是《英皇制诰》和《皇室训令》，回归后香港的基本规范就是中国宪法，其法律表现形式就是中国全国人大为香港制定的《香港特别行政区基本法》。1999年12月20日的澳门也是如此。尽管有那么多“不变”，包括法律和司法制度基本不变，但是支撑这些法律、制度、体制的法理、宪法架构、“基本规范”发生了变化，权利和权力的来源发生了革命性变化。

香港大学法律学院原教授韦利文(Raymond Wacks)先生很早关注并用基本规范的理论来分析香港九七回归的法理意义。1993年他就发表了《一个国家，两套基本规范？基本法和基本规范》(“One Country, Two Grundnormen? The Basic Law and the Basic Norm”)一文。在文中他写道：

“显然，基本法要在改变香港法律制度的宪制基础的同时，尝试保持这些法律制度的连续性。

基本规范应该具有‘中立性’，因此没有什么逻辑上的理由会让人们说，为什么一个社会主义法制的基本规范不能成为一个资本主义法制的基本规范……凯尔森坚持认为他的基本规范与法律制度背后的意识形态无关。”③

韦利文教授在文中也探讨了有没有可能让香港不仅保留原有的法律和司

---

① [奥]凯尔森：《法与国家的一般理论》，沈宗灵译，中国大百科全书出版社1996年版，第126页。

② 美国当代著名宪法学家、耶鲁大学法学院教授Bruce Ackerman认为，一个国家、一个民族在其发展的某个关键时刻具备了制定新宪法或对宪法进行重大修订的条件，使这个国家、这个民族得以与过去决裂，有一个全新的宪法和全新的开始。这样的时刻就是这个国家、民族的“宪法时刻”(constitutional moment)。Bruce Ackerman, *We the People: Foundations*, vol. 1, Cambridge: Harvard University Press, 1991. 他认为美国宪法史上有三个重要的“宪法时刻”，即建国时期(Founding)、内战重建时期(Reconstruction)和新政时期(New Deal)。

③ Raymond Wacks, “One Country, Two Grandnormen? The Basic Law and the Basic Norm”, in Raymond Wacks(ed.), *Hong Kong, China and 1997: Essays in Legal Theory*, Hong Kong: Hong Kong University Press, 1993, p. 154, p. 166.

法，而且也同时保留这些原有法律和司法背后的宪法基本规范：

“尽管凯尔森没有排除一个共同体拥有两个基本规范的可能性，1997 年后香港资本主义的普通法可以说来自另外一个‘独立的’基本规范，但这是一个误解。1997 年后香港一切规则的有效性取决于一个基本规范，这个基本规范的有效性来自于中国宪法。况且，一个法律制度不能建立于冲突的基本规范之上。”①

1997 年香港回归，1999 年澳门回归，尽管港人、澳人原来熟悉的一切似乎都没有变化，尤其是他们所熟悉的法律及司法制度得以保留，资本主义制度和生活方式得以保留，但是这些资本主义的制度体制背后的基本规范由原来同属于资本主义的英国、葡萄牙创造的基本规范转变为中国社会主义政权创造的基本规范。

可见，1997 年香港回归，1999 年澳门回归，尽管那里的法律和司法制度、资本主义制度和生活方式保持不变，与内地的仍然不同，但是香港、澳门和内地的主权统一了，香港、澳门和内地的基本规范、权力来源也统一了。虽然内地各省不享有香港、澳门享有的高度自治权，但是香港、澳门从此与内地各省一样，香港、澳门享有的所有权力也来自中国中央政权的授权！与内地不同之处在于中央授予权力的大小和多少不同，以及两地的社会制度不同。

二、基本规范改变的具体表现

香港、澳门回归后，基本规范的变化具体表现在以下几个方面：

（一）中国宪法开始在特区生效

拥有统一的宪法是一个国家实现统一的政治和法律表现。不仅单一制国家只能有一部宪法，在联邦制国家，即便每一个邦、州或者共和国都可以制定自己的宪法，但是这些宪法都不能拥有主权，这些宪法类似我们的基本法，只不过他们称其为“宪法”罢了。例如，美国 50 个州的“宪法”，都可以叫做

---

① Raymond Wacks, “One Country, Two Grandnormen? The Basic Law and the Basic Norm”, in Raymond Wacks(ed.), *Hong Kong, China and 1997: Essays in Legal Theory*, Hong Kong: Hong Kong University Press, 1993, p. 179.

constitution，但是基本名不副实，因为没有主权因素。最早建立美国的13个州的宪法当时是货真价实的宪法，拥有独立主权。但是1787年5月至9月在美国制宪会议上，这13个州自愿让渡了自己的主权给新成立的美国及其宪法，实现了国家统一。从此，各州保留了自己失去主权的名义上的"宪法"，此外拥有一部各州统一的、真正意义上的全国宪法——《美国联邦宪法》。也就是说，即便在联邦制下，各个组成单位可以有自己的"宪法"和法律，但是这种"一盘散沙"的局面必须统一在联邦宪法之下。国家宪法就成为维系各个组成单位属于一个国家的政治和法律纽带。没有统一的宪法，就没有统一的国家。一个国家的宪法如何，很大程度上决定这个国家的前途命运，所谓"一个国家，一部宪法，一种命运"（One Country，One Constitution，One Destiny）就是这么来的。①

可见，无论是单一制国家或者联邦制国家，作为一个主权国家必须而且只能有一部统一的宪法，这部宪法必须是独一无二的。以前中国古人说"天无二日"，今天应该说"天无二宪"。这也是为什么我们说中国宪法在特别行政区有效力的原因，尽管宪法并没有被规定到《基本法》第18条中，也没有被列入《基本法》附件三，但是毫无疑问，中国宪法也是香港、澳门两个特别行政区的宪法，在两个特别行政区拥有无可置疑的政治和法律约束力，是两个特别行政区最高的宪制规范。香港、澳门回归后尽管其原有法律保持不变，但是香港、澳门的"宪法"，无论"大宪法（从英国、葡萄牙宪法转变为中国宪法）"或"小宪法（从《英皇制诰》《皇室训令》和《澳门章程》等转变为港澳基本法）"都发生了革命性变化，港澳法律、司法和社会制度的宪制基础毫无疑问地转变为中国宪法和基本法。

（二）基本法成为特区新的宪制性法律

根据《基本法》第18条，在特区适用的法律首先是"本法"。基本法规定了

① 美国19世纪著名政治家Daniel Webster盛赞美国宪法为"One Country，One Constitution，One Destiny"。Daniel Webster 1837年3月15日在纽约的演讲，参见Daniel Webster，Edwin Percy Whipple，*The Great Speeches and Orations of Daniel Webster with an Essay on Daniel Webster as a Master of English Style*，Fred B. Rothman & Co.，p. 426。

特别行政区政治、经济、文化制度、居民的权利和义务、中央和特别行政区的关系等重大问题，是特别行政区行政、立法和司法的基础，也是中央和特别行政区都必须遵守的宪制性法律。香港、澳门回归后，基本法取代了原有的港英和澳葡的宪制文件，开始在特区实施。

香港大学法律学院原包玉刚讲座教授佳日思（Yash Ghai）先生曾经为香港基本法取代原有宪制文件出版巨著《香港新的宪制秩序》（*Hong Kong's New Constitutional Order*）①，仅从书名上我们就可以清楚地看到，香港回归后尽管法律和司法基本没有变化，但是宪法发生了变化，是全新的宪法。宪法的变化一方面表现为中国宪法开始对香港发生效力，另一方面就是《香港基本法》取代了《英皇制诰》和《皇室训令》，成为香港的"小宪法"。在澳门，《澳门基本法》则取代了《澳门章程》，成为澳门的"小宪法"。

（三）中央有权增减列入《基本法》附件三的全国性法律在香港、澳门实施

正常情况下，全国性法律应该适用于国家的每一个地方。但是由于我国实行"一国两制"，这使得我国在法律上客观形成了"一个国家，多套法律制度并存"的情况。基于政治和宪法上的"一国"，总有一些全国性法律需要在特区实施。全国人大在通过基本法的时候，已经把有关"一国"的全国性法律实施于特区。特区成立后，全国人大常委会又根据需要，增加了一些全国性法律在两个特区实施。根据基本法，全国人民代表大会常务委员会在征询其所属的特别行政区基本法委员会和特别行政区政府的意见后，可对列于《基本法》附件三的法律作出增减。目前适用于香港特别行政区的全国性法律有 12 部，适用于澳门特别行政区的全国性法律有 11 部。

基本法还规定，全国人民代表大会常务委员会决定宣布战争状态或因特别行政区内发生特别行政区政府不能控制的危及国家统一或安全的动乱而决定特别行政区进入紧急状态，中央人民政府可发布命令将有关全国性法律在

① Yash P. Ghai, *Hong Kong's New Constitutional Order*, Hong Kong: Hong Kong University Press, 1997.

特别行政区实施。在这种特殊情况下可以短暂性地把有关的全国性其他法律在特区实施。

中央可以把有关的全国性法律直接适用于香港、澳门特区，也就是说，中央最高立法机关可以为香港、澳门两个特别行政区进行有限立法，除了拥有制定、修改港澳两个特区宪制性法律（即基本法）的权力外，还可以在一定条件、一定范围为特区制定涉及国家主权等非高度自治事项的法律。这也是中国恢复行使香港、澳门主权在法律上的一个重要表现。这些全国性法律毫无疑问在特区是有法律效力的，是特区法律的组成部分。

基本法作为特别行政区的基本宪制法律，由全国人民代表大会制定，而不是由香港澳门两个特别行政区自行制定，基本法首先是中国的基本法，姓“中”，是中国法律的组成部分。特区立法会尽管有立法权，但是立法会不能制定宪制性法律，不能制定基本法，这本身就说明中央拥有对香港、澳门两个特别行政区进行最高宪制性、主权性立法的事实。

（四）中央有权决定特别行政区实行的政治体制

宪制性法律（宪法或者基本法）的主要功能有两个，一是保障这个国家或者地方的基本人权，二是规定这个国家或者地方实行的政治体制。

首先，宪法规定了中国实行什么样的政治体制，尽管国家的政治制度和体制并不完全在港澳两个特别行政区实施，但是中国宪法规定的国家政治体制肯定对特别行政区产生影响，例如中国共产党的领导制度、人民代表大会制、人大释法制度、国家元首制度等，都对特别行政区产生影响。尽管如此，国家实行什么样的政治体制要由国家来决定，特别行政区以及内地的任何一个地方都无法、也不能决定全国实行什么样的制度。

不仅如此，根据《宪法》第 31 条的规定，全国人大有权决定设立特别行政区，并决定在特别行政区实行的制度，这就包括特别行政区实行的政治体制，全国人大据此制定特别行政区基本法。基本法既是保障香港、澳门人权的大法，也是关于特别行政区政治体制的大法，全国人大就是通过制定基本法规定了在特区实行的政治体制。可见，中央享有充分的规定特区政治体制的权力。

政治体制通过基本法确定后，大的框架、精神应该保持长期不变，例如港澳特色的行政长官制(也称“行政主导”)、司法独立、立法与行政既互相制约又互相配合。但是政治体制应该与时俱进,朝着更加民主化的方向改革,香港基本法还规定了“双普选”作为政制发展的目标。因此,两部基本法还都规定了政制发展的程序,即香港2007年、澳门2009年以后各任行政长官的产生办法如需修改,须经立法会全体议员2/3多数通过,行政长官同意,并报全国人民代表大会常务委员会批准。香港2007年以后,澳门2009年以后,特别行政区立法会的产生办法和法案、议案的表决程序,如需对附件的规定进行修改,须经立法会全体议员2/3多数通过,行政长官同意,并报全国人民代表大会常务委员会备案。这充分说明中央既有权通过制定基本法规定特区的政治体制,也有权决定特区政制的改革发展,在政制发展中具有主导权和最终决定权。全国人大常委会据此解释了基本法,明确、细化了政制发展的程序,两个特区根据本地实际情况,依据基本法和人大释法及相关决定,不同程度地推动了本地民主政治的发展。我们期待香港特区能够根据基本法、人大对基本法的有关解释和决定,在2017年实现行政长官的普选。

由中央决定特别行政区实行的政治体制,是港澳回归后宪法制度的一个重大变化。当然,中央行使决定权,一定要在港澳充分听取民意,让社会各界充分参与有关讨论,取得共识。

(五)其他方面

回归后,香港、澳门基本规范的变化还表现在:中央人民政府负责管理与特别行政区有关的外交事务和防务。中央人民政府依法任命特别行政区行政长官和行政机关的主要官员。特别行政区的立法机关制定的法律须报全国人民代表大会常务委员会备案,全国人大常委会并可发回它认为不符合基本法关于中央管理的事务及中央和特别行政区的关系条款的本地立法。被发回的法律立即失效。特别行政区还可享有全国人民代表大会和全国人民代表大会常务委员会及中央人民政府授予的其他权力。基本法的解释权属于全国人民代表大会常务委员会。基本法的修改权属于全国人民代表大会。

三、基本规范的变化对香港、澳门政制和法制的影响

由此可见,港澳回归中国从制度层面看,既有“不变”的地方,又有“变”的

地方。“不变”中有“变”，“变”中有“不变”。一般民众只感受到了“不变”，对于“变”的部分感觉不到，了解较少。有些人士甚至认为既然是“一国两制”，什么都可以保留，因此只有“不变”，没有要“变”的，或者不承认、拒绝那些需要“变”的部分。这样造成了回归后香港特区的法律、司法体制与国家和香港新宪制架构衔接的困难。根据基本法需要把本地法律、司法制度（“不变”的部分）与香港、澳门新宪制秩序（“变”的部分）衔接的地方有很多，这包括：

（一）行政方面

特别行政区行政长官和行政机关的主要官员在本地产生后，要由中央人民政府任命。即便将来香港实现了行政长官的普选，也需要中央的任命。这体现了国家主权，是香港、澳门新的宪制所要求的。特别行政区行政长官依法对中央人民政府和特别行政区负责，向中央述职，实行双重问责制。

（二）立法方面

全国人民代表大会常务委员会可以把有关的全国性法律列入《基本法》附件三在特区实施。特别行政区的立法机关在自治范围内制定的法律，要报全国人民代表大会常务委员会备案，全国人大常委会可以发回不符合本基本法关于中央管理的事务及中央和特别行政区的关系条款的本地立法，被发回的法律立即失效。

特别行政区被授权自行立法禁止任何叛国、分裂国家、煽动叛乱、颠覆中央人民政府及窃取国家机密的行为，禁止外国的政治性组织或团体在特别行政区进行政治活动，禁止特别行政区的政治性组织或团体与外国的政治性组织或团体建立联系。本来国家安全立法是国家立法事项，任何地方都无权制定国家安全法，但是全国人大通过基本法把这项重要的立法权授予特别行政区，对于港澳特区而言，这是一项特权。“一个国家，多套国家安全法，多个国家安全标准”，这是世界宪法和政治史上的特例。

（三）司法方面

特别行政区法院对国防、外交等国家行为无管辖权。特别行政区法院在审理案件中遇有涉及国防、外交等国家行为的事实问题，应取得行政长官就该等问题发出的证明文件，上述文件对法院有约束力。行政长官在发出证明文件前，须取得中央人民政府的证明书。

（四）基本法的解释

基本法的解释权属于全国人民代表大会常务委员会。全国人民代表大会常务委员会授权特别行政区法院在审理案件时对关于特别行政区自治范围内的条款自行解释。特别行政区法院在审理案件时对其他条款也可解释。但在《香港基本法》第 158 条第三款和《澳门基本法》第 143 条第三款所列举的事项出现的时候，特别行政区终审法院需请全国人民代表大会常务委员会对有关条款作出解释。

（五）特区的中国公民参与国家事务管理

特别行政区居民中的中国公民依法参与国家事务的管理。

（六）基本法的修改

基本法的修改权属于全国人民代表大会。特别行政区有修改提案权，但是须经特别行政区的全国人民代表大会代表三分之二多数、特别行政区立法会全体议员三分之二多数和特别行政区行政长官同意后，交由特别行政区出席全国人民代表大会的代表团向全国人民代表大会提出。

当一个地方的基本规范也就是宪制秩序发生根本性变化时，必然会带来极大的社会震动，对公众习以为常的政治法律制度带来巨大冲击。社会各界尤其法律、司法界需要一段时间去适应“主权革命”和宪制变革带来的新变化。可以说港澳回归后法律和司法制度上的所有变化都起源于基本规范的变化。随着经验的积累，我们会更有信心处理好具体层面政制法制的不变与更高层面宪制巨变之间的关系。

四、域外经验

一个资本主义的地方归于一个社会主义国家管理，之前还没有发生过。但是，一个普通法地区转变成为一个大陆法法域的组成部分，是有先例的：英国是第一例。英国和香港两地宪制和法制发生变化的原因都是因为“主权革命”，英国是因为加入欧盟而自愿让出部分主权，香港则是因为中国恢复行使主权。不同之处是英国原来就是拥有独立主权的国家，而香港原本就不是一个主权独立的国家。

首先，两地宪制性法律都发生了根本变化。在英国，“入盟”后有了某种程度新的成文“宪法”，即《罗马条约》和 1972 年英国议会通过的《欧共体法》。英国坚持了数百年的最重要的宪法制度“议会主权”和“议会至上”被“主权革命”动摇了，“入盟”以前英国议会通过的法律是最高的，现在英国法律界不得不承认欧盟通过的法律高于本地立法。因此，英国著名法学家韦德（William Wade）把“英国入盟”称为一次“公法革命”。英国《经济学家》也评论说：“欧洲共同体成员的身份将议会主权吹出了一个洞。”

在香港，由中国制定的基本法取代了原来的《皇室训令》和《英皇制诰》，成为香港新的宪制性法律，其效力凌驾于香港所有其他法律之上。以前权力和合法性来源于英国，现在一切权力和合法性要来源于中国。这其实也是一场“公法革命”或者叫做“宪制革命”。

尽管英国和香港的法院都有权解释新的宪制文件，英国法院有权解释《罗马条约》和欧盟立法，而根据《基本法》第 158 条，香港法院被授权解释《基本法》。但英国和中国香港地区法院对新的宪制文件都没有最终解释权。根据《欧共体法》第 3 条的规定，有关《罗马条约》和欧共体制定的法律（相当于在香港实施的全国性法律）的最终解释权属于欧洲法院，不属于英国原来的终审机构——上议院（现在英国的最高法院）。欧洲法院对《罗马条约》和欧共体法律的解释，英国各级法院必须遵守执行。香港基本法的最终解释权则由中国的全国人大常委会行使。香港法院对于人大释法也必须以此为依归来判案。

一个显著不同之处是，香港因回归祖国而取得了原来没有的司法终审权，而英国则因“入盟”丧失了部分司法终审权，英国人现在不得不到欧洲大陆进行很多案件的终审。[1] 英国人最终接受了“英国入盟”的政治事实，接受了欧盟法院对宪制性法律和欧盟立法的最终解释权，认为这是“公法革命”的必然结

---

① 何勤华主编：《英国法律发达史》，法律出版社 1999 年版，第 476 页。

果，已经成为英国法律制度新的有机组成部分。

香港回归带给香港社会的震动，不亚于“英国入盟”给英国带来的震撼。根据基本法，香港原有的法律包括普通法得以保持基本不变。但是，如何把原有普通法与新的宪制衔接起来，这是回归后内地与香港面临的一个尖锐难题，在这个艰难的磨合时期，香港法律、司法界从原来普通法的角度来解释基本法，这是可以理解的。但是，我们也必须以积极的态度来应对挑战。既然接受香港回归中国的事实，就要敢于接受并且是必须接受由于回归而带来的“公法革命”和宪制的根本变化。

谈到这个问题，英国著名法官、学者和法律改革家丹宁勋爵（Lord Denning）说：“我们一定要采用新方法。正像所谓‘入国问禁、入乡随俗’，在欧洲共同体中，我们就应该按照欧洲法院的方式行事。”①他认为欧洲法院的解释“不是取代英国的法律。它是英国法律的一部分，是要废除与之相抵触的另一部分法律……现在必须把这种解释告诉英国所有的法院。这条解释适用于本案，也适用于以后任何类似的案件”。②

丹宁勋爵还说：“如果我从英国律师的角度去看他们（欧洲法院解释法律）的工作，我将提出许多批评，但如果我从一个善良的欧洲人的角度去看他们的工作，我就会认为他们已经为欧洲人做了而且正在做大量的事情。当我考虑未来时，我希望我们支持该法院所做的及正在做的一切。我们应该不再用英国人的眼光去看待它。我们应该努力消除过去的分歧，竭尽全力地去建设以范围广泛的共同体法为基础的新的欧洲同盟。”“正如以前我说过的一样：条约就像涌进各条大江之口的海潮，它沿江而上，大有不可阻挡之势。”③

“英国入盟”让丹宁勋爵意识到自己不再仅仅是英国人，而且也是一个欧洲人了，应该逐渐学会“从一个善良的欧洲人的角度”去看问题。这对香港社会回归后如何认识中国宪法和基本法，如何处理宪制的变革非常有启发意义。

---

① ［英］丹宁勋爵：《法律的训诫》，杨百揆等译，法律出版社 1999 年版，第 25 页。

② ［英］丹宁勋爵：《法律的未来》，刘庸安、张文镇译，法律出版社 1999 年版，第 340 页。

③ ［英］丹宁勋爵：《法律的未来》，刘庸安、张文镇译，法律出版社 1999 年版，第 342 页。

结论

为了使香港、澳门顺利回归中国,国家已经尽最大努力维持港澳原有法律、司法和社会制度不变,但是宪制的改变和基本规范的改变是无法避免的。如何使操作层面、制度层面的"不变"与宪制层面、主权层面的"变"相互协调,既不让"变"的层面影响到"不变"的层面,也不让"不变"的层面影响应该"变"的事情,让"变"和"不变"同时发生,并行不悖。这确实是对我们政治和法律智慧的考验,对中央和香港、澳门两个特区来说都是高难度的挑战。

回归十多年后的今天,尽管香港、澳门本地法律、司法和社会制度与新宪制的磨合衔接还没有完全完成,澳门由于本来就实行欧洲大陆式的成文法制度,与新宪制的衔接较为顺利,但是在香港,这个过程时不时地会遇到巨大的挑战和困难。尽管如此,今天我们可以自豪地说,中国香港、澳门特别行政区的实践已经证明:一个社会主义政权创造的基本规范(宪法和基本法)可以成为资本主义社会的法律、司法体系和社会制度的上位基本规范。基本规范与政治、法律和社会制度背后的意识形态可以无关。回归时很多人担心,一个资本主义的制度和生活方式要靠一个社会主义的基本规范来保证,资本主义的法律,特别是香港的普通法要靠社会主义宪制架构来维持,到底能否成功?现在我们可以说,中国既可以把自己国家的社会主义建设好,也可以把自己国家存在的资本主义建设好,资本主义和社会主义可以和谐地生活在一个共同的宪制(基本规范)之下,并获得共同发展,共同繁荣。

我们既要拥抱那些"一国两制"允许"不变"的方面,我们同样要拥抱那些"一国两制"要求我们必须"变"的方面。既要保证应该"不变"的坚决地"不变",也要保证应该"变"的坚决地"变",让"不变"和"变"同时有序地发生,最终形成一个和谐的"一国两制"之下的新宪法秩序。

“英国入盟”与“香港回归”*

——“主权革命”带来的宪制变革和法制嬗变

在世界范围，一个普通法地区转变为一个大陆法法域，香港并非首例，英国应是第一例。1972年英国加入欧盟后有了某种程度新的成文宪法。随着“宪制革命”，英国因“入盟”丧失了司法终审权，以至于现在英国人不得不到欧洲大陆进行很多案件的终审。如同欧洲“中央”释法没有损害英国的普通法和法治一样，人大释法也不会损害香港的普通法和法治。而香港普通法亦一定能很快适应新的宪制，能够很快与《基本法》成功磨合衔接。

1997年7月中国恢复对香港地区行使主权，长期实行普通法的香港成为中华人民共和国的一个特别行政区，而中国的法律制度则具有鲜明的大陆法系（又叫罗马法系或者民法法系）特征。作为特区宪制性法律的基本法开始生效。对于香港来说，九七回归意味着“主权革命”。根据著名政治学家、哲学家凯尔森（Hans Kelsen）关于“基本规范（basic norm）”的理论，一个社会的“主权革命”必然带来“基本规范”的变化。他所说的基本规范实际上就是指一个社会的宪制秩序，也就是法统。当一个地方的基本规范也就是宪制秩序发生变化时，必然会带来极大的社会震动，对公众习以为常的法律制度带来巨大的冲击。法律界需要一段时间去适应“主权革命”和宪制变革所带来的新变化。香港社会尤其香港法律界目前就处于这种状况。在世界上，一个普通法地区转

---

* 发表于《文汇报》（香港）、《大公报》（香港）2005年4月16日，有删节。

变成为一个大陆法法域的组成部分，香港并非第一例。据我所知，英国才是第一例。英国是普通法的发源地，普通法的观念和制度可谓根深蒂固。欧洲大陆国家则长期实行大陆法系。基于政治和经济上的原因，1972 年英国决定加入欧洲共同体，即现在的欧盟。加入欧盟就必须放弃英国的部分主权，对保守的英国人来说，这完全是一场“主权革命”，随之而来的必然是宪制的变革以及由此引发的对传统普通法的冲击。就“英国入盟”与“香港回归”所带来的“主权革命”以及由此引发的宪制变革和对两地原有法制的冲击，我们可以做以下比较。

英国和香港的宪制性法律均发生变化

英国和香港都发生了“主权革命”。英国和香港宪制和法制发生变化的原因都是因为“主权革命”，英国是因为加入欧盟而自愿让出部分主权，香港则是因为中国恢复行使主权。不同之处是英国原来就是拥有独立主权的国家，而香港原本就不是一个主权独立的国家。

英国和香港都发生了“公法革命”，两地的宪制性法律都发生了根本变化。在英国，“入盟”后有了某种程度新的成文“宪法”，即《罗马条约》和 1972 年英国议会通过的《欧共体法》。英国坚持了数百年的最重要的宪法制度“议会主权”和“议会至上”被“主权革命”动摇了，“入盟”以前英国议会通过的法律是最高的，现在英国法律界不得不承认欧盟通过的法律高于本地立法。因此，英国著名法学家韦德(William Wade)把“英国入盟”称为一次“公法革命”。英国《经济学家》也评论说：“欧洲共同体成员的身份将议会主权吹出了一个洞。”在香港，由中国制定的基本法取代了原来的《皇室训令》和《英皇制诰》，成为香港的宪制性法律，俗称“小宪法”，其效力凌驾于香港所有其他法律之上。以前权力和合法性来源于英国，现在一切权力和合法性要来源于中国。这其实也是一场“公法革命”或者叫做“宪制革命”。

“中央”释法是“公法革命”必然结果

英国和香港都由各自的“中央”行使宪制性法律的最终解释权，尽管英国和香港的法院都有权解释新的宪制文件，英国法院有权解释《罗马条约》和欧洲的立法，而根据《基本法》第158条，香港法院被授权解释基本法。但是，两地法院对新的宪制文件都没有最终解释权。根据《欧共体法》第三条的规定，有关《罗马条约》和欧共体制定的法律（相当于在香港实施的全国性法律）的最终解释权属于欧洲法院，不属于英国原来的终审机构——上议院。欧洲法院对《罗马条约》和欧共体法律的解释，英国各级法院必须遵守执行。香港基本法的最终解释权则由中国的全国人大常委会行使。香港法院对于人大释法也必须以此为依归来判案。一个显著不同之处是，香港因回归祖国而取得了原来没有的司法终审权，而英国则因“入盟”丧失了司法终审权，英国人现在不得不到欧洲大陆进行很多案件的终审。① 尽管英国人一开始对欧洲“中央”释法也很不适应，但是并没有激烈反对，而欧洲法院也我行我素，频频释法，并没有因为有反对声音就不再释法。英国人最终接受欧洲“中央”释法，认为这是“公法革命”的必然结果，这已经成为英国法律制度新的有机组成部分。在英国，很难想象欧洲“中央”法院每一次释法，伦敦就会有很多大律师走上街头抗议，反对“释法”。

怎能苛求人大以普通法来解释基本法

英国和香港都不可以用普通法的方法解释新的宪制文件毫无疑问，对于新的宪制文件，在“入盟”或者“回归”之初，英国和香港法律界都习惯于用普通法的眼光来看待，他们很自然地倾向用普通法的解释方法来解释这些新的宪制性法律，这是可以理解的。英国的律师和法官最不能适应的就是，在法律解释问题上他们遇到了很大的困难。一般来说，英国法院对制定法的解释强调法律规则的“明显含义”，而民法（大陆）法系的法官则倾向于“目的论”的解释方法。② 英国加入欧共体后，有的英国法官支持民法法系法官的解释方法，但

① 参见何勤华主编：《英国法律发达史》，法律出版社1999年版，第476页。

② 沈宗灵：《比较法研究》，北京大学出版社1998年，第289页。

有的却持反对意见。[①] 经过激烈的斗争和长时期的磨合，英国法律界最终不得不放弃用传统的普通法来解释《罗马条约》和欧洲的立法，而采取欧盟大陆法的方法来解释这些法律。显然，《罗马条约》以及欧盟议会通过的法律都是根据欧洲大陆的法律理念和制度而制定的法律文件，仅仅用普通法来解释是不行的。谈到这个问题，英国著名法官丹宁勋爵说："法官不要按照语言的字面意思或句子的语法结构去理解和执行法律，他们应该本着法律语言词句背后的立法者的构思和意图去行事。当他们碰到一种在他们看来符合立法精神而不是法律词句的情况时，他们就要靠寻求立法机构的构思和意图，寻求立法机构所要取得的效果的方法来解决这个问题，然后他们再解释法规，以便产生这种预期的效果。这意味着他们要填补空白，要理直气壮地、毫不踌躇地去填补空白。"[②]基本法是中国宪法在特别行政区的延伸和拓展，是宪法的子法，它不可能脱离中国宪法发展出一套完全不同的法律哲学。理解基本法的有关规定，不能不考虑基本法制定的这个宪制背景，不能不考虑中国的宪法解释理论和实践。特区行政长官是根据中国法律产生的一个中国的政府职位，毫无疑问应该按照中国法律解释的方法来理解其任期问题。香港法律界是否也尝试从大陆法系的角度来解释一下基本法？而且，英国律师显然不可能苛求欧盟"中央"法院用普通法来解释新的宪制文件。我们又怎么能苛求全国人大常委会一定要以普通法来解释基本法呢？

"填补（法律）条文间的空白"

大陆法系的法律解释可以"填补条文间的空白"，大陆法系的法律解释所发挥的作用"与其说是解释者，倒不如说立法者"。[③] 同样，全国人大常委会对基本法的解释也不同于香港法院对基本法的解释，既然是由最高国家权力机关兼立法机关来解释法律，它如果"填补（法律）条文间的空白"，那是不奇怪

---

① J. E. Levitsky, "The Europeanization of the British Legal Style", in *American Journal of Comparative Law*, Volume 42, 1994, p. 347.

② [英]丹宁勋爵：《法律的训诫》，杨百揆等译，法律出版社 2000 年版，第 24 页。

③ [英]丹宁勋爵：《法律的未来》，刘庸安、张文镇译，法律出版社 2011 年版，第 333 页。

的，就像1996年全国人大常委会就《国籍法》在香港的实施所做出的解释一样，填补了《国籍法》没有规定香港人国籍问题的空白。人大解释中国刑法等法律也带有同样的特点。

人大释法是香港新法治当然组成部分

“主权革命”“公法革命”不损害本地的普通法和法治。“主权革命”或者叫做“公法革命”、宪制秩序的转变并不影响两地的法治，两地都继续保留自己的普通法。英国可以说已经成功地把本地普通法与新的宪制文件衔接起来了，基本完成了二者的磨合。尽管有了新的“中央”释法，而且本地法院也不得不试着像欧洲法官那样来解释新的宪制性法律，但是英国的普通法、英国的法治并不因“中央”释法和“公法革命”而受到伤害，英国的法治仍然“健在”。既然欧洲“中央”释法是英国新法制的一部分，当然就不是对英国法治的破坏了。同样，人大释法也不会损害香港的法治，原因也是它不是取代香港的法律，而是已经成为香港回归后新法治的当然组成部分。香港法律界十分珍惜来之不易的法治，对此中央是充分理解和支持的。没有法治，就没有香港的繁荣稳定。难道中央不希望香港繁荣稳定吗？显然不是。中央对维护香港法治的决心，绝对不亚于香港的大状们。况且，整个国家也正在进行伟大的法治建设，怎么可能会做出损害香港法治的事情？我坚信，就像欧洲“中央”释法没有损害英国的普通法和法治一样，人大释法也不会损害香港的普通法和法治。香港普通法一定能很快适应新的宪制，能够很快与基本法成功地磨合衔接。

结论

英国法律界一开始对“主权革命”以及由此带来的宪制改革也是坚决排斥的，他们接受“英国入盟”的政治事实，但是不能接受由欧盟法院对宪制性法律和欧盟立法的最终解释权，他们也不能接受必须按照欧洲大陆人解释法律的方法来解释新的宪制文件。但是为了更大的利益，最终英国人接受了、适应了。香港回归带给香港社会的震动，不亚于“英国入盟”给英国带来的震撼。根据基本法，香港原有的法律包括普通法得以保持基本不变。但是，如何把原有普通法与新的宪制衔接起来，这是我们面临的一个尖锐的任务，在这个艰难的磨合时期，香港法律界从原来普通法的角度来解释基本法，这是可以理解的。但是，我们也必须以积极的态度来应对挑战。我们接受香港回归，就没有办法不接受由于回归而带来的“公法革命”和宪制的根本变化。我们除了以香港人的身份从普通法的角度来看基本法，是否也可以换位思考，从一个中国人的角度、用大陆法系的理论来尝试一下理解基本法？因为我们既是香港人，也是中国人。

香港基本法的高级法背景*

——国家宪制的故事

读法律的人都知道，高级法背景（higher law background），这一概念源于美国学者爱德华·S. 考文教授探索美国宪法思想渊源的著作《美国宪法的"高级法"背景》一书，作者认为"自然法"观念包括私权神圣、"三权分立"等是孕育美国宪法思想的种子，构成了美国宪法的高级法（higher law）。这一理论与著名法学家、纯粹法学创始人凯尔森（Hans Kelsen）的"基本规范"理论有异曲同工之妙，讲的都是宪法或者宪制性法律背后更高级的规范和理论学说。今天我想探讨的是香港基本法的高级法背景是什么，这些高级法背景又怎样与基本法的实践互动，如何影响香港新宪制的形成。

一、中国宪法是基本法的高级法背景

香港大学法律学院原教授 Raymond Wacks 先生最早关注并用基本规范的理论来分析香港回归的法理意义。他认为回归后香港的基本规范，或者说基本法的高级法背景是社会主义中国的宪法，而且他相信这个新的基本规范（高级法背景）完全可以与资本主义的普通法兼容。

从香港地方层面而言，基本法无疑在香港法律体系中处于最高法的位置，

* 本文是作者 2017 年 4 月 28 日在《紫荆》（香港）杂志社、香港基本法澳门基本法研究会、中山大学和香港新活力青年智库合办的"'一国两制'与香港基本法研讨会"上主旨演讲的全文，有修改。

香港所有的法律和附属立法、特区政府的一切行为、法院的所有判决以及市民的所有行为都不得违反基本法。违反基本法的行为不仅是无效的,而且要承担相应的法律责任,产生相应的法律后果。这就是宪制性法律的含义。相对于香港立法会通过的法律,由全国人大通过的香港基本法具有更高法律地位和宪制意义。然而,从国家层面上看,基本法是由国家最高立法机关制定的全国性法律的组成部分,它的法律地位和国家其他基本法律相同,在它之上还有更为高级的国家宪法,而国家宪法相对于基本法就是高级法(higher law),也是整个国家法律体系的最高法(highest law 或 supreme law)。

因此,在国家宪制层面,基本法不是规定全国性国家制度的宪制性法律,那是国家宪法的责任。基本法不代替、更不高于国家宪法。而且作为一个事实,在基本法产生之前,国家宪法就已经产生了,基本法是依据中国宪法产生的,就自然继承了中国宪法和中国法律的基因。宪法就成为基本法的高级法,是基本法背后所依据的最高的基本规范。在学理上,基本法的理论建构来源于或建基于中国宪法的理论学说,是中国整个宪法理论体系的子体系和组成部分,而不可能有一套独立于中国宪法理论体系的"基本法的理论学说"。

当然,由于实行"一国两制",基本法既要体现香港自身固有的核心价值(法治、自由、人权、资本主义市场经济等),也要体现国家宪法所包含的国家的建国理念、核心价值和民族精神(主权、统一、安全、和谐、和平、民族团结、传统美德等)。其实,香港核心价值与国家的核心价值在很多方面是统一的,例如对法治的追求等。

二、基本法不改变其高级法所确立的国家制度

在 1985—1990 年基本法制定的时候,在 1997 年香港回归祖国的时候,当时的中国并不是一张白纸,不是没有宪法、没有制度的全新国家。因为,在香港离开祖国的 155 年时间里,祖国内地也发生了翻天覆地的变化,经历了两次大的政权轮替,1912 年清廷退位、民国建立和 1949 年共产党领导的新中国政府的成立,建立了全新的宪制,演绎了全新的国家宪制的故事。在英国统治下,香港偏安一隅,港人没有系统参与国家发生的这些大事。但是国家历史发

展的步伐不会因为香港的缺席就停止，这155年时间里中国历史的巨轮依然滚滚向前。特别是1949年中国共产党领导的新民主主义革命的胜利，建立了全新的政权，确立了全新的宪制和法律体系，新宪制的故事由此发生。1949年9月新政权制定了临时宪法——《共同纲领》，1954年通过普选产生的全国人民代表大会成立，制定了国家的根本大法——《宪法》，确立了很多重要的国家制度，经过1975和1978年两次修改，1982年对宪法又进行了一次重大、全面的重新修改，进一步完善补充了1954年宪法确立的国家制度（包括中国共产党的领导制度、社会主义制度、人民代表大会制度、政治协商民主监督制度、单一制的国家结构形式）以及相应的地方制度（包括基层群众自治、民族区域自治和特别行政区制度），还建立了一套完整的法律制度和人权保障制度。具体来讲，新中国宪制故事包括如下主要内容和论述：

1. 中国共产党是中国唯一的执政党：中华人民共和国是中国共产党缔造的，中国共产党过去是、现在是、将来仍然是中国人民的领导者。

2. 人民民主专政：中国国家性质是工人阶级领导的、以工农联盟为基础的人民民主专政。工人阶级是国家的领导阶级，农民阶级是工人阶级的同盟军，知识分子是工人阶级的一部分。

3. 社会主义制度：社会主义制度是中华人民共和国的根本制度。禁止任何组织和个人破坏社会主义制度。但我国将长期处于社会主义初级阶段，实行社会主义市场经济。由此实行多种所有制并存的社会主义公有制和相应的分配制度。

4. 人民代表大会制度：国家的一切权力属于人民。人民行使国家权力的机关是全国人民代表大会和地方各级人民代表大会。人民代表大会及其常委会制定法律，有权解释和修改法律。人民通过各种途径和形式，管理国家、经济、文化以及社会事务。

5. 共产党领导的多党合作政治协商制度：统一战线由中国共产党领导，各民主党派和各人民团体、全体社会主义劳动者、拥护社会主义的爱国者和拥护祖国统一的爱国者参加。中国人民政治协商会议是有广泛代表性的统一战线组织。各民主党派与共产党的关系是长期共存、互相监督、肝胆相照、荣辱与共。

6. 国家的根本任务和目的：国家的根本任务是沿着中国特色社会主义道路，集中力量进行社会主义现代化建设。中国各族人民将继续在中国共产党领导下，在马克思列宁主义、毛泽东思想、邓小平理论和“三个代表”重要思想指引下，坚持人民民主专政，坚持社会主义道路，坚持改革开放，不断完善社会主义的各项制度，发展社会主义市场经济，发展社会主义民主，健全社会主义法制，自力更生，艰苦奋斗，逐步实现工业、农业、国防和科学技术的现代化，推动物质文明、政治文明和精神文明协调发展，把我国建设成为富强、民主、文明的社会主义国家。

7. 民主集中制：国家机构的组织原则是民主集中制。各级人民代表大会由选举产生。各级人民代表大会决定大政方针，选举国家行政、审判和检察机关。

8. 武装力量属于人民：中华人民共和国的武装力量属于人民。武装力量的任务是巩固国防，抵抗侵略，保卫祖国，保卫人民的和平劳动，参加国家建设事业，努力为人民服务。

9. 依法治国：国家实行依法治国，建设社会主义法治国家。任何个人、政党和社会组织都必须以宪法为根本的活动准则，都不得有超越宪法和法律的特权。一切违反宪法和法律的行为，必须予以追究。

10. 民族区域自治制度：在少数民族聚居的地区实行民族区域自治。各民族一律平等。禁止对任何民族的歧视和压迫，禁止破坏民族团结和制造民族分裂的行为。

11. 在城市和农村基层实行群众性自治。

12. 国家在必要时设立特别行政区，在特别行政区实行的制度由全国人民代表大会按照实际情况以法律规定，也就是“一国两制”。

以上这些重要国家制度都是在香港离开祖国的时候就已经产生了的，体现了全国人民的意志和利益，经过全民讨论由全国人民代表大会制定宪法加以肯定，也是中华民族在经历了100多年无数灾难挫折之后坚定不移的选择，体现了中国历史发展的规律，也是香港回归时必须面对的客观政治现实。就这样，20 年前香港这个离开祖国 155 年的游子回来了，发现家里一切都变了，房子变了，规矩变了，成员变了，什么都变了。请原谅，祖国母亲不可能等待 155 年、等香港回来之后再一起制定宪法，一起研究制定国家的各种制度和法律。你不在家，但是家里的日子还要过，一家老小还要生活，家里这么多人，还是要立规矩。1997 年香港回来了，我们是不是把全国人民几十年前，甚至经过 100 多年艰难探索而建立的适合中国国情的制度体制全部推翻，让祖国母亲适应香港建立一套全新的国家制度呢？这是不可能的。为了建立一个强大的国家，为了让全世界的中国人不再遭受外人欺负、为了让中国人民过上安居乐业的好日子，我们付出太多代价和成本，付出太多兄弟姐妹的生命，才建立了这套适合国情的制度体制，真的很不容易。而且实践充分证明，这套制度体制符合中国情况，解决中国问题，我们不准备放弃这套来之不易的宪法制度。在这套制度体制之下，我们已经从 1949 年的最低谷成为世界第二大经济体，尽管还没有达到历史最高水平，但那是指日可待的。我们现在是世界上最大贸易国、最大外汇储备国，最强的工业制造国之一，高新科技企业遍地开花，几天前中国第二艘航母下水，等等。2012 年以来国家开展大规模反腐败，其规模远远超过香港当年的廉政风暴。中华民族从来没有这么接近全面复兴。我们希望香港成为这个伟大事业的一部分，而不要成为其中一个问题。实践证明，这套宪法制度体制是好的，我们不会放弃。作为 1997 年回家的游子，国家理解港人的心情，但是我们也要尝试理解国家的政治哲学和政治逻辑，对国家已经建立起来的这套宪法制度要有起码的尊重敬畏之心。即便美国、欧洲也没有对中国宪法制度这么敌视、轻视和谩骂，对我国人民建立的制度体制给予了应有的尊重和理解。但在香港自己的土地上，国家却常常遭受自己人不留情面的谩骂和攻击，让国家情何以堪?!

有人会说，香港当年没有参与国家宪法制度的产生过程，没理由遵守国家宪法。美国宪法 1787 年制定的时候只有 13 个州参与，美国的创始会员州参与了美国国家制度的构建。后来有 37 个州陆陆续续加入美国，这些州都没有参加美国宪法的制定。它们加入美国的时候，只能接受之前已经制定好的国家宪法，而不能说因为我没有参加宪法的制定，就要求废除宪法，专门为我制定一部新的国家宪法。一个公司也一样，后来加入的股东只能遵守公司章程，如果要对公司章程进行重大修改，那就是建立新的公司，完全是另外一回事。因此，同样道理，1997 年香港回归，应该接受全国人民之前已经制定的国家宪法以及由此确立的国家制度，而不是抵触、抵制乃至要求废除。任何遵守香港基本法的原因理由，都适用于国家宪法，因为宪法是基本法的高级法背景，是基本法的源头和根本。

三、基本法对国家宪制的补充与完善

尽管宪法确立的国家制度不因香港回归而更改，但为了香港顺利回归，适应香港的特殊情况，国家还是对一些重要的宪法制度进行了补充完善。这也是十分特殊的，主要包括：

1. 宪法理论上的修正，即由“一国一制”改变为“一国两制”，国家在保持社会主义制度作为主体不变的同时，允许部分地区存在并发展资本主义。

2. 原本作为单一制的国家，地方建制中只有省、自治区、直辖市，国家为了适应香港回归祖国，对地方制度做了修改，增加了特别行政区的建制。

3. 在人大释法和修法体制方面涉及基本法的解释和修改之处做出具有独特性的调整。在解释基本法方面，《基本法》第 158 条分为四段，规定基本法的解释权属于全国人大常委会，第二、三段授权香港法院在特定情况下和特定范围内进行解释，并增加了人大释法征询基本法委员会的程序设置。

4. 根据马克思主义的经典国家学说和宪制理论，无产阶级在推翻资产阶级统治并取得政权后，要打碎旧国家机器，建立全新的国家机构，更换所有政府公务人员、法官和检察官。这个理论在 1949 年中国政权更替中得到了全面贯彻实施。但是，根据“和平统一，一国两制”的新方针，中国通过和平谈判恢复对香港行使主权，重新取得香港的政权，但国家并没有打碎英国在香港建立的资本主义政权机器，而是允许其有条件和平过渡，成为中国社会主义宪制下的新型地方政权。香港原有法律基本不变；香港实行的司法体制，除因设立终审法院而产生变化外，予以保留。法官和司法辅助人员全部留任，旧政权机器实质上被基本保留。

然而，这些只能是修正，仅限于补充和完善，国家不可能为了香港回归制定新宪法，废除所有的国家制度，建立一个让港人熟悉的全国性的普通法制度，更不可能实行多党制，不可能实行西式“三权分立”。因为香港回归和基本法实施对于国家而言并不是重新制宪，制宪权已经在建国初行使过了。不可能要求全中国来适应香港，香港只能慢慢熟悉国家、认识国家、适应国家。

四、制度交汇与逻辑统一

历史地看，香港自身的政治法律逻辑从来不是独立的，必须与国家的政治法律逻辑交汇融合才能存在发展。在香港离开祖国的155年时间里，香港逐步接纳英国的政治法律逻辑和制度，回归后理应找回自身的文化血脉，接纳中国的政治法律逻辑和制度。客观地看，“文革”过后，痛定思痛，国家已经建立了一套较为完整的政治法律制度和司法体系。十八届四中全会吹响了全面推进依法治国的号角，向来以法治为骄傲的香港难道不应该积极参与并热情投入国家的法治建设吗？其实香港本地的政治法律逻辑与祖国的政治法律逻辑并没有本质矛盾，既然已经回归祖国，既然基本法的高级法背景是无法改变的，大家通过充分的交流，增加彼此认识了解，让制度理念交汇交融，建构建设性互动关系不是更加明智吗？制度的交融必然带来香港地方逻辑与国家逻辑的统一，在现有的高级法背景下使基本法焕发出无限活力。

有香港朋友问我，后人为什么要遵守前人制定的宪法、确立的制度和逻辑？这其实是高深的政治法律哲学问题，简单地说，后人遵守前人制定的政治规矩规则，这恰恰就是人类文明进步的表现。而且，国家制度不是不可以改革完善，当代人不是不可以参与国家制度的完善，但这要遵守基本的宪制共识、法律规范和政治伦理，尊重前人的生活经验和历史选择，不能天马行空，随意更改设计自己希望的制度体制。法治的核心就是自我谦抑和自我约束，如同普通法“遵循先例”的智慧一样，渐进式的改革才是对社会损伤最小的理智选择。基本法本身也规定，香港的中国居民有权参与国家的治理，当然有权通过宪法规定的途径和方式参与国家制度的自我改革和完善。实际上改革开放以来，港人不仅参与了香港基本法的起草制定，而且参与并仍将会参与国家相关制度的改革完善，每年“两会”时来自香港的全国人大代表和政协委员积极参政议政，为国家制度的改革进步做出了很大贡献。

香港回归祖国是巨大的政治法律系统工程。20 年来，香港本地法制与新宪制的对接已经完成，实践证明一个社会主义的基本规范或者说高级法当然可以成为一个资本主义政制法制的基本规范，社会主义的宪制架构可以与资本主义的地方政府体制兼容，基本规范与政治法律制度背后的意识形态无关。回归时很多人担心，一个资本主义的制度和生活方式要靠一个社会主义的基本规范来保证，一个资本主义的普通法要靠一个社会主义宪制架构来维持，到底能否成功。现在我们可以说，资本主义和社会主义可以和谐地生活在一个共同的宪制（基本规范、高级法）之下，并获得共同发展，共同繁荣。

总之，在国家宪制和“一国两制”框架之下，香港不仅实现了平稳回归，20 年来也取得了举世瞩目的成就。尽管近年来国家宪制和基本法实践在香港遇到一些挑战，但放在国家统一、民族复兴这个宏大的历史背景下观察，没有过不了的桥，没有克服不了的困难。中华民族不仅能够创造高度的物质文明，也一定能够创造高度的宪制文明，谱写出包括“一国两制”在内的中国宪制故事壮丽的新篇章。

“一国两制”实施中的若干宪法问题浅析*

1997年7月香港回归，特别行政区成立，“一国两制”开始真正实施。两年多来，总的来说，“一国两制”和相应的两部宪法性特别法即香港和澳门两部特别行政区基本法①的运作是很成功的，当然也产生了一些宪法和法律上的难题，这篇文章将就这个题目展开论述，探讨“一国两制”在实施中给中国宪法的理论和实践提出的一些问题及解决问题的方法，主要是“一国两制”之下的法律解释问题、违宪审查问题和宪法在特区的适用问题等，以就教于学界同仁。

一、“一国两制”实施中的宪法和法律解释问题

在实行“一国两制”情况下中国宪法遇到的各种问题，应该说处理起来都不难，只需给特别行政区例外或由特别行政区自行处理即可。但是在法律解释问题上，中国宪法遇到了真正的挑战，“一国”和“两制”如何有机地结合在一起，这是对两地法律界专业技能的真正考验。

---

* 发表于《法商研究》2000年第4期。

① 对两部基本法在整个中国法律体系中的定性，历来有不同的看法。大多数学者主张两部基本法是宪法性法律，属于基本法律。但是我认为这不足以描述两部基本法的特殊性，因此我原来把它们定性为“宪法特别法”。在编辑本文时，童之伟先生提出最好叫做“宪法性特别法”。我觉得这个定性非常恰当。

（一）两地不同的法律解释制度

中国宪法把宪法和法律的解释权赋予了全国人大常委会，中国内地实行的是由立法机关解释宪法和法律的制度，即“立法解释”制度。立法机关的解释是最终的权威解释，不仅一切行政机关和社会团体必须遵守和执行，而且司法机关在处理具体案件时也必须依据有关解释来判案。此外，人民法院在审理案件时，如果对如何具体应用法律、法令的问题有疑问，可以提请最高人民法院作出解释，这种解释有效力。最高人民法院作出的这种司法解释其范围只限于审判工作中具体应用法律、法令的问题，这种解释不得违背法律、法令的原意。相对于立法解释来说，司法解释是辅助性的，前者是主要的。① 尽管如此，立法解释在中国运用得并不多，宪法性的解释更是鲜有。但是，在“一国两制”下，宪法性的解释却被频繁地运用。这是我国宪制制度很大的发展。

在普通法制度下，法律的解释权属于法院。在这种制度下，法律制定出来后，立法机关就不再有发言权，法律的命运就掌握在法院的手里。由于实行严格的司法独立，司法机关在处理案件时如果需要解释法律，是不会征求立法机关和行政机关的意见的。如果立法机关对法院的解释有意见，可以修改乃至废除或重新制定有关法律，而不会解释法律。这就是普通法下的法律解释制度。尽管在英国统治之下，香港的法院所享有的法律解释权是有限的，但是，其基本精神与其他普通法地区的制度是一样的。基于香港特殊的情况，回归后，这种法律解释制度被保留下来了。这里探讨一下特别行政区基本法的解释问题。

（二）“一国两制”下的法律解释制度

特别行政区基本法是由全国人大制定的，我国又有大陆法的传统，然而基本法的实施却是在实行普通法的香港特别行政区。在处理基本法的解释问题时，立法者面临两难的境地，既要考虑到中国内地的法律解释制度，又要考虑香港普通法体制下的法律解释制度。最后折中的结果就是《香港基本法》第158条的规定，即根据宪法的规定，像中国所有其他法律一样，特区基本法的解

① 参见张志铭：《中国的法律解释体制》，载梁治平编：《法律解释问题》，法律出版社1998年版，第165页。

释权属于全国人民代表大会常务委员会，这就与内地的法律解释制度统一起来，体现了“一国”的要求。同时也保留香港普通法下的法律解释制度，由全国人大常委会授权香港特区法院在审理案件时解释基本法的条款。但如果要解释的条款有关中央人民政府管理的事务或中央和香港特区的关系，那么香港特区法院在对案件作出不可上诉的终局判决前，应由香港特区终审法院提请全国人大常委会对有关条款作出解释。香港特区法院在引用该条款时，应以全国人大常委会的解释为准。但在此以前作出的判决不受影响。可见这是精心设计的很特别的法律解释制度，它把内地由立法机关解释法律的制度和香港由法院解释法律的制度融合在一起了，从而同时满足了“一国”和“两制”的要求。

（三）“6 月 26 日解释”的个案分析

全国人大常委会于 1999 年 6 月 26 日应国务院的提议，第一次对香港基本法有关条款作出了解释。其起因是香港特区终审法院 1999 年 1 月 29 日就香港居民在内地所生子女的居留权案件所作的判决的内容与香港特区政府对基本法有关条款的理解不同。特区政府认为，由于终审法院的有关判决涉及应如何理解基本法的原则性问题，而内地居民进入香港的管理办法还涉及中央与香港特区的关系，因此，请求国务院提请全国人大常委会根据宪法和基本法的有关规定，对基本法有关条款作出解释。而全国人大常委会对基本法的解释最终解决了有关港人在内地所生子女的居港权问题。香港特别行政区法院以后在审理有关案件时，应以全国人大常委会的解释为准。①

需要特别指出的是，全国人大常委会的解释不影响香港特别行政区终审法院 1999 年 1 月 29 日对有关案件判决的有关诉讼当事人所获得的香港特区居留权。即这种解释不影响案件双方当事人根据判决所取得的权利和义务，不溯及既往，只对将来发生的事有效力。因此不能说全国人大常委会推翻了香港特区终审法院的判决。

在普通法体制下，法院的判决可以成为先例，法院以后在处理同类案件时

---

① 参见《法制日报》1999 年 6 月 27 日。

要遵循先前的判决，这就是“遵循先例”原则。但是如果立法机关就案件所涉及的问题制定或修改了法律，改变了法院通过自己的判决就有关问题所确定的制度原则，那么法院以后处理同类案件就必须遵守立法机关制定或修改的法律。这也是普通法的原则，即“制定法优于判例法”的原则，立法取代判例的情况可以发生在任何普通法地区和国家。① 所以这次全国人大常委会应国务院的要求对基本法作出解释，无论在大陆法体制下或者普通法体制下，都应该被视为是正常现象。

（四）全国人大常委会解释基本法行为的性质分析

也许有人会说全国人大常委会在这里不是立法或者修改法律，而是解释法律。然而由立法机关解释法律不为普通法地区所熟悉，生活在普通法之下的人们对此是没有认识的。实际上 1996 年和 1998 年全国人大常委会就国籍法在香港和澳门特别行政区实施的问题所作出的解释，就是内地立法解释很好的例子，但是并没有人对这个立法解释的内容和方式提出任何异议。②

立法解释问题牵涉到中国的宪制问题。在中国宪法之下，全国人大常委会是国家最高权力机关的常设机关，也是行使国家立法权的机关。在中国的宪法理论中，法律的解释权是立法权的附属权力，解释法律是全国人大常委会作为立法机关的重要职能之一，因此，它解释法律的行为具有立法的性质，应该被视为一种特殊的立法行为，就像在内地当法律制定出来后，有关机关还要制定具体的实施细则一样，只不过这个“实施细则”由全国人大常委会制定罢了。

从此次解释的方式和程序来看，也遵循了全国人大常委会的一般立法程序。国务院依法向全国人大常委会提出要求解释基本法的议案，然后由全国人大常委会委员长会议决定是否接受国务院的议案。委员长会议审议了国务

① Peter, Wesley-smith, *the Sources of Hong Kong Law*, Hong Kong University Press, 1994, p. 33.

② 1996 年 5 月 15 日第八届全国人民代表大会常务委员会第 19 次会议通过了《关于〈中华人民共和国国籍法〉在香港特别行政区实施的几个问题的解释》。该《解释》考虑到香港的历史背景和现实情况，采取灵活办法，圆满解决了中国国籍法在香港特别行政区适用带来的难题。1998 年 12 月 29 日第九届全国人民代表大会常务委员会第 6 次会议作出《关于〈中华人民共和国国籍法〉在澳门特别行政区实施的几个问题的解释》，对澳门回归后澳门居民的国籍问题也作出了类似的特别安排。

院的议案，认为为了保证基本法的实施，由全国人大常委会就基本法有关条款进行解释，是必要和适当的，因此委员长会议决定将国务院的提案提交全国人大常委会全体会议讨论。委员长会议于1999年6月22日将议案提交九届全国人大常委会第十次会议审议并作了说明。九届全国人大常委会第十次会议经过认真审议并征询全国人大常委会香港特别行政区基本法委员会的意见，于1999年6月26日通过了对基本法有关条款的解释。[①] 因此，从整个过程来看，全国人大常委会解释基本法的行为应为一种特殊的立法行为。

2000年3月15日第九届全国人民代表大会第三次会议通过的《立法法》也已经明确规定了法律解释的程序和效力，明确规定全国人民代表大会常务委员会的法律解释同法律具有同等效力。[②]

（五）行政长官可不可以提请全国人大常委会解释基本法

答案很明确，《基本法》第158条只授权特别行政区终审法院在法律规定的事由出现时，应该请全国人民代表大会常务委员会对基本法的有关条款作出解释，而没有授权香港特区行政长官这样做。

但纵观这次解释基本法的整个过程，特区行政长官没有违反基本法的规定。根据《基本法》第43条规定，特别行政区行政长官是香港特别行政区的首长，代表香港特别行政区。这就是说，行政长官不仅仅是特区政府行政部门的首长，而且是整个特别行政区的首长，可以代表特区的任何部门。这与内地的地方政府的架构是不同的，内地的省长只是一省政府行政部门的首长，而不可以代表整个省。

《基本法》第43条同时规定特别行政区行政长官依法对中央人民政府和香港特别行政区负责。第48条规定香港特别行政区行政长官行使的职权中包括负责执行基本法和依照基本法适用于香港特别行政区的其他法律。因此，特区行政长官要向中央人民政府述职，就特区实施基本法的情况向中央政府汇报，对中央政府负责。这次就是特区行政长官就特区最近实施基本法过程中

① 参见《人民日报》1999年6月23日、6月27日。

② 参见《中华人民共和国立法法》第47条。

发生的大事向国务院汇报工作，其标题是《关于提请中央人民政府协助解决实施〈中华人民共和国香港特别行政区基本法〉有关条款所遇问题的报告》，这应视为正常汇报工作的行为。① 至于特区政府在《报告》中建议解释基本法，也仅仅是建议，国务院接受不接受这个建议，是否向全国人大常委会提案请求解释基本法，完全由国务院自行决定。因此，行政长官只是正常地向他应该直接负责的中央机关汇报工作。国务院研究了特区行政长官提交的《报告》，认为事关重大，才主动向全国人大常委会提出提请解释基本法有关条款的议案。因此这次解释基本法，是全国人大常委会主动解释基本法的。

严格来说，从法律上看，特区行政长官是否建议解释基本法，对人大最终是否解释基本法并不起决定性作用。因为即使没有特区行政长官的《报告》和建议，没有任何人或机关的建议，全国人大常委会根据《基本法》第 158 条第 1 款的规定，有权主动解释基本法，并不以任何机构或个人是否建议它解释为前提，因为基本法并没有对全国人大常委会的解释权设定限制。全国人大常委会解释基本法也不以法院诉讼的存在为基础，这一点香港大学的 Yash Ghai 教授作过深入研究。②

二、关于违宪审查制度

违宪审查和宪法的解释通常是连在一起的，一般由同一个机构负责，因为在进行违宪审查时必然要对宪法的有关条款进行解释。

（一）内地的违宪审查制度及个案分析

根据中国宪法的规定，中国的最高国家权力机关是全国人民代表大会及其常务委员会。因此，宪法把行使违宪审查的职责赋予了这两个机关。《宪法》第 62 条规定全国人民代表大会监督宪法的实施。第 67 条规定全国人民代表大会常务委员会解释宪法，监督宪法的实施。因此中国的违宪审查制度是由最高国家权力机关（立法机关）行使违宪审查权的制度，宪法不进入法院的

---

① 参见《人民日报》1999 年 6 月 23 日。

② Yash Ghai 教授对此有深入论述。参见 Yash Ghai，*Hong Kong's New Constitutional Order*，Hong Kong University Press，1997，p. 193。

诉讼，不可以被法官在判决书中引用。①

如果要找中国全国人大进行违宪审查的例子的话，最典型的就是全国人大对两部基本法所作的违宪或叫合宪审查。中国宪法是一部社会主义类型的宪法，它规定了中国社会主义的政治、经济、文化和社会等各方面的制度。但是，香港基本法却规定不在香港实行社会主义的制度和政策，保持原有的资本主义制度和生活方式，50 年不变。这么明确的违宪将来很有可能被提起宪法诉讼，而且基本法有可能被宣布为违宪而被撤销。

因此，第七届全国人大第三次会议于 1990 年 4 月 4 日在通过《中华人民共和国香港特别行政区基本法》时，同时通过了一个《决定》，从而解决了基本法是否违宪的问题。该《决定》实际上是中国最高国家权力机关在讨论通过《基本法》时，同时对它进行的违宪审查或叫合宪审查。最高国家权力机关在认真审查后认为，《中华人民共和国香港特别行政区基本法》是根据《中华人民共和国宪法》按照香港的具体情况制定的，因此是符合宪法的。② 这就从根本上排除了将来有人认为基本法违宪，从而提起宪法诉讼。这是中国立法史上，最高国家权力机关第一次在通过一部法律时，同时通过一个决定。这在新中国历史上也是第一次公开对一部法律进行违宪（合宪）审查，并正式作出审查结论，通过审查报告。尽管审查的机关、程序、时间、方式、结论的作出等方面都还可进一步探讨，但是其开历史先河的功绩还是值得充分肯定的。

同样 1993 年 3 月 31 日第八届全国人民代表大会第一次会议通过《中华人民共和国澳门特别行政区基本法》时，也同时对它进行了违宪审查，通过了一个“决定”，解决了其合宪性问题。③

---

① 一般认为，中国宪法不可以进入法院的具体诉讼，主要是基于最高人民法院曾经对此所作的司法解释，即 1955 年 7 月 30 日最高人民法院研字第 11298 号对当时新疆省高级人民法院所作的《最高人民法院关于在刑事判决中不宜援引宪法作论罪科刑的依据的批复》和最高人民法院 1986 年 10 月 28 日给江苏省高级人民法院所作的《关于制作法律文书应如何引用法律规范性文件的批复》（法研复〔1986〕31 号）。这两个“批复”均直接或间接地把宪法排除在诉讼之外。

② 参见《全国人民代表大会关于〈中华人民共和国香港特别行政区基本法〉的决定》，1990 年 4 月 4 日。

③ 参见《全国人民代表大会关于〈中华人民共和国澳门特别行政区基本法〉的决定》，1993 年 3 月 31 日。

在中国,香港问题和澳门问题当然是特例。除此之外,中国最高国家权力机关还很少行使宪法赋予的违宪审查权。无论在任何国家和地区,这项权力都是至关重要的,可以说是法治国家最高最后的杀手锏,违宪审查机构是国家权力运用和公民权利行使的最权威的调控者,也是一切最重要纠纷的最后裁判者,是宪法最有力的保护者和最高最后发言者。因此必须有一个特别的违宪审查机构来专门处理宪法纠纷。现在越来越多的人认识到宪法也应该像其他任何法律一样,应该有相应的程序法和具体的机关来实施它。① 无论如何,现在中国宪法真的运动起来了。

(二)“一国两制”下的违宪审查制度

在普通法体制下,香港一直实行由普通司法机关即法院负责违宪审查的制度,即司法审查制度。在这种情况下,香港法院享有有限的违宪审查权。回归后,这种司法审查制度被保留下来,法院的违宪审查活动也开始增多。两年多来,香港特区的法院已经几次行使这项权力,引用宪法和基本法的条款,作出关于香港基本法并涉及中国宪法的判决。②

坦率地说,两地对对方的违宪审查制度都认识不够。在内地的人士看来,由法院来宣布立法机关通过的法律违宪从而无效,这是不可思议的事情,因为在民主体制下,由任命而产生的法官怎么可以推翻民选机关的决定呢?这是生活在大陆法传统之下的人们没办法理解的。然而,这在普通法区域却是正常现象。同样,在香港人士看来,由最高国家权力机关(立法机关)来审查法律和行为是否违宪,这也是不可思议的,因为同一个机构怎么可以审查自己的决定是否合理合宪呢?普通法有一个谚语,一个人不可以做自己的法官。然而,在内地,在人民代表大会制度之下,这又是符合体制的,是正常的。

如果两地都在各自的范围内行使自己的违宪审查权或司法审查权,处理

① 实际上涉及宪法的诉讼现在越来越多,人民法院也有引用宪法判案的情况。参见杜融诉沈涯夫、牟春霖诽谤案,张连起、张国莉诉张学珍损害赔偿纠纷案,王发英诉刘真及《女子文学》等四家杂志侵害名誉权纠纷案,钱某诉屈臣氏日用品有限责任公司侵犯人格尊严和名誉权案。分别载于国务院法制局信息中心:《中国法律法规全库》“司法解释库”,中国检察出版社 1998 年版;《中国律师报》1999 年 1 月 25 日。

② 参见陈弘毅:《论香港特别行政区法院的违宪审查权》,《中外法学》1998 年第 5 期。

自己司法区域内的宪法性案件，这不会产生什么问题。问题是当出现涉及两地的宪法性案件和基本法案件时，应该如何处理？

第一个问题，在普通法下，法院可以审查立法机关通过的法律。但全国人大及其常委会是否也是特别行政区的最高国家权力机关？这应该是没有疑问的，而且中国的最高权力机关有权为特别行政区立法。那么，特区法院可否审查全国人大及其常委会通过的法律有无违反基本法呢？

答案是不可以。首先，回归前香港的法院就对英国国会的立法无权实施违宪审查，即使在原来普通法体制下这也是不可能的。[①] 回归后，尽管香港法院的违宪审查的范围有所扩大，但是全国人大及其常委会通过的法律和决定应排除在其违宪审查的范围之外，这项限制应该视为《基本法》第 19 条规定的"香港原有法律制度和原则对法院审判权所作的限制"。其次，中国的最高权力机关为特别行政区立法的行为是一种国家行为，是代表国家行使主权的行为。而国家行为，根据《香港基本法》第 19 条规定，香港特别行政区法院对国防、外交等国家行为无管辖权。既然根本无管辖权，违宪审查也就不存在。所以，从根本上来说，特别行政区法院对全国人大及其常委会的立法包括法律解释都不可以实施违宪审查。如果特区法院在审理案件中遇有涉及包括国家立法等国家行为的事实问题，根据第 19 条的规定，应取得行政长官就该等问题发出的证明文件，上述文件对法院有约束力。而行政长官在发出证明文件前，必须取得中央人民政府的证明书。

那么，如果全国人大及其常委会针对特区的立法包括法律解释，违反了宪法或者基本法怎么办？这是许多人担心的。如果出现这样的情况，应该通过中国内地的违宪审查机制来解决，即由中国内地的违宪审查机关来处理。如果内地的违宪审查制度现在还不够健全，那应该尽快健全内地的违宪审查制度、健全内地的法治，而不能以此为借口剥夺内地的违宪审查权。所以整个国家法治建设的进程直接影响到特别行政区的法治。

---

① Albert H. Y. Chen, "The Court of Final Appeal's Ruling in the 'Illegal Migrant' Children Case: Congressional Supremacy and Judicial Review", Law Working Paper Series Paper No. 24, *Faculty of Law*, the University of Hong Kong, March 1999.

第二个问题,全国人大及其常委会可否对特区法院的判决实行违宪审查呢?根据基本法的规定,特别行政区享有独立的司法权和终审权,因此,全国人大及其常委会不是特别行政区的"终审法院"或者"最高法院",不会对特区法院在其法定管辖权范围内进行的判决实行违宪审查。至于全国人大常委会根据基本法规定享有的基本法的解释权,并不是一种司法权或者终审权,而是立法权的附属权力,具有立法的性质。因此,依我之见,全国人大常委会解释基本法的行为属于立法行为,而非司法行为。在法理上"解释"和"裁判"或者"审理"是不同的概念。全国人大常委会并不具体审理案件,只是说明法律条款的具体含义。根据基本法规定,审理案件的权力属于特区法院。[①] 在这个问题上,基本法设定的机制是,基本法条款的"最终解释权"属于全国人大常委会,"最终裁判权"属于香港特区终审法院。把"最终解释权"和"最终裁判权"分开,在法律史上是一个具有重大意义的发明,是"一国"和"两制"的绝妙结合。正是从这个意义上说,全国人大常委会并没有干涉特区终审法院的终审权,不是特别行政区终审法院的"终审法院"。

在内地,关于人大及其常委会可否对内地法院的判决实施"个案监督"问题,还有一些争议。全国人大常委会正在起草一个监督法院审判工作的细则,但是据了解,全国人大常委会不会直接办理或审批具体案件,只是督促法院依法自行纠正、处理有关案件。[②] 我认为,不能因为内地法院现在判案质量比较低甚至有腐败行为,就由人大代替法院审理案件,因为这样就会损害另外一个重要的宪法原则,即法院独立审判原则,而且不利于树立法院的权威。法院判案质量不高,应该通过提高法官素质、改革审判制度来解决,而不可以因噎废食,顾此失彼,结果得不偿失。

第三个问题,全国人大及其常委会可不可以对香港特别行政区的立法机关的立法实施违宪审查?根据基本法的规定,特别行政区的立法机关制定的

---

① 参见 Yash Ghai, *Hong Kong's New Constitutional Order*, Hong Kong University Press, 1997, p. 193。

② 全国人大内务司法委员会 1999 年 8 月 24 日向九届全国人大常委会第十一次会议提请审议了全国人大常委会关于对审判、检察工作中重大违法案件实施监督规定的草案。参见《光明日报》1999 年 8 月 25 日。

法律须报全国人民代表大会常务委员会备案。但是，备案不影响该法律的生效。如果全国人民代表大会常务委员会认为特别行政区立法机关制定的任何法律不符合基本法关于中央管理的事务及中央和特别行政区的关系的条款，可将有关法律发回，但不作修改。在此之前，全国人民代表大会常务委员会需征求其所属的特别行政区基本法委员会的意见。经全国人民代表大会常务委员会发回的法律立即失效。该法律的失效，除特别行政区的法律另有规定外，无溯及力。[①] 由此可见，关于这个问题，基本法确立了一种特殊的备案制度。通常的"备案"没有"批准"的含义。但是，既然全国人大常委会可以将它认为不符合基本法有关条款的特别行政区立法发回特区，也就是拒绝备案，那么在发回之前，全国人大常委会必须对准备备案的法律是否符合基本法有关中央管理的事务及中央和特别行政区的关系的条款作出一个判断，这种"判断"可以说是一种特殊的违"宪"审查。因此，全国人大常委会对特别行政区立法享有违"宪"审查权，当然这里的"宪"是指特别行政区基本法中有关中央管理的事务及中央和特别行政区的关系的条款。[②] 对特区依据基本法规定就其自治范围内的事项进行的立法，只要不涉及有关中央管理的事务及中央和特别行政区的关系的条款，全国人大常委会只进行一般备案。这种特殊的备案制度的设计可见也是颇费思量的。

在内地，各省、直辖市和自治区的立法也要报全国人大常委会备案，如果全国人大常委会认为某省的某项地方立法违反宪法，根据《宪法》第 67 条的规定，可以直接撤销该项省的立法，而不是发回。全国人大常委会对内地一般的地方立法和行政立法享有完全的违宪审查权。

三、关于宪法在特别行政区的适用问题

中国宪法的效力覆盖整个中国领土，这是没有问题的。但是，特别行政区成立后，中国宪法规定的大部分制度原则并不在特别行政区实施，如社会主义制度、人民民主专政的国体、人民代表大会制的政体、人民司法制度、公民权利

① 《中华人民共和国香港特别行政区基本法》和《中华人民共和国澳门特别行政区基本法》第 17 条。
② 同上。

和义务的有关规定以及民主集中制原则等。因此似乎中国宪法的效力并不及于特别行政区。[①] 那么中国宪法的效力到底及不及于特别行政区，特别行政区司法机关可否适用宪法审判案件呢？我认为是可以的。

首先，中国宪法是由中国最高国家权力机关通过的，是国家的根本法，宪法本身和其他任何法律并没有限定宪法的效力范围，因此其整体效力范围当然应该涵盖整个中国领土。特别行政区既然是中国领土不可分割的组成部分，宪法的效力当然应该及于特别行政区。中国内地的宪法当然也是中国任何一个特别行政区的宪法。因此，从整体上看，中国宪法的效力应当及于特别行政区。[②] 需要指出的是，在像中国这样的单一制国家，全国只能有一部宪法，不允许一个地方行政区域拥有标明“宪法”字眼的法律文件。这就是为什么特别行政区的基本法叫做“基本法”而不叫“宪法”，内地民族自治地方制定的本地方自治的基本的、综合性的地方法律规范也只能叫做“自治条例”，而不能是地方“宪法”。

除了宪法的整个效力及于特别行政区外，宪法的具体条款的效力也及于特别行政区，尤其是宪法有关中央国家机构的条款。例如，宪法关于最高国家权力机关、关于中央人民政府、关于武装力量、关于国家主席等的规定，毫无疑问对特别行政区是适用的。当然中国宪法有关国家的经济文化社会制度的条款、有关公民权利义务的条款不适用于特别行政区，这些规定被特别行政区基本法中的相关条款所修正和取代。

因此，尽管特别行政区基本法的附件中并没有标明中国宪法是在特别行政区实施的法律，但是中国宪法的效力是要覆盖到特别行政区的，这是不言而喻的，就像回归前英国宪法和宪法性文件在香港有效力一样。

中国宪法在特别行政区发挥作用的主要方法和形式是通过它的特别法——特别行政区基本法。特别行政区基本法是根据宪法制定的，它实际上是中国的宪法性特别法，是中国宪法内涵的扩大和延伸。在中国的法律体系

---

① 香港特别行政区基本法咨询委员会中央与特别行政区的关系专责小组：《基本法与宪法的关系(最后报告)》，1987 年。

② 肖蔚云：《一国两制与香港基本法律制度》，北京大学出版社 1990 年版，第 86—94 页。

中，宪法是最高法，在宪法之下是“基本法律”，在基本法律之下是一般法律。特别行政区基本法属于宪法之下、一般法律之上的“基本法律”，它的效力来源于宪法，并仅次于宪法。如果中国宪法本身在特别行政区就没有效力，那么，特别行政区基本法的效力也就失去了存在的依据和寄托，成了无源之水、无本之木。①

正因宪法在特区有当然的效力，因此尽管在内地法院还一直不可以在判决书中引用宪法条款，但是香港回归后，特区法院在判决中已经多次引用中国宪法的条款。例如，香港特别行政区终审法院在 1999 年 1 月 29 日吴嘉玲、吴丹丹诉入境事务处处长一案的判决书中，就引用了中国《宪法》第 31 条、第 57 条、第 58 条的规定。②

四、“一国两制”之下的其他宪法问题

上面探讨了“一国两制”实施中遇到的几个主要的宪法问题，实际上在中英、中葡就香港、澳门问题进行谈判以及后来制定两部基本法的过程中，已经遇到了不少宪法上的难题，这里只概括地总结一下。

（一）国体问题

中国宪法规定的国体是人民民主专政，经济上实行社会主义市场经济和社会主义公有制。在社会主义初级阶段，坚持公有制为主体、多种所有制经济共同发展，坚持按劳分配为主体、多种分配方式并存。在文化方面，宪法规定实行社会主义精神文明。根据“一国两制”的方针和基本法的规定，特别行政区保持资本主义的政治经济和文化制度，不实行人民民主专政，不实行社会主义公有制和社会主义精神文明。这些规定与中国宪法的上述有关规定是完全不同的，是新中国的宪法从来没有遇到的新问题。尽管如此，中国宪法规定的整个国家的国体并没有改变。

---

① 有关中国宪法和特别行政区基本法的关系，可参见王叔文主编：《香港特别行政区基本法导论》（修订本），中共中央党校出版社 1997 年版，第 79—95 页。

② “吴嘉玲、吴丹丹诉入境事务处处长案”，香港特别行政区终审法院，1999 年 1 月 29 日。

（二）公民的权利和义务

中国《宪法》在第二章中规定了中国公民享有的五大类基本权利，还规定了中国公民应尽的义务。宪法在这些方面的规定显然不适用于特别行政区。例如关于迁徙自由问题，宪法就没有规定，然而基本法规定特别行政区居民有迁徙往任何地方的自由。宪法规定夫妻双方有实行计划生育的义务，然而基本法则规定特别行政区居民有自愿生育的权利。宪法规定公民有依法服兵役的义务，然而基本法则没有这样的规定。关于国籍问题，在坚持基本的宪法原则的前提下，中国也对特区居民的国籍采取了灵活的处理办法。可见，特别行政区居民中的中国公民不仅有权依法参与国家事务的管理，而且还享有比中国宪法规定的公民权利广泛得多的权利和自由。内地居民享有的权利，特区的居民当然都享有，内地居民不享有的权利，特区的居民也都享有。但是，内地居民依据宪法应尽的义务，特别行政区的居民则可免除，这种情况也是中国宪法以前没有遇到的。这说明，在公民的权利义务方面，也充分体现了“一国两制”的原则精神。

（三）关于政体

中国宪法规定的政体是人民代表大会制。在人民代表大会制之下，行政机关和司法机关都由本级人民代表大会选举产生，并对本级人民代表大会负责并报告工作。人民代表大会则由人民选举产生。但是，特别行政区既不采用这样的制度，也不照搬西方“三权分立”或议会主权的政治体制。依照基本法的规定，特别行政区设立一个首长即行政长官，行政长官同时也是行政机构的首长。特别行政区立法、行政和司法的关系是保证司法独立，行政机关和立法机关互相制衡又互相配合。这就是说，在统一的人民代表大会制的宪制框架下，中国又产生了新形式的政府组织架构。

（四）关于国家结构形式

中国一直都实行单一制，过去基本上奉行“一国一制”。特别行政区成立后，出现了一种新的省级特别地方建制。与一般省级地方相比，其“特别”之处在于：特别行政区实行资本主义，而一般地方则实行社会主义；特别行政区享有高度的自治权，这种自治权不仅大于一般地方，而且也大于联邦制下邦的权力；特别行政区与中央的关系要由法律明文规定；特别行政区的设立及其所实行的制度要由国家最高权力机关即全国人民代表大会决定。

尽管中国设立了特别行政区，而特别行政区所享有的权力又是空前的。但是这并没有改变中国单一制国家的性质，中国仍然是一个单一制国家，只是其包容性大大扩大了，成为一种可以包容实行资本主义制度的特别行政区域的单一制。随着改革开放的不断深入，尤其随着“一国两制”将来在台湾地区的实施、国家统一大业的最终完成，中国的国家结构还将进行更大的调整，这将使中国的国家结构形式更为完善。

（五）关于司法制度

内地与特别行政区在司法方面的差异是各种差异中最大的。中国宪法规定的司法制度是人民法院是国家的审判机关。人民法院由人民代表大会产生，并对它负责和汇报工作。上级人民法院监督下级人民法院的审判工作。人民检察院是国家的法律监督机关。人民检察院由人民代表大会产生，并对它负责和汇报工作。上级人民检察院领导下级人民检察院的工作。法院依照法律规定独立行使审判权，检察院依照法律规定独立行使检察权，都不受行政机关、社会团体和个人的干涉。人民法院、人民检察院和公安机关办理刑事案件，应当分工负责，互相配合，互相制约。

根据特区基本法，特别行政区各自保留自己的司法制度，不受内地司法制度的影响，自己拥有自己的终审法院，所有案件的终审不在最高人民法院进行。在特别行政区终审法院和最高人民法院之上没有更高的审判机关。所以，“一个国家，两种司法制度”的情形在中国已经形成。两年多的实践证明，特别行政区的司法制度不仅被保留下来了，还对内地正在进行的司法改革发挥很大的影响，成为内地司法改革的重要参照之一。

（六）关于选举制度和政党制度

根据中国宪法和有关选举法的规定，中国采用直接选举与间接选举并用、地域代表制与职业代表制并用的制度，贯彻选举的普遍性、平等性、秘密投票等原则。特别行政区的选举和选举制度则十分复杂，不同的选举采用的方法也不一样。但是，有一点是肯定的，特别行政区可以采用不同于内地的选举制度。这使得中国整个选举制度更加多样化。

在政党制度方面，根据中国宪法的规定，中国实行共产党领导下的多党合作制和政治协商制度。中国共产党是中国的执政党，其他八个党派既不是在野党，更不是反对党，而是参政党。中国人民政治协商会议是由中国共产党和其他各民主党派参加的政治协商机构，是多党合作和政治协商采取的主要形式。特别行政区本地采取何种政党制度，没有同一的模式，这要视具体情况由各特别行政区自行选择决定。

五、结语和建议

“一国两制”和基本法的实施对中国宪法提出的上述种种新的问题和挑战，国家最高权力机关尽管已经通过适当的形式加以回应，但是从宪法文本本身来说，仅有第 31 条这个特别条款还是不够的，还没有从根本上解决中国宪法面临的这些问题。在将来进一步修改宪法时，应该把这些成功的经验补充到宪法中去，使“一国两制”在宪法中得到更充分的体现，得到更坚实的宪法保障。同时，“一国两制”和基本法的实施，还给中国宪法的几乎每一个方面都补充了许多新的内容，给中国宪法学带来了新的发展机遇，使许多一直被忽视的问题得到了重视。例如宪法不再被视为枯燥无味的具文，而也可以是天天要使用的法律，一如其他法律一样。

可以说，“一国两制”和基本法的实施，不仅维护了特区的繁荣稳定，而且对促进中国宪法理论和实践的发展，也发挥了很大的影响。法学界应密切关注这些新的问题和挑战，研究其对中国宪法理论和实践所可能造成的影响，进一步提高中国的宪法学研究水平，推动中国的宪制建设，为国家统一大业的最终完成做贡献。我们现在遇到的问题可以说都是史无前例的，我们现在从事的是人类最复杂的法治工程之一。不仅我们的法律专业技能正在得到考验，而且我们的历史责任感、我们的耐心、我们的热情、我们的一切也正在得到检验。我相信一切法律的和非法律的难题最终都可以找到圆满的解决办法。

略论中央和特区的关系*

——国家主权和高度自治

中央与特别行政区的关系，从性质上看，既是一种政治关系，也是一种法律关系。考察中央与特区的关系，应该从政治和法律两个角度来进行。

从政治上来看，中央与特区的关系首先是主权国与其领土的关系。中国作为一个国际法上独立自主的国家，对香港特别行政区享有排他的、完整的主权。香港特别行政区是中国不可分割的组成部分，不是一个独立的政治实体。中国与香港的关系不是国家与国家的关系，而是国家整体与其组成部分之间的关系，是主权国与一个享有高度自治权的地方行政区域的关系。

在政治上，任何一个国家的主权都是由这个国家的全国政府（national government）①来行使的。在中国也不例外。尽管特别行政区实施高度自治，但是政治上的主权仍然是由中央政府行使的。特别行政区在保障国家主权的前提下，行使高度自治权。

作为宪法性法律的《香港特别行政区基本法》（以下简称基本法）是特别行政区的“小宪法”，它的一个重要功能就是根据“一国两制”的原则，把中央与特区的这种政治关系法律化，一方面赋予特区各种高度自治权，另外一方面明确

---

* 发表于《中国法律》（香港）2004 年 12 月号，有删改。

① 全国政府在联邦制国家是指 federal government，有时也指一个州的 state government；在单一制国家是指 central government。

规定体现国家主权的内容，让中央政府能够正常行使对特别行政区的政治主权。也就是说，基本法对中央和特区各自享有的权力责任要作出明确的规定。下面我从法律的角度，根据基本法来分别谈谈特区政府和中央政府各自所享有的权力。

一、高度自治的内容和界限

《基本法》1990 年由全国人大通过后，高度自治就已经法律化，成为一个法律概念。《基本法》保障特别行政区享有的各种高度自治权。《基本法》第 2 条规定：“中华人民共和国全国人民代表大会授权特别行政区依照本法的规定实行高度自治，享有行政管理权、立法权、独立的司法权和终审权。”《基本法》第 13 条第 3 款规定：“中央人民政府授权特别行政区依照本法自行处理有关的对外事务。”这些就是特别行政区实行高度自治的法定内容。①

在行政管理权方面，《基本法》第五、六两章详细具体地规定了特别行政区享有的主要的行政管理权。这包括：经济方面有财政、金融、贸易和工商业、土地、航运、民用航空，另外还有教育、科学、文化、体育、宗教、劳工和社会服务等。这些都是具体的行政行为。在抽象行政行为方面，特别行政区政府也享有广泛的权力。根据中国宪法的规定，国务院统一领导全国的行政工作，领导各部委和各地方人民政府，内地地方政府的行政管理权多是执行性的。尽管特区也直辖于国务院，特首要对国务院负责，但是国务院并不直接领导特区的行政工作，特区政府自行处理上述行政事务。

在立法权方面，特别行政区享有的立法权虽然在性质上也属于中国地方立法的一种，但是和中国内地一般地方立法不同。根据“一国两制”的原则，香港特别行政区的立法权是创新性的，而不仅仅是执行性的。中国内地一般地方立法包括民族自治地方的立法，大多是执行国家法律性质的。另外，一般地方立法以国家的宪法、内地的法律、行政法规为依据，而特别行政区的立法则以特别行政区基本法为依据，不得违反基本法。特别行政区立法权的范围也

① 王叔文主编：《香港特别行政区基本法导论》，中共中央党校出版社 1990 年版，第 110 页。

远远超过一般地方立法，只要是特别行政区自治范围内的各种事项，不涉及国防、外交或与中央关系的，特别行政区立法机关都有权实施立法管制。

在司法方面，根据“一国两制”的方针，司法权属于特别行政区自治权的重要内容。《基本法》第 19 条规定：“香港特别行政区享有独立的司法权和终审权”。这里“独立”的含义不仅是指特区司法机关独立于特区内的其他机关、团体和个人，而且也独立于内地，即中央不干预特别行政区的司法，特别行政区法院除继续保持本地原有法律制度和原来对法院审判权所作的限制外，对特别行政区所有的案件均有排他的管辖权。

另外，特别行政区还享有一定的对外事务处理权，例如自主开展对外经济文化交流、单独签发护照和旅行证件的权力。

可见基本法是授权法，是授予特区高度自治权的法律。作为特区的“小宪法”，基本法在划分中央职权和特别行政区职权、在划分特区不同机构之间职权方面，与一般的宪法和宪法性法律是一样的。但是其最大不同是，基本法是中央单方面授予特区各种权力的法律。联邦制下同样的法律往往是联邦和州双方讨价还价而达成的分权协议，因此联邦制下的宪法和宪法性法律一般是分权法，即清楚界定国家机关之间职权的划分，尤其必须在国家整体与组成部分之间进行权力的划分。在国家整体与组成部分之间进行职权划分的性质上，基本法不同于联邦制下的宪法性法律。

从立法内容来看，基本法所赋予的高度自治权在不少方面超出了任何一个国家的地方政府所能够享有的自治权力，包括联邦制下各邦的权力，中央已将实行高度自治所必需的所有重要权力都通过基本法明确授予了特别行政区，“很难想象还有哪一项权力为实行高度自治所必需（而）尚未授予香港特别行政区”[①]。这还不够，《基本法》在详细列举了特别行政区所享有的各项高度自治权后，紧接着在第 20 条还规定：特别行政区可享有全国人民代表大会和全国人民代表大会常务委员会及中央人民政府授予的其他权力。这就是说特别行政区的自治权今后还有可能扩大，中央可以根据需要将更多的权力授予特

① 参见王叔文主编：《香港特别行政区基本法导论》，中共中央党校出版社 1990 年版，第 117 页。

别行政区行使。这充分表现了中央对特别行政区实施高度自治的诚意。

我们不仅要看到基本法授权的一面，也要看到它限权的一面。基本法在授权特区高度自治的同时，也为高度自治设定了法律上的界限；基本法既是授权法，也是限权法。特区的高度自治既由基本法来保障，也由基本法来限制。换言之，特别行政区所享有的高度自治权以基本法明确授予的为限，基本法没有明确授予特别行政区享有的权力，特别行政区就没有这些权力。特区实行的是高度自治，不是绝对自治，无限自治，是有法律上的界限的，高度自治必须有基本法上的明文依据，只有当我们在基本法中能够找到明文的规定的时候，才能说什么事情属于高度自治。高度自治的范围就是上文所述的行政管理权、立法权、独立的司法权和终审权以及一定的自行处理有关对外事务的权力，超出这些法定范围就不再属于高度自治的内容。

基本法对特区高度自治设定范围和界限，是合情合理的，也是必须的。从中外对比来看，没有一个单一制国家允许没有限度的地方自治，任何地方自治都是有一定限度的。而且自治的程度越高，法律的界限就显得越重要。《中英联合声明》对此也是认可的。基本法对特区高度自治设定范围和界限，不仅是对特区高度自治的限制，而且也是对特区高度自治的法律保障，只要是明文列举出来由特区实行高度自治的事项，中央就决不会干预，一定要保证特区依法享有基本法明文列举的高度自治权。从回归后的实践来看，中央政府言行一致，严格依法治港，保障特区依法高度自治。

二、国家主权在基本法中的体现：中央依法行使的权力

上文探讨了高度自治的法律范围和界限，哪些权力不属于特区高度自治的范围呢？这也要看基本法的明确规定。

基本法不仅明确规定了特区高度自治权的内容和界限，而且也规定了不属于特区高度自治、体现国家主权、应该由中央行使的权力，中央能够在特区干什么事情也必须有明确的法律依据，也就是基本法的依据。根据“一国两制”的方针，中央依法行使的职权主要有两个方面，一是根据事项本身的性质特点，在任何一个单一制国家都必须由全国政府（中央政府）行使的职权，这包

括宪法性法律即基本法的制定、解释、修改权，国防权，外交权，紧急状态权，特区的创制权及其政府的组织权、主要行政官员的任命权。

二是根据一国全国政府（中央政府）和区域政府本身的职能来划分职权，属于全国政府职能范围内的事项，例如捍卫领土完整，由全国政府负责较好，比较科学合理，这些事项当然就由中央政府负责。有些事项例如社会治安的维持等由特区政府负责较为科学合理，就归特别行政区政府管辖。基本法起草委员会在“划分”中央与特别行政区职权时，决非有意偏袒中央政府或者特别行政区政府，人为把某些应该由一方行使的权力却“划归”另一方行使，而是根据维护国家统一和保持特别行政区繁荣的需要，科学合理地加以界定，应该归中央行使的权力就归中央，应该归特区行使的权力就归特区。

具体而言，中央对特别行政区享有的权力可以分为以下几种情况：一是有些权力完全由中央直接行使，如防务；二是有些权力归中央行使，但中央在行使这些权力时，充分吸收特别行政区的参与，如中央对特别行政区行政长官的任命；三是有些权力归中央，但中央也授权特别行政区行使，中央监督特区行使这些权力，如中央在外交事务上有全权，但同时授权特别行政区以法定的名义、方式自主处理对外经贸关系，中央对此实施监督；四是有些权力归特别行政区行使，中央只行使监督权，例如立法权归特别行政区行使，中央只用备案的形式起监督作用。

上述这些权力就是基本法明确由中央行使或者中央保留的权力，不属于特区高度自治的范围，超出了高度自治的界限。既然基本法赋予中央行使这些职权，如果中央依法行使了这些职权，那就不能说中央侵犯了特区的高度自治权，因为本来这些权力就不属于高度自治的法定范围，而是法律明确授权中央行使的权力。一个基本的法学原理是，侵权必须以权利的存在为前提，如果我们声称的一项权利在法律上本来就不存在，在法律上有这项权利的主体行使了其法定权利，我们怎么能说人家侵犯了我们的权利呢？

从基本法对中央职权的规定来看，中央的权力严格限制在维护国家主权和统一所必须的范围内，这些权力都是由国家主权严格派生出来的，是国家政治主权的法律体现。它充分体现了“一国两制”、“港人治港”和高度自治的原则精神，在维护国家统一和主权所必不可少的范围之外的权力，不是非中央行使就不可的，都由特别行政区行使。根据这个原则，有些与主权关系密切、十分重要的权力也授予特别行政区行使了，例如司法终审权、发行货币权、征税权、独立的出入境管治权，等等。不仅如此，中央尽管保留了“剩余权力”，但是特别行政区将来还可以取得中央授予的其他职权（《基本法》第20条）。

由此可见，基本法对中央与特别行政区权力的规定在宪法学上是一个创新，是史无前例的。从中可以看出中央政府对实施“一国两制”和高度自治、保持香港的繁荣与稳定的巨大决心。

三、中央和特区的关系与政治发展

2003年下半年以来，香港特区各界就香港未来政治发展问题展开了广泛的讨论，特区行政长官并任命了一个专责小组负责咨询各方面的意见。鉴于香港社会对香港基本法附件的有关规定出现了严重的不同理解，有些看法不符合“一国两制”的原则精神和基本法的立法原意。全国人大常委会4月6日通过了《关于〈中华人民共和国香港特别行政区基本法〉附件一第七条和附件二第三条的解释》，对基本法附件一第七条和附件二第三条的规定进行了解释。根据全国人大常委会对基本法附件的解释，香港特首4月15日向全国人大常委会提交了《关于香港特别行政区2007年行政长官和2008年立法会产生办法是否需要修改的报告》。全国人大常委会于4月26日通过了《关于香港特别行政区2007年行政长官和2008年立法会产生办法有关问题的决定》。有些人士认为，全国人大常委会（中央）的上述做法，侵犯了特区的高度自治，违反了“一国两制”，有些甚至认为高度自治已经完结，“一国两制”已经变成“一国一制”。这样的说法是不符合实际情况的。

如果我们认真研究一下基本法，就会发现关于特区政治体制并不在基本法所明确列举的高度自治的范围以内，属于中央依法应该行使的权力。前文已经清楚地列明特区依法高度自治的范围，其中并没有决定特区政制这一项。相反，香港基本法及其附件明确规定：根据中华人民共和国宪法，全国人民代表大会特制定中华人民共和国香港特别行政区基本法，规定香港特别行政区实行的制度(序言);香港特别行政区是中华人民共和国不可分离的部分(序言和第1条);全国人民代表大会授权香港特别行政区依照本法的规定实行高度自治(第2条);中央人民政府任命香港特别行政区行政长官和行政机关的主要官员(第15条、第45条);香港特别行政区行政长官依照本法的规定对中央人民政府和香港特别行政区负责(第43条);基本法的解释权属于全国人民代表大会常务委员会(第158条);基本法的修改权属于全国人民代表大会(第159条)。基本法附件一第七条和附件二第三条规定,2007年以后各任行政长官的产生办法和立法会的产生办法和表决程序,如需修改,须经立法会全体议员三分之二多数通过,行政长官同意,并报全国人民代表大会常务委员会批准或者备案。这些就是中央行使对特区政治体制改革最终决定权的基本法依据。

一个客观事实是,规定特区实行什么样的政治体制的特区"小宪法"——基本法本身就是全国人大制定的,特区本身也是根据全国人大的决定成立的(1990年4月4日第七届全国人民代表大会第三次会议通过《关于设立香港特别行政区的决定》),全国人大如果没有权力决定特区实行什么样的政治体制,如何制定基本法?如何成立特别行政区并授予高度自治权?

基本法的这些规定和全国人大行使的这些权力,也是有宪法依据的。中国《宪法》第31条和第62条第13款都规定,在特别行政区内实行的制度由全国人民代表大会以法律规定。"在特别行政区内实行的制度"当然包括政治制度,而且主要是指政治制度。中央并没有在宪法和基本法之外行使权力,只是严格依据宪法和基本法履行自己的宪制职责,并没有侵犯特区依据基本法享有的各项高度自治权,这些高度自治权并没有因为全国人大常委会解释基本法、全国人大常委会对特区政制问题行使决定权而发生丝毫改变。

四、中央对"一国两制"和民主发展的承诺没有改变

在香港逐渐推行民主是中国一贯的主张,这个问题实际上在中英谈判时已经被提起并得到了解决,中国的态度也一直十分明确。中央对香港的民主承诺已经法律化,是不会改变的。中国认真对待对香港的民主承诺,在香港实行民主既是香港发展的需要,也符合中国的国家利益。中国内地这些年也在

积极进行民主改革试验，中国政治正在走向民主和法治。中国主体的民主法治建设，对香港民主发展来说也是有力的保障。在这个大背景下，香港无需担心中央不让实行民主，香港民主发展的步伐只能比中国主体的民主发展更快，而不会更慢。这次直选议席扩大到30个，是香港民主发展的一个里程碑。因此，由中央决定香港政治体制及其未来发展问题，不是说就不推行民主了。我相信香港最终一定会实现基本法规定的“双普选”，这是没有疑问的。

而中央在决定特区政治发展问题的时候，一定会广泛地征求香港的民意，在讨论决定香港政制问题的时候，香港各界和社会大众一定会有广泛的参与。中央以前这样做了，今后仍然会这样做。再者，中央决定香港政治发展问题，一定会严格依法办事，中央贯彻依法治港的方针，不会在法律之外额外增加自己的权力。中央会严格依照宪法和基本法办事，所采取的任何行为都不会违反中央对香港的既定方针政策，即“一国两制”、“港人治港”、高度自治。

中央在香港没有任何具体的物质利益，所做的一切都是为了香港全体民众的福祉和未来。中央不仅对维护国家的主权承担着宪法上的责任，而且对保持特区的繁荣稳定也肩负着庄严的法律责任。没有任何一个国家比中国更希望香港能够持续繁荣稳定了，没有任何一个国家比中国更加关心香港并愿意为此在政治上乃至经济上采取具体的行动。

结语：全面准确理解、实施“一国两制”和基本法

“一国两制”有两个方面，即“一国”和“两制”，这两个方面都是不可缺少的。基本法是“一国两制”的法律化，制度化，全面体现了“一国两制”的精神，既是“一国”的法律化，也是“两制”的法律化。通过基本法的制定和实施，需要达到两个目的。

第一，要把“一国”法律化，把香港与祖国实现统一的政治事实加以法律上的认可和保障。基本法必须规定维护“一国”的内容，确保国家主权。基本法可以说就是“一国之法”、“主权之法”和“统一之法”。

第二，通过基本法的制定和实施，还要落实“两制”，使“两制”法律化，确保在一国之内，两个不同的地方可以实行两种不同的制度。根据基本法，香港得

以保持原有的资本主义制度不变;而根据宪法,内地得以实行社会主义制度。因此,基本法可谓维持“两制”之法,是确保“高度自治之法”。

落实“一国两制”,我们就要同时落实“一国”和“两制”两个方面,不能选择性只落实其中一个方面。实施基本法,也要实施两个方面,既要实施基本法规定的关于“两制”、关于“高度自治”的内容,也要实施基本法关于“一国”和国家主权的规定。

我们还要认识到,在基本法中,“一国”和“两制”不是对立的,而是一个有机的统一体,需要互相配合,互相协助。如何处理“一国”和“两制”的关系,应该坚持“和而不同”的原则,“求大同存大异”,寻找最大公约数,把“一国”和“两制”作为一个有机的整体来看待,恰当处理二者之间的关系。

此外,我们要创造性地研究、挖掘“一国两制”的价值,充分利用“一国两制”给我们带来的各种便利和好处。一方面,让港人真正感受到“一国”带来的好处,认识到“一国”不仅是祖国所需要的,也是港人切身利益所在;另外一方面,让祖国感受到“两制”的优势,认识到保持“两制”不仅是保持香港繁荣稳定所需要的,而且也是祖国现代化建设和改革开放所需要的,我们一定要保持“两制”。这样,“一国”和“两制”才能成为一个有机的统一体。

只要中央和特区都能够严格依照基本法规定的权限范围行事,我们就能做到既维护国家的主权和统一,又能保证特区高度自治和繁荣稳定,就能正确处理中央与特区的关系,开创实施“一国两制”的新局面。

基本法下中央和香港特区的关系*

前言

今天我们在这里隆重纪念香港基本法颁布25周年，我非常荣幸应邀参加今天的盛会。25年前的今天，全国人民代表大会通过了《香港特别行政区基本法》(以下简称基本法)，把“一国两制”方针政策法律化、制度化，对香港特区未来的治理架构、对特区居民的权利义务作出了规定，也对中央与特区的关系、对特别行政区的地位作出了法律界定。过渡期七年，基本法发挥了指引方向、稳定人心的作用。很多人就是阅读了基本法，认可基本法，吃了定心丸，决定留下来继续打拼。回归18年，基本法同样发挥了定海神针和压仓石的作用，无论发生什么问题，遇到多大困难，只要坚持基本法不动摇，严格按照基本法办事，香港的繁荣稳定就有保障。

差不多25年前，我开始接触基本法，跟随我国著名法学家、香港基本法起草委员会委员、香港特别行政区筹备委员会委员许崇德教授研究基本法。1993—1995年我在香港大学法律学院学习，向包玉刚公法讲座教授 Yash Ghai 和 Raymond Wacks 教授、陈弘毅教授等知名学者学习请教。两年时光我受益良多，不仅认识了普通法，研究了香港普通法如何与新宪制性法律——基本法

---

* 本文是作者2015年4月4日在“香港特别行政区基本法颁布二十五周年研讨会”上的主旨报告。

相衔接，而且结识了各界很多很好的朋友，与香港结下了不解之缘。能够跟随北京和香港两地最著名的公法专家学习研究基本法，是我一生的荣幸。后来我以《中央与特别行政区关系》为题完成了我的博士论文，并出版成书。基本法从此成为我学术研究的重要领域，成为我愿意一直为之奋斗的事业。

基本法的重要使命就是规定中央与特区的关系，划分中央和特区各自的职权，为处理两地关系提供法律指引。今天我发言的主题是重温基本法如何规定中央与特区的关系，就如何处理好中央与特区关系发表个人看法，请各位批评指正。

一、基本法下中央与香港特别行政区的关系：特殊性与共通性

中央与特别行政区的关系属于中国宪法上中央与地方关系之一种。我们国家共有 34 个地方，包括 23 个省、5 个民族自治区、4 个直辖市和香港、澳门 2 个特别行政区。在中国宪法上，除了中央与特区的关系，还有中央与各省、自治区、直辖市的关系。根据宪法和基本法，中央与特别行政区的关系是特殊的中央与地方关系，既有其特殊的一面，也有中央与地方关系的共通性。

首先谈谈特殊性，这主要表现在以下四个方面：

第一，就社会性质而言，中央与特别行政区的关系属于社会主义与资本主义的关系。香港长期奉行的资本主义政策、制度被基本法完整地保留下来，香港得以继续实行资本主义，只是在政治上、主权上属于社会主义中国。因此，中央与香港特别行政区的关系也是资本主义与社会主义的关系。特别行政区要尊重祖国的社会主义，同时社会主义祖国也要包容香港的资本主义。这是中央与一般省级地方关系所没有的。

第二，处理中央与香港特别行政区的关系，要始终贯彻“一国两制”原则。“一国两制”首先要求我们维护国家统一与领土主权完整，维护国家主权、安全和发展利益，这是“一国”的基本要求。能不能维护好“一国”，是判断“一国两制”是否成功的重要标准。处理中央与特别行政区关系，还要充分尊重香港的历史和现实，充分保证基本法规定的特别行政区的高度自治权，坚决地、不折不扣地维护特别行政区的资本主义制度，不允许任何部门、任何地方在基本法

规定之外干预特别行政区的事务，坚守“两制”原则。

关于“一国”与“两制”的关系，“一国”是前提和基础，没有“一国”，就没有“两制”。香港回归前与内地实行的就是两种制度，回归后的“两制”与回归前的“两制”有什么不同呢？就是有了“一国”，回归前是“两国两制”，回归后是“一国两制”。如果我们只谈“两制”，只要“两制”，不要“一国”，不理“一国”，那就无法与回归前的“两国两制”加以区分，那就很有可能变成没有“一国”的“两制”或者重归“两国两制”，如果这样，香港还叫做已经“回归祖国”了吗？这是包括大部分香港同胞在内的全体国人不愿意看到的。把握好“一国两制”原则，是处理中央与特区的关系的关键。

经常有香港朋友问我，祖国日益强大，还需要香港这一制吗？还会对香港好吗？从我个人的观察了解，国家从来没有任何计划要对香港的资本主义制度进行改造，即便 2047 年以后，“一国两制”都应该坚持，因为香港这一制维护好，不仅对香港好，而且对国家整体有好处。“一国两制”是长期坚持的基本国策，被载入了基本法，并有宪法的保障，国家是不会改变的。我非常同意前首席法官李国能博士的提议，国家需要尽早以法律的形式明确 2047 年以后“一国两制”是要继续的。

第三，中央与特别行政区的关系一旦确定下来，就必须法律化、制度化，使其具有稳定性、连续性和可操作性。基本法的制定就是把“一国两制”的方针政策和中央与特别行政区的关系制度化、法律化，使得这种关系不因领导人的改变而改变，不因领导人看法和注意力的改变而改变。基本法就是处理中央与特别行政区关系的基本法律。这也是国家第一次以立法形式明确中央与一级地方政权的关系。因此，在处理二者关系时必须严格坚持法治原则，严格依照基本法办事，基本法有明文规定的，必须依照基本法的规定。如果出现基本法没有明文规定或者在实际执行过程中发现基本法规定得不够明确的事项，也要根据“一国两制”和基本法的原则精神去处理，并尽快制定单行法律，在法律制定出来后要严格依法办事。法治原则还要求我们应该依法处理两地之间发生的纷争，善于运用法治思维和法治方式解决两地矛盾。

总之，处理中央与特区的关系、内地与香港的关系，必须严格依据基本法的规定和精神，不能脱离基本法来重新设定中央与特区的关系。依照基本法，是什么就是什么，不是什么就不是什么；有什么就有什么，没有什么就没有什么。今天我发言的题目“基本法下中央与香港特区关系”，这个题目出得好，的确是基本法之下，不是基本法之外，更不是基本法之上的中央与香港特区关系。

第四，基本法规定的中央与特区的关系是各相关方共识的产物。尽管基本法的制定权属于中央（全国人民代表大会），尽管中央与香港特区的关系不是双方谈判的结果，但基本法的最终条款都是共识的产物，包括很多制度安排和一系列重大问题都是中央在广泛征求民意基础上，与香港各界达成的共识，也体现了香港社会各界的共识，同时反映了国际社会对这些重大问题的看法。基本法的很多制度设定，都是这么形成的。比如，全国人大常委会享有基本法的解释权，中央对香港政制的最终决定权，关于香港政制发展的制度设计，等等，这些都是白纸黑字、25 年前就已经形成了的共识，并变成了法律。基本法就是那个年代特别行政区的缔造者与内地和香港民众就一系列重大问题形成的共识，也是那个年代解放思想的产物。

上述这些都是中央与内地一般地方关系所没有的，体现了中央与特区关系的特殊性。中央与特别行政区的关系既然属于单一制下国家整体与组成部分的关系，就应该具有中央与一般省级地方关系的共通性。这种共通性表现在：第一，中央与特别行政区的关系，与中央与各省、直辖市、自治区的关系一样，首先都面临着维护国家主权、安全和发展利益的问题，需要维护中央统一的权威。无论是省、自治区和直辖市，也不论特别行政区都不得行使国家主权，在涉及国家主权等的问题上都要服从中央。在这个问题上，特区就没有什么特别之处。

第二，在单一制下，任何一个地方实行什么政治体制需要由国家规定，地方自己不能决定自己实行的制度体制，如上海自贸区的设立及其实行的制度，都是由中央决定的，在这个问题上，特别行政区与各省、直辖市和自治区一样，实行什么政治制度都是由中央决定的，也没有特别之处。不同的是制度的内容，中央的决定权是共同的。

还有,都要共同拥护国家宪法,使用同样的国旗、国徽、国号,拥有同样的国籍等等,这些都是共通的。

今天,我们既要看到中央与特区关系的特殊性,也要看到其与中央与内地一般关系相同的地方。只看前者,不看后者,是不全面、不真实、不负责任的。

二、中央和特别行政区职权的划分

在英国管治下,香港既没有“一国两制”,也没有“港人治港”和高度自治,权力都在伦敦或者港督手里,香港很多事情都要到伦敦才能最终决定,例如司法终审。回归后在基本法之下,是不是中央只负责外交和国防事务呢? 是不是“一国两制”和基本法就是中央和“西环”什么都不管,什么事情都由“中环”决定即可呢? 这也许是一些人对“一国两制”和基本法的理解,但这不是基本法的本来面貌,不是真实情况。“一国两制”和基本法是非常复杂的制度建构,除了外交国防,中央还拥有很多宪制权力和责任,这些是我们过去比较不注意、讲得不够的地方。尽管香港不用像回归前那样事事跑伦敦,回归后也不用像内地省、区、市一样什么事情都要跑北京,要“跑部(步)前(钱)进”,但还是有很多事情是要跑北京,与“西环”沟通,由北京决定的。下面我就基本法下中央和香港特别行政区的职权划分,加以回顾总结。

(一) 中央享有的职权

基本法关于中央对特别行政区享有的权力概括起来主要有:特别行政区的创制权、特别行政区政权的组织权、非常状态宣布权、外交权和防务权等。其中特别行政区的创制权是其他一切权力的基础。

1. 特别行政区的创制权

特别行政区作为国家的一级地方行政区域,中央必然对它享有创制权力。根据宪法,特别行政区不能自己成立自己,设立特别行政区建置的权力、组建特别行政区、规定特别行政区实行的制度的权力在中央。基本法在序言中也申明“为了维护国家的统一和领土完整,保持香港的繁荣和稳定,并考虑到香港的历史和现实情况,国家决定,在对香港恢复行使主权时,根据中华人民共和国宪法第 31 条的规定,设立香港特别行政区,并按照‘一个国家,两种制度’

的方法，不在香港实行社会主义的制度和政策”。序言接着还声明“根据中华人民共和国宪法，全国人民代表大会特制定中华人民共和国香港特别行政区基本法，规定香港特别行政区实行的制度，以保障国家对香港的基本方针政策的实施”。在中国，只有全国人民代表大会才有权决定特别行政区建置的设立，有权决定特别行政区实行的制度，包括特别行政区实行的政治、经济、社会、文化等制度以及这些制度如何发展，有权组建特别行政区。决定恢复行使对香港的主权以及建立特别行政区的决定都是由全国人民代表大会做出来的。尽管特别行政区设在香港，但特别行政区制度是在北京产生的，是全国性的基本制度。

《基本法》第 2 条规定“全国人民代表大会授权”特别行政区实行高度自治，第 20 条规定特别行政区“可享有全国人民代表大会和全国人民代表大会常务委员会及中央人民政府授予的其他权力”，这些规定就暗含了如果存在“剩余权力”的话，当然归中央享有，尽管它可以继续把这些“剩余权力”授权给特别行政区行使。

2. 对特别行政区的立法管治权

立法管治是创制权的重要内容，中央在决定设立特别行政区并规定了特别行政区实行的政治、经济、社会等制度后，就要把这些决定和制度法律化，制定一部关于特别行政区的宪法性法律，这就是香港特别行政区基本法。中央的立法管治权首先表现在根据宪法制定了基本法。只有全国人大才有权制定特别行政区基本法，基本法不是香港立法会制定的，不是在香港产生的，而是在北京产生的。基本法是成立特别行政区具体的法律依据，是特别行政区的“出生证”，是中央依法治港、特区依法施政的操作手册。立法管治权还表现在全国人大常委会有权根据“一国两制”和基本法的原则，修改《基本法》附件三，增加在香港实行的全国性法律。全国人大常委会还有权依据基本法，就香港政制发展等问题通过法律性质的决定，例如全国人大常委会 2007 年关于普选时间表的决定以及 2014 年关于批准 2017 年行政长官普选的决定。还有全国人大制定的关于香港特区选举全国人大代表办法，也是属于关于“一国”的特殊立法。

法律的制定机关同时也必然有权修改自己制定的法律，全国人大制定了基本法，也必然有权修改基本法。

根据中国的法律解释制度，全国人大常务委员会负责解释法律，因此基本法的解释权属于全国人大常委会。考虑到香港实行普通法的实际情况，基本法同时授权香港法院解释基本法（《基本法》第158条）。应该说，基本法对其解释权的有关规定充分照顾了香港实行普通法法律解释制度的实际情况，同时又与中国的法律解释制度相一致，是“两制”与“一国”相结合的典范。18年来，全国人大常委会四次释法，特别是香港法律界对人大释法的认识不断加深。香港终审法院2011年6月8日就刚果（金）和中国中铁（香港）有限公司等上诉人诉美国FGH公司一案中所涉的《香港特别行政区基本法》第13条、第19条有关款项向全国人大常委会提出释法请求，是一个里程碑，表明了人大释法制度与香港司法独立的成功对接，也是“一国”与“两制”的成功对接。

立法管治权还包括全国人大常委会对特别行政区立法机关制定的法律行使备案和发回重议权，中央对香港本地立法享有违反基本法的审查权。

3. 特别行政区政权的组织权

中央既然有特别行政区的创制权和特别行政区基本法的制定权，也就自然拥有特别行政区政权的组织权。这是中央享有权力里边十分重要的一项，是单一制原则和国家主权的体现。这首先表现在，特别行政区筹备委员会是由中央成立的，筹建特别行政区政权的全部活动也是由中央主持主导的，而不是由香港自行成立特区政府的。中央享有特别行政区政权的组织权还表现在，中央享有特别行政区行政长官和其他主要官员的任命权上。《基本法》第15条规定：“中央人民政府依照本法第四章的规定任命香港特别行政区行政长官和行政机关的主要官员。”这种任命是实质的，即便2017年行政长官在本地普选产生，行政长官和行政机关的主要官员也要由中央任命。

基本法对行政长官产生方法的上述规定，使得行政长官既要对特别行政区负责，又要对中央人民政府负责，受特别行政区和中央人民政府的双重监督，用宪法学的术语就叫做“双重负责，双重领导”体制，这充分体现了“一国两制”的原则精神，既维护了国家主权，又体现了“港人治港”、高度自治的原则。

4. 宣布非常状态权

《基本法》第 18 条第 4 款规定，全国人民代表大会决定宣布战争状态或因香港特别行政区发生香港特别行政区政府不能控制的危及国家统一和安全的动乱而决定香港特别行政区进入紧急状态，中央人民政府可发布命令将有关全国性法律在香港特别行政区实施。这表明中央在两种情况下可决定特别行政区进入非常状态：一是当全国进入战争状态时作为中华人民共和国一部分的特别行政区自然也要进入战争状态；二是当特别行政区发生了危及国家统一和安全的动乱而特别行政区政府已不能控制局势时，中央有权宣布特别行政区进入紧急状态。在这种情况下，中央人民政府可以发布命令增加在特别行政区内实施的全国性法律。至于由于严重自然灾害、经济危机或其他社会问题而引发骚乱或动乱，《基本法》第 14 条只规定“香港特别行政区政府在必要时，可向中央人民政府请求驻军协助维持社会治安和救助灾害”。《驻军法》第 6 条和第 14 条作了相应规定。

5. 外交事务权

外交事务直接涉及国家主权，需要以主权国家的名义进行，任何一国的地方政府都是没有外交权的，需由中央政府统一管理。基本法规定由中央人民政府负责管理与特别行政区有关的外交事务。特别行政区成立后，根据基本法规定，中华人民共和国外交部在特别行政区设立特派员公署处理有关特区的外交事务。同时，根据基本法的规定，中央人民政府授权特别行政区依照基本法自行处理有关的对外事务，即尽管外交权由中央政府行使，但是特别行政区也享有一定的对外事务处置权。

6. 防务权

中央负责特别行政区的防务，这既是中央的权力，也是中央的责任，即中央要负责特别行政区的安全，如遇外敌入侵，中央要负责抵御侵略，捍卫特别行政区的和平安全。为此中央向特区派驻军队，这既是香港防务和国家整体国防的需要，也是国家主权的重要体现。1996 年 12 月 30 日八届全国人民代表大会常务委员会通过《中华人民共和国香港特别行政区驻军法》，规定了香港驻军的职责、香港驻军与香港特别行政区政府的关系、香港驻军人员的义务与纪律以及香港驻军人员的司法管辖问题。驻港部队除了必须遵守全国性法律外,还必须遵守香港特别行政区的法律。

根据基本法的规定,中央除了享有上述六项权力之外,还享有宪法规定的其他与国家主权有关的权力,例如国家元首权,特别行政区要以中华人民共和国主席为国家元首,接受国家主席依法发布的有关命令。中央还要对香港整个繁荣稳定负责,如果香港搞得不好,人家不会说港人没有治理好香港,一定会说中国没有治理好香港,国家对香港特区的责任是逃不掉的。

(二) 香港特区的高度自治权

根据基本法,香港特别行政区获得了任何一个国家的任何地方政权有史以来所能获得的、最大程度的、独一无二的高度自治权。《基本法》第 2 条规定:“中华人民共和国全国人民代表大会授权特别行政区依照本法的规定实行高度自治,享有行政管理权、立法权、独立的司法权和终审权。”《基本法》第 13 条第 3 款还规定:“中央人民政府授权特别行政区依照本法自行处理有关的对外事务。”这些就是特别行政区实行高度自治的基本内容。根据基本法,以下事务特区可以自行决定,不用特别跑北京或者西环。

1. 行政管理权

《基本法》第 16 条规定,“香港特别行政区享有行政管理权,依照本法的有关规定自行处理香港特别行政区的行政事务”。《基本法》第五、六两章详细具体地规定了特别行政区享有的各项行政管理权。这包括:经济方面有财政、金融、贸易和工商业、土地、航运、民用航空,另外还有教育、科学、文化、体育、宗教、劳工和社会服务等。这些都是具体的行政行为。在抽象行政行为方面,特别行政区政府也享有广泛的权力。在这些事务上,特区行政长官和政府有独立的决策权、执行权和监督权,还要独立地承担责任。

根据基本法,中央不干预香港特区的行政管理事务,但特区行政长官需要就香港特区的全面工作对中央问责,向中央述职,接受中央的监督。

2. 立法权

特别行政区享有的立法权在性质上属于中国地方立法的一种。但特别行政区立法权的范围远远超过一般地方立法,只要是特别行政区自治范围内的各种事项，不涉及国防、外交或与中央关系的，特别行政区立法机关都有权立法。

当然特别行政区享有的立法权也是中央授予的，因而授权机关有权监督立法权的行使。《基本法》第17条规定，特别行政区立法机关制定的法律，必须报全国人大常务委员会备案。备案不影响该法律的生效。全国人民代表大会常务委员会在征询其所属的基本法委员会的意见后，如果认为特别行政区立法机关制定的任何法律不符合基本法关于中央管理的事务及中央和特别行政区的关系的条款，可将有关法律发回，但不作修改。经全国人大常委会发回的法律立即失效。该法律的失效，除特别行政区的法律另有规定外，无溯及力。由此可见，全国人大常委会对特别行政区的立法享有一定的监督权。

"行政管理权""立法权"前面没有加"独立的"三个字，就是因为行政管理权和立法权都要接受中央的监督。

3. 独立的司法权和终审权

根据"一国两制"的方针，司法权属于特别行政区高度自治权的重要内容。《基本法》第19条规定："香港特别行政区享有独立的司法权和终审权。"这里"独立"的含义不仅是指独立于特别行政区内的其他机关、团体和个人，而且独立于中央和内地，即特别行政区成立后，中央不干预特别行政区的司法，特别行政区法院除继续保持本地原有法律制度和原来对法院审判权所作的限制外，对特别行政区所有的案件均有管辖权。

独立司法权的一个重要内容和重要特征是特别行政区享有终审权。其实世界各国宪法都把司法终审权赋予本国最高法院，这是一国司法统一的重要表现。即使在英国统治下，香港法院也从来没有享受过终审权，以前如果民、刑事案件的双方当事人对香港最高法院的判决不服，可以经过一定的程序向英国枢密院司法委员会提起上诉，而该司法委员会的判决才是终局裁决。中国恢复行使主权、成立特别行政区后，没有把司法终审权收归中央行使，而是授予特别行政区行使。可见，特别行政区的司法权是十分完整而独立的，中央无意干预特别行政区的司法事务。

由于香港特别行政区对国防、外交等国家行为并无管辖权，根据各国的一般作法，地方法院也不应对国家行为行使管辖权，所以特别行政区法院对涉及国防、外交等国家行为的法律事务也就不应有管辖权，而由中央保留。

4. 特别行政区自行处理有关对外事务的权力

香港是国际大都会，也是亚太最发达的现代化工商业港口城市之一，是世界重要的金融、贸易、航运和通讯中心。要维持香港的繁荣稳定和国际地位，就必须授权特别行政区自行处理对外事务的权力。为此，基本法规定了与特别行政区有关的外交事务由中央人民政府负责。但是，特别行政区有权依照基本法的规定或经中央人民政府授权自行处理有关经济文化等的对外交往事务。

5. 特别行政区参与管理全国性事务的权利

特别行政区不仅享有高度自治权，港人不仅治港，还有权参与全国事务的管理。中国恢复行使主权后，香港居民中的中国公民也都成为中华人民共和国公民。既然作为中国公民，当然有权参加全国性事务的管理，参加讨论和决定国家的大政方针政策，尤其参与讨论决定与特别行政区有关的事务。人民代表大会制度是中国的根本政治制度，因此特别行政区居民应循着人民代表大会的途径参与国家管理。但是，由于特别行政区本地并不实行人民代表大会制度，因而其参与的办法也不同于内地，而是由全国人大单独制定法律加以规范。

认识到自己作为中国一个地方的权利和责任，自觉参与中华民族和国家发展的伟大事业，也有利于香港自身的发展。比如国家“十三五”规划如何给香港提供更多的机会；香港如何参加“一带一路”和亚洲基础设施投资银行；中央如何像关心内地其他省区市一样，关心香港的金融经济，维护好香港国际金融中心的地位；不要把港人当外人，国家应该像关心上海一样关心香港，等等。作为世界第二大经济体和人口最多的国家，很多国家都希望搭乘中国发展的快车，香港更是具有得天独厚的优势，给外国人的，当然要首先给中国人。前提是我们必须承认自己是中国人。以前把港资当外资，回归后必须把港资当内资，把港人当国人，让港资、港人能够切身体验到国家主人翁的好处，切实行使国家主人的权利，也依据基本法履行国家主人的义务。“一国两制”要求我们首先是中国的一个地方，享有一个普通地方应该享有的权利，然后才是一个特殊的地方、特别的地方，享有更多的特殊权利。

6. 接受中央授予“其他权力”的权力

《基本法》在详细列举了特别行政区所享有的各项高度自治权后，紧接着在第 20 条规定：特别行政区可享有全国人民代表大会和全国人民代表大会常务委员会及中央人民政府授予的其他权力。这就是说特别行政区所享有的权力并不以基本法所明文列举的为限，将来它还有权接受中央授予的其他各种权力。过去 18 年这种情况已经发生过，香港的高度自治权实际上得到了扩大。

7. 特别行政区对维护国家主权、安全和发展利益的责任

在宪法学上，“权利”和“义务”是对应的一组概念，享有权利的主体必须承担相应的义务。而“权力”与“责任”也是对应的概念，拥有权力的主体必然同时承担相应的责任。中央与特别行政区都要对维护国家的主权、安全和发展利益、维护特别行政区的繁荣稳定负双重责任。中央作为国家主权的行使者，有权行使维护主权、安全和发展利益所必需的一切权力，它既要对国家的主权和安全负责，同时又要对保持特别行政区的繁荣稳定负起责任。而特别行政区既然享有实行高度自治所需要的一切权力，那就要切实承担起相应的责任，既要对维持特别行政区的繁荣稳定负责，又要在本特别行政区内对维护国家的主权、安全和发展利益负责。

特别行政区作为中国特殊的地方行政区域，在维护国家主权、安全和发展利益方面与其他地方行政区域和地方政府是一样的，这没有特殊性。《香港基本法》第 23 条规定：“香港特别行政区应自行立法禁止任何叛国、分裂国家、煽动叛乱、颠覆中央人民政府及窃取国家机密的行为，禁止外国的政治性组织或团体在香港特别行政区进行政治活动，禁止香港特别行政区的政治性组织或团体与外国的政治性组织或团体建立联系。”《基本法》第 42 条规定香港居民有遵守香港特别行政区实行的法律的义务。可见，基本法十分清楚地把在特别行政区内维护国家的主权、安全和发展利益的责任同时赋予了特别行政区和中央，决不仅仅是中央的责任。基本法的这个规定，是对特别行政区的授权，也是特别行政区的特权，因为任何一个国家维护国家安全的法律必须是全国

统一的，只能由中央立法，都不可能允许一个地方制定自己维护国家安全的法律。中央没有把有关的全国立法在特别行政区直接实施，允许香港自行立法，表现了国家对香港高度自治的尊重，是国家对香港极大的信任。

综上所述，我们可以看出，基本法下中央与香港特别行政区之间的职权划分，既不是中央什么都不管，特区完全自治，也不是中央什么都管，香港内地化。而是在"一国两制"方针政策指导下，根据一国中央政府与地方政府的不同职能，根据事项的性质划分二者之间的职权，应归中央行使的权力就归中央，能归特别行政区行使的权力就坚决归特别行政区行使，特区获得了最大但非完全的高度自治权。尽管中央与特别行政区之间有明确的职权划分，并由基本法加以固定，双方应各司其职、各负其责，但是这决不是说二者完全是孤立的、机械的，甚至对立的，相反二者应该是互相合作、互相配合、相向而行。在香港特别行政区维护国家的主权、安全和发展利益并维护香港的繁荣稳定，是中央与特区的共同责任和使命。

三、我们为什么必须遵守前人制定的基本法

也许有人说基本法还不够好，高度自治还不够高，需要对基本法进行大修改。我们必须认识到，这部基本法已经是任何一个国家所能制定的最好的基本法了，不可能有更好的基本法，也不可能有更高度的自治，目前基本法规定的高度自治已经是任何一个国家所能包容的最大限度的自治。在保证国家统一和主权、满足"一国"最基本的要求前提下，香港获得了最大的自治权，尽管不是完全自治，也不能是完全自治，但香港自己维持繁荣稳定所需要的各种权力都已经具备了。"一国两制"还打破了很多传统法政理论和国家哲学的成例，例如一个国家只能有一个终审法院，但是香港和澳门却可以设立自己的终审法院，国家统一并不包括司法和法律的统一。再例如，一个国家的地方政府不能发行货币，但香港却可以被授权发行货币，等等。在基本法里边，我们还可以找到很多很多这样的特殊授权。2007 年庆祝香港回归十周年时，本人曾经发表了一篇文章，对"一国两制"如何改变了中国人的国家观和统一观，如何把统一的标准和条件降到了最低，使得统一的成本和代价变得最低，做了系统

研究。①

回归18年的经验证明，基本法对中央与特区关系的这些规定是可行的，两地关系总体上和谐融洽，两地的磨合是成功的，“一国”之下两种制度的对接也是成功的。大部分香港同胞对“一国两制”和基本法的信心和信任在不断增加。国家坚持“一国两制”和基本法不动摇，无论发生什么样的事情，都紧紧抓住基本法不放松，坚决依照宪法和基本法治港，坚决支持行政长官和特区政府严格依法施政。国家未来也会坚守基本法不动摇。

在法政哲学上有一个问题，后人为什么要遵守前人很早以前制定的法律？例如英国人今天还在坚守几百年前的宪制法律，可以说世世代代坚守这些法律，几百年不动摇；美国宪法自1789年生效以来，美国人坚持实施同一部宪法已经226年，他们今天还在坚守。200多年坚持一部宪法不动摇，可以批评批判，但从来没有嫌弃，从来不曾偏离自己的宪法轨道。正因为宪法的稳定，才使得政治高度稳定。英国自1689年君主立宪以来300多年不曾发生过内战，美国自其宪法实施以来200多年，只发生过一次内战。政治稳定是英美先后成为世界级强国的秘诀和法宝。

这就是实行法治的好处，法治就是要约束人的政治任性，让政治不再随意，而是遵循事前确立好的制度规则，变得文明有序。法治是文明的积累和载体，是治国理政经验教训的总结。后人坚守法治，能够避免前人走过的弯路，不让悲剧反复发生。这就是为什么后人必须遵循前人制定的法律的原因。这既是政治伦理问题，也是坚守法治的大原则问题。

改革开放以来，我们坚守1982年宪法不动摇，至今33年没有改变宪法确立的大规矩，这是改革开放能够成功、国家实力和国际地位大大提升的根本法律保障。中共十八届四中全会决心全面推进以宪法为核心的依法治国，表达了对宪法的坚定承诺，这是国家长治久安之道。

其实，英国治理香港坚守同样的宪制和法治，150多年从头到尾几乎没有什么大的改变，香港才有过去的繁荣稳定。基本法也是香港过去成功治理经

---

① 王振民：《“一国两制”下国家统一观念的新变化》，载《环球法律评论》2007年第五期。

验的总结,吸收了很多以前的管理经验,并使之法律化制度化,希望后人能够传承这些经验,不走弯路。因此,今天我们要保证香港的长期繁荣稳定,就必须保持基本法的稳定。中国要坚守法治,坚守宪法和基本法不动摇,确保子孙万代坚守同样的宪法法律,香港在祖国大家庭永享繁荣稳定。

四、基本法的起草、制定和实施充分体现了国家对香港的关爱

人们常说法律是无情的,回首基本法起草、制定的全过程和诞生以来的历程,从基本法起草近 5 年的时间,到过渡期 7 年,再到基本法实施的近 18 年,在处理中央与特区关系、内地与香港关系上,我发现基本法是一部带有深厚感情色彩、有血有肉的法律,是带着浓浓的爱意和深深的感情而起草、而制定、而实施的。起草、制定、实施基本法的根本出发点,就是为了香港好,规定高度自治是为了香港,规定中央的职权也是为了香港,一切的一切都是基于这一出发点。基本法 17000 多字,前言后语、正文主体,每一个条款、每一个规定、每一个字词,无不充满爱意和爱心,体现了祖国人民对香港深深的爱和真挚的感情,体现了国家对香港深切的关怀爱护和无微不至的照顾。基本法起草委员会、咨询委员会、全国人民代表大会是带着对香港这份深厚的感情,带着祖国对香港无私的爱、带着对香港美好未来的无限憧憬起草、制定基本法的。基本法是用"心"写的法律。

基本法诞生 25 年来,无论你是否同意基本法的所有安排,是否同意国家的一些做法,但是国家对香港无私、无畏、无限的关心爱护都是一以贯之、毋庸置疑的。国家对香港的关爱和关心,是真诚的、全天候的,与国家自己的贫富、强弱没有关系。在国家穷的时候、困难的时候,国家关心香港,爱护香港;在国家富的时候、强大的时候,更没有理由不关心香港。大家还记得 1992 年 1 月 19 日中午,邓小平先生来到深圳皇岗口岸,深情地眺望对岸的香港,尽管只能看到新界的土地,并不能看到九龙和港岛的繁华盛景,老人家凭着自己的想象,想象着香港是什么样子。他多次表示"我要活到 1997 年,到香港我们自己的土地上走一走、看一看"。香港倾注了老人家多少心血和关爱!

在香港遇到巨大经济困难的时候,2002 年 11 月 19 日朱镕基总理亲临香

港打气，高度肯定香港是“世界金融中心、贸易中心、服务中心”，香港的优势并没有丧失，它的竞争力、它的实力依然存在。他说“香港的前途是光明的，我们总是以有香港而自豪”，并以“我爱香港”为演讲的结尾。这次演讲的镜头被媒体无数次回放，迄今被人们铭记，感动了多少港人！2008 年 7 月 7 日，时任国家副主席习近平探访香港普通市民家庭，聊家常，话民生，真切关心香港同胞的衣食住行、柴米油盐，表达中央坚定与香港广大市民站在一起的鲜明立场。最近，习近平主席在多个场合表达对行政长官和特区政府严格依法施政的高度认可和坚定支持。25 年过去了，每一个历史事件，每一个历史瞬间，处理两地关系的每一件事情，我们都真切地看到了祖国对香港、对香港七百万同胞这种母亲般的关爱。香港是祖国永远的牵挂，是祖国永远的爱。

同样，祖国也深切感受到香港同胞对祖国发自内心深处的爱。香港作为中国最先现代化的地方，秉承先贤“己立立人，己达达人”的教导，不仅拥护国家统一，支持香港回归，而且真心帮助祖国现代化。30 多年来你们对内地的投资建设，你们成功的法治和管理经验，为祖国改革开放、为国家经济教育文化和现代化建设事业做出了无可代替的巨大贡献，香港在整个国家现代化进程中扮演十分重要的角色，这是内地任何一个地方所不能代替的。还有，每当内地遇到重大自然灾害，你们总是慷慨解囊，甚至临时开会拨款支持中央救灾。这一切，让祖国，让全国人民十分感动，血浓于水的亲情充分彰显，祖国是不会忘记的，全国人民是不会忘记的！

无论如何，内地与香港天然地是一个命运共同体，风雨同舟，同甘共苦，一荣俱荣，一损俱损。宪法和基本法把我们从法律上维系在一起，祖国美丽的山河把我们从地理上联系在一起，几千年的中华文化把我们从情感上联系在一起，实现民族复兴伟大的中国梦把我们团结在一起，这一切都是无法割舍、无法分开的。相比五千年共同生活的历史，155 年的分离并不是很长，香港与内地生活在一起的时间要远远长于我们分离的时间。从 1997 年开始，我们重新生活在一起，世世代代永永远远都要生活在一起，这是任何力量都无法改变的历史、现实和未来。

既然我们要永远相互面对，共同生活在一个屋檐之下，那我们就必须认真处理好中央与特区、内地和香港的关系。心理学告诉我们，我们应该以积极的心态，多看对方的长处和优点，把对方的长处和优点放大，这样对方才能越做越好，而且对自己越来越好。如果我们总是盯住对方的缺点和短处，乃至无限放大，对方的缺点和短处就会越来越多，双方关系就会越来越不好。就像所有国家，祖国是有缺点和不足的，但是不管有多少缺点和不足，那永远是自己的祖国。祖国是我们不能选择的，我们只能无条件接受她所有的优点和缺点，在接受前提下，去建设自己的祖国和家园，让祖国和家园变得更加美好。当然，香港也是有缺点和不足的，但无论香港有多大的缺点和不足，香港永远都是我们的香港，祖国会以巨大的宽容、包容接受香港的一切，爱就是要无条件接受对方的一切，好的、不好的都要接受！这里关键的关键就是包容宽容，理解同情，互谅互让，以真挚坦诚的君子之心来处理相互关系。

在任何时候、任何情况下，祖国就是母亲，永远不会抛弃香港，祖国是香港取之不尽、用之不竭的资产，伟大祖国永远是香港繁荣稳定的坚强后盾。香港应该充分利用“一国”带来的机会、机遇和好处，发展自己，贡献祖国。让我们振奋精神，解放思想，继续发扬狮子山下的香港精神，在长城黄山下，在狮子山下，同舟且共济，誓相随，无畏更无惧，携手踏平崎岖，用艰辛努力，共同写下那不朽香江名句，建设祖国和香港更加美好的明天。

论高度自治的法律界限*

宪法的主要使命有三个，第一是规定公民最基本的权利和义务；第二是规定国家机构的产生办法、职权及其相互之间的关系；第三是规定国家整体与其组成部分之间的关系，在单一制下是中央与地方的关系，在联邦制下就是联邦与组成邦之间的关系，宪法要对全国政府和区域政府各自享有的权力作出清楚的划分。中国决定恢复行使对香港和澳门主权后，根据“一国两制”的方针政策制定了两部特别行政区基本法。基本法作为特别行政区的宪制性法律，是特区的“小宪法”。它的主要任务也有三个方面，即规定特区居民的基本权利，规定特区的政治体制包括特区行政、立法和司法机关的产生办法、各自的职权及其相互的关系，还有非常重要的，就是规定中央与特别行政区的关系，对中央和特区各自享有的权力和要履行的责任作出划分。

在中央与特别行政区职权划分方面，基本法一方面授权特区高度自治，另一方面也为高度自治设定了法律上的界限，基本法既是授权法，也是限权法。在中英、中葡分别就香港澳门问题谈判和制定基本法的时候，“高度自治”可以说是一个政治概念，有很大的讨论空间。但是，基本法一旦制定出来，“高度自治”就已经法律化，成为一个严格的法律术语，一件事情是否属于“高度自治”就不能想当然，而必须查看基本法是如何规定的。特区的高度自治既由基本

* 写于2004年11月22日。

法来保障,也由基本法来限制。高度自治不是绝对自治,无限自治,而必须有基本法上的依据。

一、高度自治的法定范围

香港、澳门特别行政区两部基本法都在第2条规定:"中华人民共和国全国人民代表大会授权特别行政区依照本法的规定实行高度自治,享有行政管理权、立法权、独立的司法权和终审权。"《基本法》第13条第3款还规定:"中央人民政府授权特别行政区依照本法自行处理有关的对外事务。"这些就是特别行政区实行高度自治的内容。①

在行政管理权方面,《基本法》第五、六两章详细规定了特别行政区享有的行政管理权。这包括:经济方面有财政、金融、贸易和工商业、土地、航运、民用航空,另外还有教育、科学、文化、体育、宗教、劳工和社会服务等。这些都是具体的行政行为。在抽象行政行为方面,特别行政区政府也享有广泛的权力,例如特区行政长官有权决定特区政府的政策和发布行政命令。根据宪法的规定,国务院统一领导全国的行政工作,领导各部委和各地方人民政府,内地地方政府的行政管理权多是执行性的。尽管特区也直辖于国务院,特首要对国务院负责,但是国务院并不直接领导特区的行政工作,特区政府自行处理上述这些行政事务。

在立法权方面,特别行政区享有的立法权虽然在性质上也属于中国地方立法的一种,但是和中国内地一般地方立法不同。根据"一国两制"的原则,香港特别行政区的立法权是创新性的,而不仅仅是执行性的。中国内地一般地方立法包括民族自治地方的立法,大多是执行国家法律性质的。另外,一般地方立法以国家的宪法、内地的法律、行政法规为依据,而特别行政区的立法则以特别行政区基本法为依据,不得违反基本法。特别行政区立法权的范围也远远超过一般地方立法,只要是特别行政区自治范围内的各种事项,不涉及国防、外交或与中央关系的,特别行政区立法机关都有权实施立法管制。

① 王叔文主编:《香港特别行政区基本法导论》,中共中央党校出版社1990年版,第110页。

在司法方面，根据“一国两制”的方针，司法权属于特别行政区自治权的重要内容。基本法规定，特别行政区享有独立的司法权和终审权。这里“独立”的含义不仅是指特区司法机关独立于特区内的其他机关、团体和个人，而且也独立于内地，即特别行政区成立后，中央不干预特别行政区的司法，特别行政区法院除继续保持本地原有法律制度和原来对法院审判权所作的限制外，对特别行政区所有的案件均有管辖权。

另外，特别行政区还享有一定的对外事务处理权，例如自主开展对外经济文化交流，单独签发护照和旅行证件的权力。

从立法内容来看，基本法所赋予的高度自治权在不少方面超出了任何一个国家的地方政府所能够享有的自治权力，包括联邦制下各邦的权力，中央已将实行高度自治所必需的所有重要权力都通过基本法明确授予了特别行政区，“很难想象还有哪一项权力为实行高度自治所必需(而)尚未授予香港特别行政区”①。这还不够，基本法在详细列举了特别行政区所享有的各项高度自治权后，紧接着还规定：特别行政区可享有全国人民代表大会和全国人民代表大会常务委员会及中央人民政府授予的其他权力。这就是说特别行政区的自治权今后还有可能扩大，中央可以根据需要将更多的权力授予特别行政区行使。这充分表现了中央对特别行政区实施高度自治的诚意。

可见基本法是授权法，是授予特区高度自治权的法律。联邦制下的宪法和宪制性法律一般是分权法，即必须清楚界定国家机关之间职权的划分，尤其必须在国家整体与组成部分之间进行权力的划分。基本法在划分中央职权和特别行政区职权、在划分特区不同机构之间职权方面，与一般的宪法和宪法性法律是一样的。但是其最大不同是，基本法是授权法，即中央单方面授予特区各种权力的法律。联邦制下同样的法律往往是联邦和州双方讨价还价而达成的分权协议。

正是因为基本法是授权法，因此同时又是限权法，即特别行政区所享有的高度自治权以基本法明确授予的为限，基本法没有明确授予特别行政区享有

---

① 参见王叔文主编：《香港特别行政区基本法导论》，中共中央党校出版社 1990 年版，第 117 页。

的权力，特别行政区就没有这些权力。特区实行的是高度自治，是有法律界限的，不是无限自治，绝对自治。高度自治必须有明确的法律依据。这里的法律依据就是基本法的依据，我们必须要在基本法中能够找到明文的规定，才能说什么事情属于高度自治。特别行政区是一个具有有限权力和有限责任的“有限公司”（Special Administrative Region Limited），而非无限权力（权利）“公司”。

基本法对特区高度自治设定范围和界限，是合情合理的，也是必须的。从中外对比来看，没有一个单一制国家允许没有限度的地方自治，任何地方自治都是有一定限度的。而且自治的程度越高，法律的界限就显得越重要。《中英联合声明》和《中葡联合声明》对此都是认可的。基本法对特区高度自治设定范围和界限，不仅是对特区高度自治的限制，而且也是对特区高度自治的法律保障，只要是明文列举出来由特区实行高度自治的事项，中央就决不会干预，一定要保证特区依法享有基本法明文列举的高度自治权。从回归后的实践来看，中央政府言行一致，严格依法治港，依法治澳，保障特区依法高度自治。

二、哪些权力超出了高度自治的法律界限

上文探讨了高度自治的法律界限和范围，哪些权力不属于特区高度自治的范围呢？这也要看基本法的明确规定。

基本法不仅明确规定了特区高度自治权的内容和界限，而且也规定了不属于特区高度自治、应该由中央行使的权力，中央能够在特区干什么事情也必须有明确的法律依据，也就是基本法的依据。根据“一国两制”的方针，中央依法行使的职权主要有两个方面，一是根据事项本身的性质特点，在任何一个国家都必须由全国政府（中央政府）行使的职权，这包括基本法的制定、解释、修改权，国防权，外交权，紧急状态权，特区的创制权及其政府的组织权、主要行政官员的任命权。

二是根据一国全国政府（中央政府）和区域政府本身的职能来划分职权，属于全国政府职能范围内的事项，例如维护国家主权、捍卫领土完整，由全国政府负责较好，比较科学合理，这些事项当然就由中央政府负责。有些事项例

如社会治安的维持等由特区政府负责较为科学合理，就归特别行政区政府管辖。基本法起草委员会在“划分”中央与特别行政区职权时，决非有意偏袒中央政府或者特别行政区政府，人为把某些应该由一方行使的权力却“划归”另一方行使，而是根据维护国家统一和保持特别行政区繁荣的需要，科学合理地界定权限，应该归中央行使的权力就归中央，应该归特区行使的权力就归特区。

具体而言，中央对特别行政区享有的权力可以分为以下几种情况，一是有些权力完全由中央直接行使，如防务；二是有些权力归中央行使，但中央在行使这些权力时，充分吸收特别行政区的参与，如中央对特别行政区行政长官的任命；三是有些权力归中央，但中央也授权特别行政区行使，中央监督特区行使这些权力，如中央在外交事务上有全权，但同时授权特别行政区以法定的名义、方式自主处理对外经贸关系，中央对此实施监督；四是有些权力归特别行政区行使，中央只行使监督权，例如立法权归特别行政区行使，中央只以备案的形式起监督作用。

上述这些权力就是基本法明确由中央行使或者中央保留的权力，不属于特区高度自治的范围，超出了高度自治的界限。既然是法律赋予中央行使的职权，中央依法行使了这些职权，那就不能说中央侵犯了特区的高度自治权，因为本来这些权力就不属于高度自治的法定范围，而是法律明确授权中央行使的权力。

对于中央依法应该行使的权力，中央可以直接行使，无需通过特区政府，特区只需要配合即可。例如国防、外交，中央就直接向特区派驻军队、设立外交部特派员公署，直接履行中央的法定职责。

从基本法对中央职权的规定来看，中央的权力严格限制在维护国家主权和统一所必须的范围内，充分体现了“一国两制”、高度自治和“港人治港”“澳人治澳”的原则精神，即在维护国家统一和主权所必不可少的范围之外的权力，不是非中央行使就不可的，都由特别行政区行使。根据这个原则，有些十分重要的权力也授予特别行政区行使了，例如司法终审权、发行货币权、征税权、独立的出入境管治权等等。不仅如此，中央尽管保留了“剩余权力”，但是特别行政区将来还可以取得中央授予的其他职权(《基本法》第 20 条)。由此可见，基本法对中央与特别行政区权力的规定在宪法学上是一个创新，是史无前例的。从中可以看出中央政府对保持港澳地区的繁荣与稳定下了巨大的决心。

三、政制问题不属于特区高度自治的法定范围

2003 年下半年以来，香港特区各界就香港未来政治发展问题展开了广泛的讨论，特区行政长官并任命了一个专责小组负责咨询各方面的意见。鉴于香港社会对香港基本法附件的有关规定出现了严重的不同理解，有些看法偏离“一国两制”的原则精神和基本法的立法原意，全国人大常委会 4 月 6 日通过了《关于〈中华人民共和国香港特别行政区基本法〉附件一第七条和附件二第三条的解释》，对《基本法》附件一第七条和附件二第三条的规定进行了解释。根据全国人大常委会的解释，香港特首 4 月 15 日向全国人大常委会提交了《关于香港特别行政区 2007 年行政长官和 2008 年立法会产生办法是否需要修改的报告》。全国人大常委会于 4 月 26 日通过了《关于香港特别行政区 2007 年行政长官和 2008 年立法会产生办法有关问题的决定》。有些人士认为，全国人大常委会的上述做法，侵犯了特区的高度自治，违反了“一国两制”，有些甚至认为高度自治已经完结，“一国两制”已经变成“一国一制”。这样的说法，从根本上曲解了《基本法》规定高度自治的内容，没有领会“一国两制”的精神实质。

特区实行什么样的政治体制、什么时候进行政制改革、如何改革，这些事项并不在《基本法》所明确列举的高度自治的范围以内，属于中央依法应该行使的权力。前文已经清楚地列明特区依法高度自治的范围，其中并没有决定特区政制这一项。相反，香港《基本法》及其附件明确规定：根据中华人民共和国宪法，全国人民代表大会特制定中华人民共和国香港特别行政区基本法，规定香港特别行政区实行的制度(序言)；香港特别行政区是中华人民共和国不可分离的部分(序言和第 1 条)；全国人民代表大会授权香港特别行政区依照本法的规定实行高度自治，享有行政管理权、立法权、独立的司法权和终审权(第 2 条)；中央人民政府任命香港特别行政区行政长官和行政机关的主要官员(第

15 条、第 45 条)；香港特别行政区行政长官依照本法的规定对中央人民政府和香港特别行政区负责(第 43 条)；基本法的解释权属于全国人民代表大会常务委员会(第 158 条)；基本法的修改权属于全国人民代表大会(第 159 条)。基本法附件一第七条和附件二第三条规定，2007 年以后各任行政长官的产生办法和立法会的产生办法和表决程序，如需修改，须经立法会全体议员三分之二多数通过，行政长官同意，并报全国人民代表大会常务委员会批准或者备案。这些就是中央行使对特区政治体制决定权的基本法依据。

一个客观事实是，规定特区实行什么样政治体制的特区"小宪法"——基本法本身就是全国人大制定的，特区本身也是根据全国人大的决定成立的。[①]全国人大如果没有权力决定特区实行什么样的政治体制，如何制定基本法？如何成立特别行政区并授予高度自治权？

全国人大行使特区政治制度的决定权不仅有充分的基本法依据，而且有充分的宪法依据。《宪法》第 31 条和第 62 条第 13 项都规定，在特别行政区内实行的制度由全国人民代表大会以法律规定。"在特别行政区内实行的制度"当然包括政治制度，而且主要是指政治制度。中央并没有在宪法和基本法之外行使什么权力，只是严格依据宪法和基本法履行自己的宪制职责，并没有侵犯特区依据基本法享有的各项高度自治权，这些高度自治权并没有因为全国人大常委会解释基本法、全国人大常委会对特区政制问题行使决定权而发生丝毫改变。

也许有人会说，宪法规定的是全国人大决定特区实行的制度，全国人大常委会并没有这项宪法权力。宪法修改委员会副主任委员彭真在 1982 年 11 月 26 日在第五届全国人民代表大会第五次会议上所做的《关于中华人民共和国宪法修改草案的报告》中明确指出："我们国家政治体制的改革和国家机构的设置，都应当是从政治上和组织上保证全体人民掌握国家权力，真正成为国家的主人。根据这个原则，从中央来说，主要是加强全国人民代表大会。我国国大人多，全国人大代表的人数不宜太少；但是人数多了，又不便于进行经常的工作。全国人大常委会是人大的常设机关，它的组成人员也可以说是人大的

---

① 1990 年 4 月 4 日第七届全国人民代表大会第三次会议通过《关于设立香港特别行政区的决定》。

常务代表，人数少，可以经常开会，进行繁重的立法工作和其他经常工作。所以适当扩大全国人大常委会的职权是加强人民代表大会制度的有效办法。”为了加强人民代表大会制度，“将原来属于全国人大的一部分职权交由它的常委会行使，扩大全国人大常委会的职权和加强它的组织”。

可见，全国人大常委会是全国人大的核心部分，是经常行使国家最高权力的机关，在全国人民代表大会闭会期间，主要由全国人大常委会行使国家最高权力。①《宪法》第57条规定：全国人民代表大会是最高国家权力机关，它的常设机关是全国人民代表大会常务委员会。第58条规定：全国人民代表大会和全国人民代表大会常务委员会行使国家立法权。第67条规定，全国人大常委会解释宪法和法律，监督宪法的实施；在全国人民代表大会闭会期间，对全国人民代表大会制定的法律进行部分补充和修改，但是不得同该法律的基本原则相抵触；全国人大常委会还可以行使全国人民代表大会授予的其他职权。因此，全国人大常委会有充分的宪法依据决定特区的政治改革问题。

这里有一些观点需要澄清。首先，由中央决定香港政治体制及其未来发展问题，不是说就不推行民主了。中央对香港的民主承诺已经法律化，是不会改变的。中国认真对待对香港的民主承诺，在香港实行民主既是香港的需要，也符合中国的国家利益。中国内地这些年也在积极进行民主改革试验，中国政治正在走向民主和法治。中国主体的民主法治建设，对香港民主发展来说也是有力的保障。

其次，由中央决定香港政治发展问题，不是说就不征求香港的民意了。中央在决定特区政治发展问题的时候，一定会广泛地征求香港的民意。中央以前这样做了，今后仍然会这样做。

再次，由中央决定香港政治发展问题，中央并非随便做出决定，而是严格依法决定的，中央贯彻依法治港的方针，不会在法律之外额外增加自己的权力。中央会严格依照宪法和基本法办事，所采取的任何行为都不会违反中央对香港的既定方针政策，即“一国两制”、“港人治港”、高度自治。

---

① 许崇德：《中华人民共和国宪法史》，福建人民出版社2003年版，第819—820页；肖蔚云：《宪法学概论》，北京大学出版社2005年版，第250—251页。

还有，中央在决定香港政治问题的时候，会非常严肃认真，非常负责任，中央在香港没有任何具体的利益，一切的一切都是为了香港全体民众的福祉和未来。中央不仅对维护国家的统一和主权承担着宪法上的责任，而且对保持特区的繁荣稳定也肩负着庄严的法律责任。没有任何一个国家比中国更希望香港能够持续繁荣稳定了，没有任何一个国家比中国更加关心香港并愿意为此在政治上乃至经济上采取具体的行动。

作为一个发展中国家，中国固然还有很多制度和体制不够健全。以中国体制不够健全为借口否定中央对特区重大事务的决定权，是不能成立的，因为这是两个不同性质的问题。我们必须首先从法律上和道理上弄清楚那些权力是否应该由中央行使，如果应该由中央行使，那就不能以任何借口否定中央的法定权力。至于中国的制度不够健全，那是中国进行改革的问题。中国20多年来一直在非常努力地进行政治经济体制改革，所取得的成就是举世公认的。如果说20多年前在刚刚开始改革开放的艰难情况下，中国能够果断提出“一国两制”的英明决策成功解决香港澳门问题的话，经过20多年改革开放后的中国，国力已经大大增强，民主法治不断发展，国际地位不断提升，中国已经有更大的自信可以处理好香港的政治问题。

四、高度自治就是从事基本法所允许的一切事情的权利

近来，香港个别人士推动公投，希望通过公投改变基本法和全国人大常委会的决定，而且还说基本法并没有说不可以公投，似乎基本法没有禁止的，就是可以做的。这实际上是对法治精神的曲解。

法国18世纪著名资产阶级启蒙思想家孟德斯鸠在他的名著《论法的精神》里说：“政治自由不是愿意做什么就做什么”，“在一个有法律的社会里，自由仅仅是：一个人能够做他应该做的事情，而不被强迫去做他不应该做的事情。”“自由是做法律所许可的一切事情的权利；如果一个公民能够去做法律所禁止的事情，他就不再有自由了，因为其他的人也同样会有这个权利。”①可见，自由

① ［法］孟德斯鸠：《论法的精神》(*De I' Esprit des Lois*)上册，商务印书馆1961年版，第154页。

决非人人想做什么就做什么，那不是自由，而是混乱，而是不自由。因为既然你可以置法律于不顾这样做，他可以置法律于不顾那样做，人人按照自己的意志行事，人人有法不依，有章不循。这看起来是“自由”，是“大自由”，实际上是无政府主义，最终的结果必然是人人不自由，社会陷入混乱无序的原始状态。孟德斯鸠是近代西方“三权分立”和法治理论的奠基人，也是政治自由的积极倡导者，《论法的精神》是近代西方政治学和法学最有影响的著作之一。他的论述在今天仍然具有现实意义。因为科技越进步，民主越发达，就越要求有严格的组织和纪律。

对于普通公民，确实可以说法律没有禁止的，就是允许的，“法无禁止即自由”。但是对于国家机构及其公职人员而言，“法无授权即无权”，法律没有授权的，就是禁止的。国家机构及其公职人员必须严格在法律明文授权的范围内办事，而非依法律之外的、自己编造演绎出来的程序办事。这是法治的基本精神。而且，这不仅是大陆法的原则，也是普通法的原则。有成文法，就要严格依据成文的法律规定办事。没有成文法律规定，才可以依据惯例和判例办事，即“制定法优于判例法”，这是公认的普通法原则。①

因此，对于特别行政区来说，高度自治就是从事基本法所允许的一切事情的权利。严格按照基本法办事，那就有充分的、法律保障的高度自治，离开基本法谈高度自治，那就没有高度自治，而是对高度自治的破坏。

基本法固然没有规定不可以公投，但是这并非意味着就可以公投，因为基本法不可能就所有的事项都作出规定，例如基本法没有规定香港不可以独立，香港是否就可以独立呢？这些事项是不言而喻的，无需规定。

更为重要的是，基本法尽管没有规定不可以公投，但是基本法已经明确规定了香港政治发展的方向和程序（第 45 条、第 68 条和附件一、附件二），全国人大常委会也已经对香港 07/08 政治改革的有关程序问题作出了法律解释和决定，这些解释和决定与基本法一样是具有法律效力的。全国人大常委会在作出这些解释和决定前，已经广泛征求了香港基本法委员会、香港特区政府和香

① Peter Wesley-Smith：《香港法的渊源》（*The Sources of Hong Kong Law*），香港大学出版社 1994 年版，第 33 页。

港各界的意见，听取了包括要求 2007—2008 年实行“双普选”的意见。

既然香港的宪制性法律和享有国家主权的主体已经就有关问题作出了非常明确的法律指引，法律上没有任何含混不清的地方和模糊的空间，任何组织和个人都不得抛弃这些清楚的法律指引而另行一套。因为如果每一个人都置法律于不顾，按照自己的主张办事，那为什么还要制定法律呢？人类为什么还要追求法治呢？如果执意要在法律之外推动公投，那就是超越了法律界限的“自由”和“自治”，那就不再有“自由”和“自治”。

总之，我们一定要认识到任何政治自由都是既由法律来保障，也要由法律来规限；特别行政区的高度自治同样既由基本法来保障，也要受基本法的规制，不可离开法律谈自由和自治。作为中国主权之下的一个地方行政区域，特别行政区不是一个独立的政治实体，更不是一个国家，其所享有的高度自治于法、于情、于理原本就是有界限的。

一个香港　一部基本法　一种命运*

基本法于1990年通过，1997年特区成立，基本法开始生效实施。从此，特区的命运、香港的未来，就系于这一部法律，特区要持续繁荣、稳定、发展，就依赖于这一部法律。基本法为香港未来的成功提供了必要的制度、政策、机制，是香港的成功之母。

为什么这样说呢？基本法在制订的时候，对香港过去的成功经验进行了全面的、认真的研究和统计，维持香港繁荣稳定、成功的这些因素，把它提炼为一部法律，其中一个目的，就是为了确保香港在回归之后能够保留这些因素，香港能够持续的繁荣和稳定。那么在哪些方面体现了这些考虑呢？第一点，任何一个社会、任何一个国家、任何一个地方要成功，必须要保证公民享有足够的权利和自由，如果公民的权利和自由受到的限制很多，这个社会的经济和政治发展都会受到制约。基本法为香港居民提供了充分、足够的维持香港持续发展的权利和自由，香港居民根据基本法享有广泛的政治、经济、文化和各方面的权利，这些权利和自由都是香港继续发展所必不可少的，那么基本法都提供了。

第二点，基本法为了确保香港能够持续成功，对中央与特区的关系作了非常恰当的规定，中央根据基本法享有的权利，既是维护国家的统一和主权所必

---

* 发表于《文汇报》(香港)2004年3月16日。

须的，也是确保香港繁荣稳定所必需的。而特别行政区根据基本法享有的各种高度自治权，足够使特区能够保持她的繁荣稳定。

政制安排保证稳定繁荣

第三点，基本法为香港回归后的成功提供了一个恰当的政治体制，这个体制是以行政为主导，确保司法独立，立法与行政互相配合又互相制衡。这个政治体制，是在研究香港以前的政治体制，还有对比研究其他国家的政治体制的基础之上，根据香港的情况而制订，绝对是最佳的一个政治安排，它是香港繁荣稳定所必需的一种体制。这是基本法为香港的持续成功提供的一个很好的政治架构，我们发现很多国家、很多地方的经济搞不好，社会混乱，其实主要是政治制度上的原因，基本法当时起草规定的政治体制，是综合考虑了各种因素之后设计的一个科学体制，所以我觉得它为香港的持续成功提供了一个很好的政治架构。

还有，基本法为香港的持续成功、繁荣，提供了一个良好的、健全的法律和司法制度，当然主要是保留了香港原来的司法和法律制度，这些法律和司法制度也是香港继续繁荣稳定和成功所必不可少的，所以基本法就予以基本的保留。还有，基本法为香港经济和香港回归后提供了一个很好的经济制度、文化、对外交往各方面的政策规定，这些规定也是香港繁荣稳定所必需的。一句话，基本法贯彻了“一国两制”、“港人治港”、高度自治的原则，为香港特别行政区提供了确保成功所必需的各种制度、体制、政策，是中国所能为特别行政区制定的最好的法律，是中国所能为香港提供的最好的制度和政策。

各方都要严格遵守基本法

基本法可以说是香港特别行政区所能拥有的、最好的宪制性法律，是香港成功之源，是香港成功的根本保障，也是香港的成功之母，这样评价基本法是不过分的。但是有了这么一部很好的，也可以说是最好的基本法，并不必然会为香港带来成功，仅仅有了这部法律，香港不一定就因这部法律的存在而成功，因为它取决于法律的实施、法律的遵守和执行，如果基本法得不到很好的遵守和执行，基本法规定的体制不能发挥作用，那这部法律对香港的成功就不能发挥它的保障作用，所以为了确保香港的成功、确保香港的社会繁荣、经济稳定、政治民主，必须严格遵守基本法，把基本法规定的种种体制、制度、政策落到实处。我们不是为了执行基本法而执行基本法，如果基本法不行，那么我们可以不执行的。关键是这本基本法，它确实是香港繁荣稳定、继续在国际上享有它应有的地位所必需的。离开了基本法，香港就失去了一切。

在贯彻执行基本法方面，回归六年多的时间证明，为了确保香港的成功，中央是严格的依照基本法办事，依法、正确、实时、到位地行使了基本法规定应该由中央行使的职权，不干预特区依法自治的事务；同样，为了确保香港的成功，特区政府和各界也要认真执行基本法，不仅政府要遵守基本法、实施基本法，立法、司法机关、各专业团体、社会各界、广大民众也遵守基本法，这样我们才能取得继续的繁荣和稳定。只要中央和特区都遵守基本法，都严格依照基本法办事，基本法就能得到很好的实施；只要基本法得到很好的实施，香港就能持续地成功。

许崇德教授说，基本法来之不易。它确实是香港的守护神，是香港经济发展、政治民主的一个根本的法律保障，是特别行政区所能拥有的最好的宪制性法律，因此我们都要十分珍惜这部基本法、呵护这部基本法，最重要的是要严格依照基本法办事。

当然，基本法从制订到现在 14 年，实施 6 年多时间，就像一棵小树一样，确实是非常非常的年青，需要中央和特区经常为这棵小树浇水、施肥，让这棵小树尽快茁壮健康成长。

美国 19 世纪著名的政治家 Daniel Webster 曾经说过一句话：“One Country，One Constitution，One Destiny”，这句话就是“一个国家，一部宪法，一种命运”。当然他是在赞美美国宪法，因为有了美国宪法，为美国带来了成功和繁荣，使美国成为世界上独一无二的超强，这句话现在镶嵌在去年 7 月在费城落成的美国宪法博物馆大厅的墙壁上，它提醒美国人：我们要认真对待我们的宪法；因为宪法是所有人的保护神，没有宪法就没有美国，没有宪法就没有美国的成功。我们经常看到一些美国学生到国内进行交流，我发现不少学生随身就带着美国宪法，随时拿出美国宪法，我觉得这是一种很好的启发，就是宪法的观念是深入民心的，因为美国人很清楚，没有宪法就没有美国。同样的，我觉得如果没有基本法就没有香港特别行政区，可以这么说，“One Hong Kong，One Basic Law，One Destiny”，就是“一个香港，一部基本法，一种命运”。基本法决定我们的命运，决定我们的未来，我们要取得成功就必须珍惜来之不易的基本法，认真地贯彻基本法，让我们共同努力。

第三章

人大释法

从枢密院司法委员会到全国人大常委会*

——回归后香港法律解释制度的变化

香港回归前，在普通法体制下，释法和司法是同一个过程，法院既是司法机关，也是释法机关。释法只发生在司法过程中，是司法活动的一部分。但尽管香港法院有解释法律的权力，由于回归前香港不享有司法终审权，香港的司法终审权由英国枢密院司法委员会享有，英国枢密院司法委员会就是香港回归以前的最高释法机关。因此，香港法院对香港本地法律和英国相关法律的解释不是最终的，当事人不服可以上诉到英国枢密院司法委员会，寻求最终解释。

香港回归后，香港解释法律的制度发生了很大变化。这主要表现在两个方面：一是香港法院解释法律的权力，尤其是解释新宪制性法律——基本法的权力得到大大加强；二是除了香港法院继续享有释法权外，全国人大常委会开始为香港解释宪制性法律。本文要探讨的就是香港1997年回归后法律解释制度的变化，主要是宪制性法律解释制度的变化。

一、回归前香港的释法制度

在普通法制度下，法律的解释权属于法院。法律制定出来后，立法机关就

---

* 本文英文版发表于《香港法律学刊》（*Hong Kong Law Journal*）2007年第37卷，中文版发表于《政治与法律》2007年第3期。有删节。

不再有发言权,法律的命运就操之于法院手中。司法机关在处理案件时如果需要解释法律,不会征求立法机关和行政机关的意见。如果立法机关对法院的解释有意见,可以修改乃至废除或重新制定有关法律,而不会解释法律。这就是普通法下的法律解释制度。

正像人人都必须遵守法律一样,法官自然也不例外,法官必须忠实地适用有效的成文立法,这是法治的根本原则,也是民主的要求,即司法机关作为非民选机构应该给予民选立法机构所制定的法律以充分的尊重。但是,其前提是法律条款的含义必须清楚明确。然而这并非易事,法律条款的含义往往是不清楚、不明确的。社会生活的千变万化,使得立法总比社会发展晚一点,或者有偏差。法律一出台,这部法律实际上就立即过时,就像计算机一出厂,里面的硬件和软件就开始过时一样。很自然地,弄清法律条款的含义就成为法官司法的重要任务。可见,如果法律条款的含义非常清楚,不容任何其他解释,法官就无须解释法律。解释法律并非司法本来的内容,只是司法附带性的工作。法院解释法律的目的是为了更好地适用法律,为了维护立法的原则精神。至于后来法官解释法律演变成法院制约立法机关的重要手段,法官甚至有权通过解释法律而对法律进行违宪审查,并宣布违宪的法律无效,这是后来法治与民主博弈的结果。

香港回归前的释法制度有两个层面:一是英国枢密院司法委员会作为香港的终审法院和最高释法机关对法律的解释,二是香港本地法院对法律的解释。

(一) 英国枢密院司法委员会对法律的解释

就第一个层面而言,回归前香港的法律解释制度有如下几个特点:第一,香港最高的释法机关是英国枢密院司法委员会,香港最高法院没有法律的最终解释权。第二,英国枢密院司法委员会不仅有权解释当时香港的宪制性法律——《英皇制诰》和《皇室训令》,而且可以通过对案件的审理解释香港本地立法。第三,枢密院司法委员会的释法,必须结合具体案件,进行具体解释,不能进行没有诉讼的抽象解释。也就是说,当事人对香港最高法院判决不服,实际上就是对香港本地法官对法律的解释不同意。在这种情况下,当事人有权上诉到英国枢密院司法委员会,而枢密院司法委员会通过对案件的审理,对有关法律进行最终解释。枢密院司法委员会不可以在没有当事人上诉的情况下自行解释法律,香港居民也不可以在没有一个实际案件或者纠纷发生的情况下,直接向枢密院司法委员会申请释法。第四,基于上述第三点理由,香港政府和任何一个香港公司、居民都可以通过司法诉讼的方式向枢密院司法委员会"申请"释法。但是香港法院不可以向枢密院司法委员会申请释法。第五,枢密院司法委员会解释法律采取的是普通法制度下法院释法的一般哲学和方法,这种释法是司法活动的一部分,程序上当然也是司法程序,争议双方有机会在释法者(法官)面前就如何理解法律条款的含义发表自己的意见。

(二) 香港本地法院对法律的解释

回归前香港法律解释制度的另外一个层面即本地法院对法律的解释。首先,尽管在英国普通法制度下,香港法院享有法律解释权,包括有权解释《英皇制诰》和《皇室训令》,但是这种解释权是有限的,而且不是最终的,当事人可以通过上诉的方式申请英国枢密院司法委员会作出最终解释。回归前香港的"最高法院"实际上不是"最高的"。而回归后的终审法院尽管没有用"最高"一词,但是实质上在香港享有司法上的最高地位,与内地的最高人民法院在司法问题上互不隶属。这是"港人治港"和高度自治的重要组成部分和表现。其次,香港回归前,香港法院在解释法律,尤其在解释《英皇制诰》和《皇室训令》的时候,通常都比较保守,谨守分际,不愿意越雷池一步。另外,与枢密院释法一样,香港法院的释法活动不是独立的司法行为,必须有具体的诉讼案件,通常是在进行司法审查过程中进行的。

回归前后,香港法院解释法律制度的主要变化,可以简单地概括为:回归前法院是"适用性"释法,即解释法律的目的是为了发现法律条款的真实含义,为了寻找立法者的动机和目的,从而更好地适用法律;回归后法院解释法律的深度、广度和态度都有很大变化,从各方面来看,法院释法的权力都得到很大加强。

二、回归后香港法律解释制度的变化

英国枢密院司法委员会对香港享有的司法终审权和法律的最终解释权,

在香港回归中国后，根据基本法的规定被一分为二：终审权被授予了新成立的香港特别行政区终审法院，而基本法的最终解释权则保留给了全国人大常委会。

中国实行的是由最高国家权力机关的常设机关解释宪法和法律的制度，宪法和法律的解释权属于全国人大常委会，全国人大常委会对法律的解释是最终的权威解释，不仅一切行政机关和社会团体必须遵守和执行，而且司法机关在处理具体案件时也必须依据有关解释来判案。

在此前提下，全国人大常委会授权最高人民法院在审理案件时，可以就如何具体应用法律、法令的问题作出解释，这种解释也有法律效力。最高人民法院作出的这种司法解释其范围只限于审判工作中具体应用法律、法令的问题，这种解释不得违背法律、法令的原意。相对于全国人大常委会的解释来说，司法解释是辅助性的，前者是主要的。

基本法是由全国人大制定的，然而基本法的实施却主要是在实行普通法的香港特别行政区。在处理基本法的解释问题时，立法者既要考虑到中国内地的法律解释制度，又要考虑到香港普通法体制下的法律解释制度。最后折中的结果就是《基本法》第 158 条的规定，即根据宪法的规定，像中国所有其他法律一样，基本法的解释权属于全国人民代表大会常务委员会，这就与内地的法律解释制度一致起来，体现了“一国”的要求。同时保留香港普通法下的法律解释制度，由全国人大常委会授权香港特区法院在审理案件时解释基本法的条款。但如果要解释的条款有关中央人民政府管理的事务或中央和香港特区的关系，那么香港特区法院在对案件作出不可上诉的终局判决前，应由香港特区终审法院提请全国人大常委会对有关条款作出解释。香港特区法院在引用该条款时，应以全国人大常委会的解释为准。但在此以前作出的判决不受影响。如果全国人大常委会决定解释基本法的有关条款，则必须征询其所属的香港基本法委员会的意见。

可见，这是精心设计的特殊的法律解释制度，它把香港由法院解释法律的制度和内地由全国人大常委会解释法律的制度融合在一起，从而同时满足了“一国”和“两制”的要求。这就是回归后香港新的法律解释制度。

三、回归后香港法院释法性质的变化

尽管回归前后香港法院都有权释法,但是释法的性质发生了根本变化。回归前香港法院的释法,是基于普通法本身的要求,由于“释法”和“司法”合一的制度安排,解释法律是普通法之下法院固有的功能。回归后,香港法院释法固然也是普通法的要求,但是此种性质的释法仅限于法院对本地立法的解释。从法理上讲,香港法院解释基本法是基于全国人大常委会的授权而进行的释法活动,主要不是来自普通法固有的制度安排。这是香港法院释法性质的重大变化。

正是基于香港法院释法性质的这个重大变化,香港法院解释基本法的行为才受到一些限制。这些限制包括:第一,香港特别行政区法院只能在审理具体案件时才可以解释基本法有关条款,不可以对基本法进行抽象解释,即没有具体案件的解释。全国人大常委会对基本法的解释则没有这种限制,它有权进行抽象解释。2004 年和 2005 年全国人大常委会两次释法就是抽象解释,而 1999 年全国人大常委会第一次释法则是结合具体案件的解释。第二,香港特区法院解释基本法主要限于对基本法关于香港特别行政区自治范围内的条款。而全国人大常委会解释基本法是全面的。第三,香港特别行政区法院对基本法的其他条款也可以进行有条件的解释。如果香港特区法院需要对关于中央人民政府管理的事务或中央和香港特别行政区关系的条款进行解释,而该条款的解释又影响到案件的判决,在对该案件作出不可上诉的终局判决前,应由香港特别行政区终审法院提请全国人民代表大会常务委员会对有关条款作出解释。如果全国人大常委会作出解释,香港法院在引用该条款时,应以全国人大常委会的解释为准。但在此以前作出的判决不受影响。

可见,香港特区法院对基本法的解释是被授权的,而且这种解释也是有条件的。

1997 年以前,香港法院无论解释本地立法或者当时的宪制性法律,倾向于从狭义的、传统的角度来进行。法院对释法总的态度是,尊重立法者的意愿,严格依照法律条款办事。回归后,香港法院释法的次数和范围有很大的增加和扩大。香港特区前律政司司长梁爱诗曾经表示，回归后，有超过三分之一的《基本法》条文已经经过香港法院的解释（截至2005年5月）。如果是三分之一的《基本法》正文条款，那就是53个条款。这样，香港法院平均每年解释《基本法》6个多条款，亦即香港法院释法平均两个月就要进行一次。实际数字相信比这个要多。

至于香港法院解释本地立法，则是天天都有可能发生，经常都在进行，基本上无法统计。但是全国人大常委会则不能像回归前英国枢密院司法委员会那样也解释香港本地立法。对于这种现象，要进行客观分析。香港法官尽管回归前后人员变动不大，但是回归后由于实行“一国两制”、“港人治港”和高度自治的原因，很多重大事情在香港本地解决，不需要拿到外地（伦敦或者北京）解决，这极大调动了香港法官“港人治港”的积极性，他们与香港广大民众一样，第一次掌握了自己的命运（例如拥有了终审权），以主人翁的姿态积极行使权力，与回归前在英国人统治下仰人鼻息地行使司法权和释法权是完全不同的感觉。这是可以理解的。应该说香港法院的大部分释法是好的，是善意的、正面的。这种“扩权”是“港人治港”、高度自治在司法和释法问题上的必然反映。当然不可否认，这里边也有个别案例是值得商榷的。这需要长时间的磨合和适应，才能够准确把握“一国两制”、“港人治港”和高度自治的真谛。

四、回归后全国人大常委会解释基本法制度的确立

港人长期生活在普通法之下，对于上述普通法之下一般法院的释法制度有很深的认识，这种观念已根深蒂固。对于回归后“突然”降临的新的人大释法体制，需要一段时间调整和适应。

1997年回归至今，全国人大常委会仅仅作过3次释法，只对4个条款进行过解释。第一次是1999年6月26日第九届全国人民代表大会常务委员会第十次会议通过《关于〈中华人民共和国香港特别行政区基本法〉第二十二条第四款和第二十四条第二款第（三）项的解释》，对《基本法》第二十二条第四款和第二十四条第二款第（三）项有关特区永久居民的定义以及内地人赴港定居的手续的规定进行了解释。第二次是2004年4月6日第十届全国人民代表大会

常务委员会第八次会议通过《关于〈中华人民共和国香港特别行政区基本法〉附件一第七条和附件二第三条的解释》,对基本法关于特区 2007 年和 2008 年行政长官和立法会议员产生办法修改程序的规定进行了解释。第三次是 2005 年 4 月 24 日在第十届全国人民代表大会常务委员会第十五次会议通过《关于〈中华人民共和国香港特别行政区基本法〉第五十三条第二款的解释》,对行政长官辞职后新的行政长官的任期作出了解释。从数量上看,人大释法的次数并不多,但是影响巨大。

(一) 全国人大常委会解释基本法行为的性质

在普通法体制下,法院解释法律的行为由于与法院对案件的审理是同一过程,因而从性质上看是一种司法行为。根据宪法,全国人大常委会是国家的日常立法机关,也是国家最高权力机关的常设机关。除了立法职能外,其宪法上的职责还包括宪法和法律解释。在中国的宪法和法律解释理论中,法律的解释权是最高权力(立法权)的附属权力,解释宪法和法律是全国人大常委会除了立法、监督、决定、人事任免等职能之外的一项独立的职能,与其他职能同等重要。全国人大常委会既是立法机关,也是中国的宪法和法律解释机关。这种释法行为尽管不是司法行为,但也不是立法行为,而是介于立法和司法之间的"半立法、半司法"的行为,也可以说是独立于一般司法和立法的专门性法律解释行为。由于释法大量发生在司法和执法过程中,因此,人大释法是连接立法和司法、执法的桥梁和纽带。

这种由最高权力机关的常设机关(立法机关)解释法律的制度不为普通法地区所熟悉。反对人大释法的一个重要理由是,人大既是立法机关,又是释法机关。立法机关和释法机关合二为一造成利益冲突,有些甚至认为立法者是最糟糕的释法者。其实,立法和释法由一个机关负责并不是问题,关键要把这两个职能分开并通过不同的程序履行这两个职能,就像英国议会既是英国最高立法机关,又是英国本土最高释法机关和终审机关一样,尽管同属议会,但是立法职能和释法(终审)职能分开行使,程序不同,行使的主体也不同,释法(终审)由上议院中的司法委员会行使,立法则由下议院负责,二者分别独立行使自己的职权。

中国的法律解释理论认为，释法是为了寻找法律条款的确切含义，立法机关显然比其他机关包括司法机关，更加清楚法律条款准确的意思。而且，现在全国人大常委会的立法职能和释法职能从程序上看也是分开行使的。问题是，在普通法体制下，法院的判例，包括法院通过判决对法律的解释可以成为先例，法院以后在处理同类案件时要遵循先前的判决和解释，这就是“遵循先例”原则(stare decisis)。根据《基本法》第158条的规定，如果人大对基本法有关条款作出了解释，香港法院的判决尽管基于“一事不再理”的原则得以保留，但是，香港法院对基本法的解释以及判决本身的先例效力则因人大释法而自然中断。就像1999年6月26日全国人大常委会第一次释法，尽管不否定1月29日香港终审法院判决本身的效力，案件当事人根据判决获得的权利仍然有效，在6月26日人大释法前该判决就是法律，但是一旦人大释法作出了不同的解释，该判决包括对基本法的解释作为普通法先例的效力就中断了。

需要说明的是，即便在普通法体制下，如果立法机关就案件所涉及的问题制定或修改了法律，改变了法院通过自己的判决就有关问题所确定的规则，那么法院以后处理同类案件就必须遵守立法机关制定或修改的法律。这也是普通法的原则，即“制定法优于判例法”的原则，立法取代判例的情况可以发生在任何普通法地区和国家。

所以全国人大常委会对基本法作出解释，否定了香港法院判决(包括对基本法的解释)的“先例”效力，否定香港法院对基本法的解释，无论在大陆法体制下或者普通法体制下，都是可能发生的现象，这与普通法下成文立法取代判例法的效果并无二致。这是由上述人大释法的性质决定的。2000年3月15日第九届全国人民代表大会第三次会议通过的《立法法》也明确规定了法律解释的程序和效力，明确全国人民代表大会常务委员会的法律解释同法律具有同等效力。

(二) 人大释法的程序

人大解释法律采用的程序不同于一般立法程序，而是特殊的释法程序。

首先，是启动程序。根据基本法和有关法律的规定，可以启动人大释法的主体有三个，一是全国人大常委会自己主动释法，二是国务院提请人大释法，三是香港终审法院。其中国务院提请人大释法，可以基于国务院自己的判断，也可以基于特区政府的请求。过去十年人大三次释法，一次是全国人大常委会主动释法，由委员长会议提案。另外两次是由行政长官请求、经由国务院向全国人大常委会提案而启动的。回归至今，还没有来自特区终审法院的释法申请。

有些人士认为《基本法》第158条只授权特别行政区终审法院在法律规定的事由出现时，应该请全国人民代表大会常务委员会对基本法的有关条款作出解释，而没有授权香港特区行政长官这样做，因此行政长官不可以提请全国人大常委会解释基本法。根据《基本法》第43条规定，特别行政区行政长官是香港特别行政区的首长，代表香港特别行政区。这就是说，行政长官不仅是特区政府行政部门的首长，而且是整个特别行政区的首长。《基本法》第43条同时规定特别行政区行政长官依法对中央人民政府和香港特别行政区负责。第48条规定香港特别行政区行政长官行使的职权中包括负责执行基本法和依照基本法适用于香港特别行政区的其他法律。因此，特区行政长官要向中央人民政府述职，就特区实施基本法的情况向中央政府汇报，对中央政府负责。1999年和2005年两次释法都是特区行政长官就特区实施基本法过程中发生的重大争议向国务院进行汇报而启动的。特区行政长官在报告中建议国务院提请人大解释基本法，国务院自行决定接受不接受这个建议，向不向全国人大常委会提案请求解释基本法。国务院研究了特区行政长官提交的报告，认为事关重大，才主动向全国人大常委会提请解释基本法有关条款的议案。

从法律上看，特区行政长官是否建议解释基本法，对人大最终是否解释基本法并不起决定性作用。因为即使没有特区行政长官的报告和建议，没有任何人或机关的建议，全国人大常委会根据《基本法》第158条第1款的规定，有权主动解释基本法，并不以任何机构或个人是否建议它解释为前提。全国人大常委会解释基本法也不以法院诉讼的存在为基础，这一点香港大学的Yash Ghai教授作过深入研究。

其次，人大解释基本法的具体工作程序，遵循人大解释法律的一般程序。《立法法》第二章第四节专门规定了“法律解释”。2004年第十届全国人大常委会第12次委员长会议通过《全国人大常委会法律解释工作程序》，进一步明确、规范了法律解释的具体工作程序。全国人大常委会解释香港基本法的时候，除了必须符合这些程序要求外，还有一些特殊的安排。例如，2005年在人大释法之前，全国人大常委会委派有关负责人到深圳举行座谈会，听取香港各界人士尤其是法律界人士的意见，包括反对释法或者对释法有不同看法的人士的意见。这其实类似于听证或者法庭的辩论。今后可以更加制度化，名称最好不要叫做“座谈会”，而叫做“听证会”。这样从程序上，尽管表面与法院释法的司法程序不同，但是在释法前听取各方面的意见，尤其是反对的意见，其效果和作用应该是一样的。

另外，人大解释基本法不同于解释一般法律还有一个特殊程序，就是必须征求其所属的香港基本法委员会的意见。这是人大解释基本法的必经程序。如果将来有来自特区终审法院提出的释法申请，全国人大常委会可以接受，也可以不接受。如果全国人大常委会不受理特区终审法院的申请，那就说明全国人大常委会认为没有必要解释基本法，或者说通过这种暗示的方式授权特区终审法院对有关条款自行解释。如果全国人大常委会决定接受申请，解释基本法的有关条款，则必须征询其所属的香港基本法委员会的意见。全国人大常委会如果不接受特区法院申请释法，要不要征询基本法委员会的意见，法律没有明文规定，这有待于将来的实践来创造宪制惯例。基本法委员会中12名成员，一半来自内地，另一半来自香港，其中包括法律界人士，他们可以把香港各界主要是法律界对释法的意见，带到全国人大常委会，从而使人大释法可以照顾到香港实行普通法的特殊情况。

（三）人大释法的哲学和方法

在释法的哲学和方法方面，香港法律界习惯于从普通法的角度来理解基本法的条款。在普通法下，释法的一个重要方法是字面解释，要求法官必须严格按照法律条款字面的含义去解释法律，即强调法律规则的“明显含义”，而民法(大陆)法系的法官则倾向于“目的论”的解释方法。尽管普通法下的释法也要寻找立法原意，但是一般认为，最能体现立法原意的还是法律正式文本最终使用的词句本身，至于制定这个条款时候所讨论过的其他说法或者用词，因为最终并没有写入法律，因此这些立法文件并不能作为解释法律的主要依据，有法律效力的还是法律条款本身，而不是立法时候所讨论过的其他文件。无论1999年、2004年还是2005年人大释法，我们都看到普通法对法律的这种字面理解。

而人大解释基本法遵循大陆法系释法的一般哲学和方法，即强调对法律条款原意的追求。这两种法律解释哲学显然会导致结果的不同。例如2005年香港特首董建华辞职后，新特首的任期到底是董特首的剩余任期或者是一般特首完整的五年任期？从普通法的解释方法和哲学出发，明显是五年。但是从大陆法系的解释方法出发，自然是剩余任期。

在世界上，一个普通法地区转变成为一个大陆法法域的组成部分，香港并非第一例。基于政治和经济上的原因，1972年英国决定加入欧洲共同体，即现在的欧盟。加入欧盟就必须放弃英国的部分主权，对保守的英国人来说，这完全是一场“主权革命”，随之而来的必然是宪制的变革以及由此引发的对传统普通法的冲击，这主要表现在不同的释法哲学上。针对英国与欧洲大陆不同的释法哲学和方法，有的英国法官支持民法法系法官的解释方法，有的却持反对意见。例如大陆法系的法律解释可以填补法律条文的空白，在普通法看来这根本不是释法，而是修改法律。经过激烈的斗争和长时期的磨合，英国法律界最终不得不放弃用传统的普通法来解释《罗马条约》和有关立法，而接受欧盟大陆法的方法来解释这些法律。显然，《罗马条约》以及欧盟议会通过的法律都是根据欧洲大陆的法律理念和制度而制定的法律文件，仅仅用普通法来解释是不行的。

同样，全国人大常委会对基本法的解释也不同于香港法院对基本法的解释，既然是由最高国家权力机关兼立法机关来解释法律，它如果“填补（法律）条文间的空白”，那是不奇怪的，就像1996年全国人大常委会就国籍法在香港的实施所做出的解释一样，填补了国籍法没有规定香港人国籍问题的空白。基本法是中国宪法在特别行政区的延伸和拓展，是宪法的子法，它不可能脱离中国宪法发展出一套完全不同的法律哲学。理解基本法的有关规定，不能不考虑基本法的宪制背景，不能不考虑中国的宪法解释理论和实践。

其实,尽管全国人大常委会主要采取中国大陆法系的释法哲学和方法,但是并非没有照顾到香港实行普通法的特殊情况。1999 年全国人大常委会第一次释法,最终肯定的是香港高等法院原诉庭对基本法的解释,只是不同意上诉庭和终审法院对基本法有关条款的解释。香港高等法院原诉庭对基本法的解释当然也是根据普通法的解释方法得出的结论。

(四)人大释法与香港司法终审的关系

由于 1999 年第一次人大释法是针对终审法院的判决作出的,海内外普遍有一种看法,即人大释法否决了香港终审法院的判决,侵犯了基本法保障的香港司法终审权和司法独立。其实,全国人大常委会的释法不影响香港特别行政区终审法院有关判决的对人效力,案件双方当事人根据判决所取得的权利和义务仍然有效,既往不咎,释法只对将来发生的事有效力。

所以,不好说人大释法推翻了香港特区终审法院的判决,侵犯了香港特区的司法终审权和司法独立。如前所述,在普通法制度下,法律的最终解释权和司法终审权是合在一起的,都由最高(终审)法院行使。但是在中国的宪法制度里,法律的最终解释权和司法终审权不是由一个机构来统一行使的,而是分别由两个机构来行使。根据中国《宪法》第 67 条和第 127 条的规定,法律的最终解释权由全国人大常委会行使,中国司法终审权由最高人民法院行使。在中国内地,人们并没有因为全国人大常委会行使法律的最终解释权而认为全国人大常委会侵犯了最高人民法院的司法终审权,因为全国人大常委会并没有代替最高人民法院来审理案件,只是进行法律的最终解释,司法上的终审仍然由最高人民法院来进行。这种宪法和法律的最终解释权与司法终审权分立由不同机构行使的情况,是大陆法系的重要特征,广泛存在于适用大陆法的国家和地区。

同样,对香港基本法,其“最终解释权”属于全国人大常委会,但“最终裁判权”属于香港特区终审法院。把“最终解释权”和“最终裁判权”分开,既符合中国的宪制和法律体制,又是“一国”和“两制”的绝妙结合。正是从这个意义上说,全国人大常委会并没有侵犯特区终审法院的终审权,全国人大常委会不是特别行政区终审法院的“终审法院”,它仅仅行使基本法的最终解释权,只“释法”，不“司法”，不代替特区法院审理案件，最终审判权（终审权）仍然由特区终审法院行使。因此，全国人大常委会解释基本法不会侵犯香港特区终审法院的司法终审权和司法独立。

在“一国两制”体制下，中国行使宪法和法律最终解释权的机构仍然只有一个，即全国人大常委会，但是行使司法最终裁判权的机构目前已经有三个，即设在北京的内地的终审法院——最高人民法院和分别设在香港、澳门的两个特区终审法院，这三个终审法院相互之间没有隶属关系，各自在自己的管辖区域内行使自己的司法终审权。

结论

香港回归后，香港的解释法律制度已经发生了很大变化。在解释香港的“小宪法”——基本法方面，香港法院解释宪制性法律的权力得到大大加强，香港法院不仅有权解释本地立法，而且被授权解释基本法。在香港回归中国后，英国枢密院司法委员会对香港享有的司法终审权和法律的最终解释权，根据基本法被一分为二：终审权被授予了香港特区终审法院，而宪制性法律的最终解释权则保留给了全国人大常委会。回归后全国人大常委会作为特别行政区的最高释法机关开始为香港解释宪制性法律——基本法，这是回归后香港新的政制和法制的重要组成部分。

回归十年以来，人大释法和香港法院释法这种“双轨”释法制度之间的磨合机制已经初步建立，但是还有许多方面需要完善。可以预见，香港法院将来还会不断通过判决对基本法的条款作出解释，而必须由全国人大常委会释法的情况还会发生。应该承认，无论本地法院释法或者人大释法，都使得基本法变得更加有血有肉，丰富多彩，推动了以基本法为核心的特区新法律制度的发展，极大扩充、丰富了“一国两制”的法律内涵，也推动了中国宪法和法律解释制度的发展。

论全国人大常委会对特区的违宪审查权*

违宪审查是指由一个独立于立法和行政的国家机构对立法机关制定的法律和行政机关的行政行为所进行的是否符合宪法或者宪法性法律的审查，对于被认定违宪的立法和行政行为，违宪审查机构可以宣布无效。违宪审查机构可以是普通法院，也可以是专门的宪法法院或者宪法规定的特定国家机关。

在一个民主法治社会，违宪审查是至关重要的，因为它是制约立法和行政，甚至司法机关的最后杀手锏，违宪审查机构是国家权力运用和公民权利行使的最权威的调控者，也是一国（或地区）最重要纠纷的最后裁判者，是宪法的最有力的保护者和最高发言者。违宪审查制度是否健全是衡量一国是否真正有法治、是否真正实施宪制的试金石。

本文要探讨的是香港、澳门两个特别行政区成立后特区的违宪审查制度问题。这已经成为处理中央与特区关系的一个核心问题，也是处理特区政府内部各机构之间关系的关键。本文试图探讨在"一国两制"之下，到底有哪些机构在特别行政区享有违宪审查权，它们各自的权力到底有多大，应该如何行使各自的违宪审查权等问题。这个问题既是特区基本法上的一个问题，更是中国宪法层面的一个问题，与整个国家的违宪审查制度的发展完善有密切的关系。

根据中国宪法和香港、澳门两部特别行政区基本法的规定，全国人大及其

---

* 文章原载于肖蔚云等主编:《依法治澳与稳定发展》,澳门科技大学、澳门基本法推广协会 2002 年版。

常委会作为整个国家的违宪审查机构，当然也是特区的违宪审查机构，在特区享有毋庸置疑的违宪审查权。因此本文着重分析这两个机构对特区的违宪审查权问题，关于特区法院的违宪审查权问题也将有所涉及。

一、全国人大常委会对特区享有的违宪审查权

根据中国宪法，全国人大常委会作为国家最高权力机关的常设机关，不仅有权对国家的“一府两院”的行为实施违宪审查，而且可以对省级人大的立法实施违宪审查，是中国主要的违宪审查机构。根据特区基本法的规定，全国人大常委会对于特别行政区立法机关的立法也享有违宪审查权，也是特区的违宪审查机关。

对于特区行政机关的行政行为，基本法只规定特别行政区行政长官依照基本法的规定对中央人民政府和特别行政区负责。[①] 从实践的情况来看，特区行政长官定期向国务院总理进行述职，这可以视为“对中央人民政府负责”的一个具体表现形式。基本法没有规定特区行政长官和行政机构要对全国人大常委会负责，因此，可以说全国人大常委会对特区行政机构的行政行为没有直接的违宪审查权，只能通过对国务院有关行政行为的审查，来间接地对特区的行政进行监督。但是，对特区立法机关的立法，全国人大常委会就明确地享有一定的违宪审查权，这不仅有宪法根据，而且在特区基本法上有充分的授权。全国人大常委会对特区立法享有违宪审查权，主要表现在以下三个方面。

（一）全国人大常委会对特区立法的备案审查权

两部特区基本法都规定，特别行政区享有立法权。但是特别行政区的立法机关制定的法律须报全国人民代表大会常务委员会备案。这种备案尽管不影响特区法律的生效，但是如果全国人民代表大会常务委员会认为特别行政区立法机关制定的任何法律不符合基本法关于中央管理的事务及中央和特别行政区的关系的条款，可将有关法律发回特区，但不作修改。在发回之前，全国人民代表大会常务委员会需征求其所属的特别行政区基本法委员会的意

① 《香港特别行政区基本法》第 43 条和《澳门特别行政区基本法》第 45 条。

见。经全国人民代表大会常务委员会发回的法律立即失效。该法律的失效，除特别行政区的法律另有规定外，无溯及力。[①] 基本法的这条规定实际上就是赋予全国人大常委会通过备案的方式有限度地对特区立法行使违宪审查权，尽管迄今全国人大常委会还没有行使过这项权力。

关于这个问题，基本法确立了一种特殊的备案制度。通常的“备案”没有“批准”的含义。但是，既然全国人大常委会可以将它认为不符合基本法有关条款的特别行政区立法发回特区，也就是拒绝备案，那么在发回之前，全国人大常委会必须对准备备案的法律是否符合基本法关于中央管理的事务及中央和特别行政区的关系的条款作出一个判断，这种“判断”可以说就是一种特殊的违“宪”审查。因此，全国人大常委会对特别行政区立法享有一定的违“宪”审查权，当然这里的“宪”是指特别行政区基本法中有关中央管理的事务及中央和特别行政区的关系的条款。对特区依据基本法规定就其自治范围内的事项进行的立法，只要不涉及有关中央管理的事务及中央和特别行政区的关系的条款，全国人大常委会通常只进行一般备案。这种特殊的备案制度的设计是颇费思量的。

在内地，各省、直辖市和自治区的立法也要报全国人大常委会备案，如果全国人大常委会认为某省的某项地方立法违反宪法，根据《宪法》第 67 条的规定，可以直接撤销该项省的立法，而不是发回。在内地，全国人大常委会对一般的地方立法和国务院的行政立法享有完全的违宪审查权。

（二）全国人大常委会享有的基本法解释权

宪法和法律的解释权尽管和违宪审查权有区别，但是毫无疑问，对宪法和法律解释权是违宪审查权的重要组成部分，它的行使会极大地影响到违宪审查的进行和结果。《香港基本法》第 158 条和《澳门基本法》第 143 条规定“本法的解释权属于全国人民代表大会常务委员会”，这实际上进一步肯定了全国人大常委会对特区享有违宪审查权。

1. 中国内地的宪法和法律解释制度

中国宪法把宪法和法律的解释权赋予了全国人大常委会，中国内地实行的

① 《香港特别行政区基本法》第 17 条和《澳门特别行政区基本法》第 17 条。

是由国家最高权力机关解释宪法和法律的制度，有人称之为“立法解释”制度。全国人大常委会的法律解释是最终的权威解释，不仅一切行政机关和社会团体必须遵守和执行，而且司法机关在处理具体案件时也必须依据有关解释来判案。

根据 1981 年 6 月 10 日五届全国人大常委会通过的《关于加强法律解释工作的决议》，凡关于法律、法令条文本身需要进一步明确界限或作补充规定的，由全国人大常委会进行解释或用法令加以规定。凡属于法院审判工作中具体应用法律、法令的问题，由最高人民法院进行解释。凡属于检察院检察工作中具体应用法律、法令的问题，由最高人民检察院进行解释。最高人民法院和最高人民检察院的解释如果有原则性的分歧，报请全国人大常委会解释或决定。2000 年的《立法法》对此也加以了肯定。这说明最高人民法院如果对法律条文本身有疑问，或者最高人民检察院的解释与其不同，应该向全国人大常委会申请进行最终的法律解释。

可见，在中国内地，司法机关如果在审理案件时遇到法律规定不清楚的情况，应该暂时停止审理，首先向最高人民法院寻求对法律的司法解释。如果最高人民法院不能清楚解释有关法律，可以由最高人民法院向全国人大常委会寻求最终的解释。这就是中国的法律解释制度。全国人大常委会解释法律，并不是代替司法机关审理案件，它只是行使法律的最终解释权，而非具体案件的最终审判权。

法律解释在任何国家都不是越多越好。因此，全国人大常委会解释法律在中国运用得并不多，尤其宪法性的解释更是鲜有。最高人民法院基于审理一个具体案件的需要而申请全国人大常委会解释某一个法律条款的情况，也不多见。① 所以，全国人大常委会对法律的解释通常是不以具体案件的审理为基础，是抽象

---

①《刑法》自 1997 年修订以来，全国人大常委会已经进行过 7 次解释，有些解释是全国人大常委会主动解释的，有些是由国务院提请解释的，有些是由最高人民法院或者（和）最高人民检察院提出的。例如，由于最高人民法院与最高人民检察院的看法不一致，它们曾经就新《刑法》第 93 条第 2 款规定的“其他依照法律从事公务的人员”的含义，请求全国人大常委会进行解释，2000 年 4 月 29 日第九届全国人民代表大会常务委员会第十五次会议通过了一个决定，对《刑法》第 93 条第 2 款规定的“其他依照法律从事公务的人员”的含义进行了解释。但是这次解释尽管是由最高人民法院等机构主动提出的，但是最后“外在的”的表现形式仍然是全国人大常委会的主动行为，即由全国人大常委会委员长会议委托全国人大常委会法制工作委员会提案解释法律，而不是由最高人民法院直接向全国人大常委会提出解释法律条款含义的议案。

性的，而且它可以主动解释法律。① 这就是最高国家权力机关（立法机关）和司法机关的不同之处，最高国家权力机关（立法机关）和行政机关一样，其行使权力是主动的，司法机关则采用“不告不理”的原则，被动行使司法权。如果法律最终解释权由司法机关行使，那么同样会变成“被动解释”，这就是普通法的法律解释制度。

2. 基本法的解释与违宪审查

现在的问题是，特别行政区基本法是由全国人大制定然而在特别行政区实施的全国性宪法性法律。在处理基本法的解释问题时，立法者面临两难的境地，既要考虑到中国内地的宪法和法律解释制度，又要考虑到香港、澳门实行“一国两制”的实际情况。立法者创造性地把“一国”和“两制”结合在一起。一方面肯定由全国人大常委会统一解释基本法，这与内地一般法律的解释制度相统一，另一方面由全国人大常委会授权特区法院在审理案件时解释基本法的相关条款。但如果要解释的条款有关中央人民政府管理的事务或中央和特区的关系，那么特区法院在对案件作出不可上诉的终局判决前，应由特区终审法院提请全国人大常委会对有关条款作出解释。特区法院在引用该条款时，应以全国人大常委会的解释为准。但在此以前作出的判决不受影响。这是一个新的独特的宪法制度安排。

那么根据这种安排，全国人大常委会解释基本法的行为有没有侵犯特区享有的司法终审权呢？在中国的法律制度里，宪法和法律的最终解释权和司法终审权没有合在一起，不是由一个机构来统一行使的，而是分别由两个机构来行使。根据中国宪法的规定，宪法和法律的最终解释权由全国人大常委会行使②，但是中国的司法终审权是由最高人民法院行使的。③ 在中国内地，人们并没有因为全国人大常委会行使宪法和法律的最终解释权而认为全国人大常委会侵犯了最高人民法院的司法终审权，因为全国人大常委会并没有代替最高人民法院来审理案件，只是进行宪法和法律的最终解释，司法上的终审仍

---

① 许崇德：《中国宪法》（修订本），中国人民大学出版社 1996 年版。

② 《中华人民共和国宪法》第 67 条。

③ 《中华人民共和国宪法》第 127 条。

然由最高人民法院来进行。

关于特区基本法的解释问题，基本法设定的机制是，基本法条款的“最终解释权”属于全国人大常委会，但其“最终裁判权”属于特区终审法院。把“最终解释权”和“最终裁判权”分开，既符合中国的宪法和法律体制，又是“一国”和“两制”的结合。正是从这个意义上说，全国人大常委会并没有干涉特区终审法院的终审权，它不是特别行政区终审法院的“终审法院”，全国人大常委会仅仅行使基本法的最终解释权，并没有代替特区法院审理案件，最终审判权（终审权）仍然由特区终审法院行使，因此全国人大常委会解释基本法并没有侵犯特区终审法院的司法终审权。全国人大常委会充分认识到保持香港司法独立的极端重要性，决不会侵犯特区的司法终审权。

实际上，这种法律的最终解释权和司法终审权由不同机构行使的情况在世界上并不罕见。欧洲大陆各国由于不信奉美国式的“司法优越论”，因此一般都把宪法和法律的最终解释权和司法终审权分开由不同机构行使。在欧洲大陆国家，法律的最终解释权一般由宪法法院（或者宪法委员会）来行使，而司法终审权则由普通的最高法院来行使。例如在德国，根据德国联邦宪法的规定，联邦宪法法院应联邦政府、各邦政府以及联邦议会三分之一议员的要求，有权就联邦法律、各邦法律是否违反联邦宪法和法律进行审查；各级法院在审理具体案件时，如果发现所应适用的联邦或者某一邦的法律违反联邦宪法，必须将有关法律提请联邦宪法法院进行审查、裁判，然后再进行案件的审理。只是各国行使法律最终解释权的机构名称不同，有的叫做宪法法院，有的叫做宪法委员会，中国则是由全国人大常委会来行使这项权力。

这样，在“一国两制”“一国多法”的体制下，中国行使法律的最终解释权的机构仍然只有一个，即全国人大常委会，但是行使司法最终裁判权的机构目前已经有三个，即设在北京的内地的终审法院——最高人民法院和分别设在香港、澳门的两个特区终审法院，这三个终审法院相互之间没有隶属关系，各自在自己的管辖区域内行使自己的司法终审权。

全国人大常委会对特区基本法行使最终解释权，这既是它对特区享有违宪审查权的重要表现，也是全国人大常委会对特区行使违宪审查的重要方式。

通过对基本法的解释，全国人大常委会可以纠正特区违反基本法的立法和行为。全国人大常委会解释基本法并不一定要基于特区或者国务院的提请，它可以主动解释基本法，而且从法理上说，全国人大常委会对基本法的解释只要不违反“一国两制”、高度自治的方针，也可以是全面的解释。

3. 全国人大常委会解释基本法行为的性质分析

对这种由最高国家权力机关（立法机关）解释宪法和宪法性法律、而不是由普通的司法机关或者宪法法院解释宪法和法律的制度，香港人士是比较陌生的。因为在普通法制度下，宪法和法律的最终解释机关是一般法院；在大陆法体制下，则是专门的宪法法院或者委员会。如果立法机关不同意这些解释，可以重新立法或者修改法律，甚至发起修改宪法，但是不可以在制定了法律之后再解释法律。全国人大常委会迄今三次解释香港基本法，每次解释之前，都有香港人士建议人大最好修改基本法，进一步明确法律用语，而不要采取解释基本法的方法解决问题。但是修改法律的前提是法律本身有误，然而基本法的有关条款本身并没有错误，因此修改基本法成为不可能，只能采取解释法律的方法。实际上 1996 年和 1998 年全国人大常委会就国籍法在香港和澳门特别行政区实施的问题所作出的解释，也是内地法律解释很好的例子，但是当时并没有人对这种解释的内容和方式提出异议。①

全国人大常委会解释法律问题涉及中国的宪制问题。在中国宪法之下，全国人大常委会是国家最高权力机关的常设机关，也是行使国家立法权的机关。在中国的宪法理论中，法律的解释权是最高国家权力（立法权）的附属权力，解释法律是全国人大常委会作为最高国家权力机关的重要职能之一，因此，它解释法律的行为具有立法的性质，看起来好像在进行特殊立法，就像在内地当法律制定出来后，有关机关还要制定具体的实施细则一样，只不过特区基本法的“实施细则”由全国人大常委会分很多次制定罢了。同时，由于宪法

① 1996 年 5 月 15 日第八届全国人民代表大会常务委员会第十九次会议通过了《关于〈中华人民共和国国籍法〉在香港特别行政区实施的几个问题的解释》。该《解释》考虑到香港的历史背景和现实情况，采取灵活办法，圆满解决了中国国籍法在香港特别行政区适用带来的难题。1998 年 12 月 29 日第九届全国人民代表大会常务委员会第六次会议作出《关于〈中华人民共和国国籍法〉在澳门特别行政区实施的几个问题的解释》，对澳门回归后澳门居民的国籍问题也作出了类似的特别安排。

和宪法性法律的政治性，使得对宪法或者宪法性法律的解释不同于对一般法律的解释，在任何国家这都不是纯粹的司法活动。正如凯尔逊(H. Kelsen)所言，宪法之解释，与其认为是纯粹的司法行为，毋宁认为是立法行为，还来得正确。因此，按照中国的宪法理论，法律尤其宪法的解释最好由立法机关来负责。

其实这是大陆法系法律解释制度的共同特点。大陆法系解释法律强调对立法原意的追究，带有立法或者修改法律的特征。英国大法官丹宁勋爵在评价大陆法系的法律解释制度时说：大陆法系的法律解释“是英国法院从未做过的。它不重视条文的实际词句。它填补条文间的空白，它做了它认为应该尽力去做的事。它的作用与其说是解释者，倒不如说立法者。它的一切都使守旧的英国人感到震惊”①。同样，全国人大常委会对基本法的解释也不同于香港法院对基本法的解释，既然是由最高国家权力机关兼立法机关来解释法律，它如果“填补(法律)条文间的空白”，那是不奇怪的。

1996 年全国人大常委会就国籍法在香港的实施所做出的解释，填补了国籍法没有规定香港人国籍问题的空白。

人大解释中国刑法等法律也带有同样的特点。例如 1999 年 12 月 17 日第九届全国人民代表大会常务委员会第十三次会议应最高人民法院、最高人民检察院建议对《刑法》第 93 条的解释，就有这样的特点。《刑法》第 93 条规定：“本法所称国家工作人员，是指国家机关中从事公务的人员。”“国有公司、企业、事业单位、人民团体中从事公务的人员和国家机关、国有公司、企业、事业单位委派到非国有公司、企业、事业单位、社会团体从事公务的人员，以及其他依照法律从事公务的人员，以国家工作人员论。”经过人大释法，农村村民委员会等基层组织依法或受政府委托从事村公共事务的管理工作属于依法从事公务，应以国家工作人员论。如果在从事公务时利用职务之便，非法占有公共财物，挪用公款或者收受贿赂，应当依照刑法关于国家工作人员贪污罪、挪用公款罪、受贿罪追究刑事责任，而不应适用刑法关于侵占罪、挪用资金罪和业务

---

① [英]丹宁勋爵：《法律的未来》，刘庸安、张文镇译，法律出版社 2000 年版，第 333 页。

受贿罪的规定。

从人大解释香港基本法的方式和程序来看,也遵循了全国人大常委会的一般立法程序。例如1999年第一次解释基本法,国务院向全国人大常委会提出要求解释基本法的议案,然后由全国人大常委会委员长会议决定是否接受国务院的议案。委员长会议审议了国务院的议案,认为为了保证基本法的实施,由全国人大常委会就基本法有关条款进行解释,是必要和适当的,因此委员长会议决定将国务院的提案提交全国人大常委会全体会议讨论。委员长会议于1999年6月22日将议案提交九届全国人大常委会第十次会议审议,并作了说明。九届全国人大常委会第十次会议经过认真审议,并征询全国人大常委会香港特别行政区基本法委员会的意见,于1999年6月22日通过了对基本法有关条款的解释。[①] 因此,从整个过程来看,全国人大常委会解释基本法的行为具有立法的一些特征,但是不同于制定法律或者修改法律。

全国人大常委会行使宪法和法律的解释权,从性质上也可以视为其开展违宪审查活动之重要组成部分。因此,它对特区基本法的最终解释也就是它对特区行使违宪审查权的一个重要方面。

(三)全国人大常委会对特区原有法律的违宪审查

《香港基本法》第160条和《澳门基本法》第145条规定,特别行政区成立时,香港、澳门原有法律除由全国人民代表大会常务委员会宣布为同基本法抵触者外,采用为特别行政区法律,如以后发现有的法律与基本法抵触,可依照基本法规定的程序修改或停止生效。这条规定授权全国人大常委会在特别行政区成立时先行按照对特区成立前的原有法律进行审查,审查的唯一标准就是特区基本法,发现有和基本法抵触的,就宣布为无效,其他的得以全部采纳为特区的法律,这是非常典型的违宪审查。全国人大常委会据此开展了史无前例的违宪审查,这也可能是宪法史上最大规模的违宪审查,审查法律之多、之复杂前所未有。

香港回归前的法律体系十分复杂,其宪制性法律是《英皇制诰》和《皇室训

---

① 《人民日报》1999年6月23日、6月27日。

令》,在此之下的香港法律至少包括五大类,即适用于香港的英国的普通法和衡平法、英国国会制定的适用于香港的成文法律、香港本地的法院判例法、香港本地制定的条例和附属立法以及清朝的一些习惯法。另外港英当局在香港回归前根据《香港人权法案条例》加紧修改了许多法律,希望中国能够在香港回归后保持不变。可见,要对这么多复杂的法律逐条逐项逐个对照基本法的规定进行违宪审查,而且大部分法律是英文的,其工程之浩大,可以想见。①

整个审查工作于 1993 年 7 月开始,1996 年 1 月全国人大香港特别行政区筹备委员会(简称"筹委会")正式成立后,新成立的筹委会法律小组又进行了反复、深入、慎重的研究。"最后,委员们达成了一个共识,即对所有抵触基本法的情况,都必须作出适当处理。当在处理时应把握一个基本原则,即保持香港现行法律基本不变。在具体处理方法上,可针对抵触基本法各种情况的不同特点,采取不同的(处理)方式。"②

根据法律小组的意见,特区筹委会正式向全国人大常委会提出了《关于处理香港原有法律问题的建议》,对香港原有法律中存在的抵触基本法的各种情况提出了具体的处理建议。1997 年 2 月 23 日八届全国人民代表大会常务委员会第二十四次会议在审议了香港特别行政区筹委会提出的《建议》后,通过了《关于根据〈中华人民共和国香港特别行政区基本法〉第一百六十条处理香港原有法律的决定》,详细规定了对香港原有的各种法律包括普通法、衡平法、条例、附属立法和习惯法的处理方法。这是对香港原有法律进行的一次全面的"违宪审查"。该《决定》首先肯定"香港原有法律,包括普通法、衡平法、条例、附属立法和习惯法,除同《基本法》抵触者外,采用为香港特别行政区法律"。然后分门别类对香港原有法律作出了不同的区分,并采取了不同的处理方法。在这个过程中,对绝大部分法律的审查和修改是没有争议的,因为大部分审查和修改都是技术性的,原有法律的实体内容并没有修改,因此并没有引

① 希文:《香港法律发展史上的里程碑——浅谈全国人大常委会关于香港原有法律处理问题的决定》,载《中国法律》(香港),1997 年第 2 期,第 12 页。

② 希文:《香港法律发展史上的里程碑——浅谈全国人大常委会关于香港原有法律处理问题的决定》,载《中国法律》(香港),1997 年第 2 期,第 13 页。

起社会法律上权利义务关系的实质性变化。对一些有争议的问题，全国人大常委会在处理时既坚持原则，又有很大的灵活性，十分宽容，体现了中央恪守联合声明和基本法，贯彻“一国两制”“港人治港”和高度自治的决心和诚意。[①]总之，在这次前所未有的特殊的违宪审查中，全国人大常委会恰当处理了香港原有法律的过渡，既改变了香港的法统，确立了新的基本规范和法律秩序，又没有对香港原有的法律体系“伤筋动骨”，对香港社会造成动荡，实现了香港政权的平稳过渡。正如香港大学法律学院院长陈弘毅教授所言，“总括来说，97过渡对香港原有法律的冲击可说是轻微的，无论在民商事、刑事、公法、甚至是人权方面，香港原有法律都可算是——正如《联合声明》所言——‘基本不变’，香港特别行政区法律对各个人和法人的权益的保护，将一如既往”[②]。因此这可以说是一次成功的违宪审查。

同样，在全国人大澳门特别行政区筹备委员会的协助下，1999年10月31日第九届全国人民代表大会常务委员会第十二次会议全面系统地对澳门原有法律依照澳门基本法进行了违宪审查，通过了《关于根据〈中华人民共和国澳门特别行政区基本法〉第一百四十五条处理澳门原有法律的决定》，分门别类地对澳门原有法律进行了审查处理。共有12部澳门原有法律、法令、行政法规和规范性文件被认定抵触基本法，因此不采用为澳门特别行政区法律。有3部法律、法令也被认定抵触了基本法，不采用为澳门特别行政区法律，但澳门特别行政区在制定新的法律前，可按基本法规定的原则和参照原有做法处理有关事务。18部澳门原有法律、法令中的部分条款被认定抵触基本法，不采用为澳门特别行政区法律，其他条款继续适用。其他大部分法律、法令虽然没有抵触基本法，但是其中使用的一些名称或词句应该改变，《决定》规定了这些名称词句的替换原则。《决定》还要求对采用为澳门特别行政区法律的澳门原有法律，自特区成立之日起，在适用时应作出必要的变更、适应、限制或例外，以符合中国对澳门恢复行使主权后澳门的地位和基本法的有关规定，还要符合其他一些规定的原则。采用为澳门特别行政区法律的澳门原有法律，如以后发

---

① 曾育文：《以宽容态度处理香港原有法律》，载《大公报》（香港）1997年2月5日。

② 陈弘毅：《香港回归的法学反思》，载《法学家》1997年第5期，第59页。

现与基本法相抵触者，可依照基本法的规定和法定程序修改或停止生效。对澳门原有法律的审查，也没有对澳门原有的法律体系造成根本的影响，符合基本法规定的澳门原有法律基本不变的原则。这也是一次成功的违宪审查。

尽管香港澳门的原有法律不是特区立法机关制定的，但是既然要采用为特区的法律，作为特区违宪审查机关的全国人大常委会当然有权对这些法律、法令、文件进行全面的违宪审查。全国人大常委会对香港澳门原有法律进行的这种集中时间、集中人力物力、全面系统的审查，在特区成立后，就转变为对特区立法机关的立法进行日常的备案审查了。

二、全国人大对特区享有的违宪审查权

根据上述分析，可以看出全国人大常委会是特区的违宪审查机构。那么，作为全国人大常委会的上级机关的全国人大是否也是特区的违宪审查机关呢？在中国宪法上，全国人大无疑具有违宪审查权。这表现在《宪法》第 62 条规定的全国人民代表大会所享有的权力，其中第二项是“监督宪法的实施”，第十一项是“改变或者撤销全国人民代表大会常务委员会不适当的决定”。可见，全国人大主要的违宪审查对象是全国人大常委会。

历史上看，全国人大没有对其他机构行使过违宪审查权，倒是对自己的立法进行过自我违宪审查。如果要找中国全国人大进行违宪审查的例子的话，就是全国人大对香港、澳门两部特别行政区基本法所作的违宪审查。中国宪法是一部社会主义性质的宪法，它规定了中国社会主义的政治、经济、文化和社会等各方面的制度。但是，1990 年 4 月 4 日第七届全国人大通过的《香港特别行政区基本法》却规定在香港不实行社会主义的制度和政策，保持原有的资本主义制度和生活方式，这明显地违反了宪法。因此，一些香港人士担心将来《香港特别行政区基本法》有可能被提起宪法诉讼，并有可能被宣布为违宪而被撤销。鉴于此，第七届全国人大在通过《香港特别行政区基本法》的同时，通过了一个《决定》，从而解决了《香港特别行政区基本法》是否违宪的问题。该《决定》肯定“香港特别行政区基本法是根据《中华人民共和国宪法》按照香港的具体情况制定的，是符合宪法的。香港特别行政区设立后实行的制度、政策

和法律，以香港特别行政区基本法为依据”。这实际上就是一次违宪审查，即全国人大在通过《香港特别行政区基本法》时，同时对它进行了违宪审查（或叫合宪审查）。全国人大在审查后认为它是合宪的，没有违反宪法。这就从根本上排除了将来有人认为《香港特别行政区基本法》违宪，从而提起宪法诉讼。这是新中国立法史上，全国人大第一次公开对一部法律进行违宪（合宪）审查，并正式作出审查结论。

同样 1993 年 3 月 31 日第八届全国人民代表大会通过《澳门特别行政区基本法》时，也对它进行了违宪审查，通过了一个同样的《决定》，解决了其合宪性问题。在中国，香港问题和澳门问题当然是特例。除此之外，中国最高国家权力机关还没有行使宪法赋予的违宪审查权。

这两个违宪审查的实例也以惯例的形式解决了应该由哪一个机构对全国人大自己的立法进行违宪审查的问题。宪法只规定了全国人大可以对全国人大常委会的立法进行违宪审查，但是，对全国人大自己的立法由哪个机构进行违宪审查，宪法并没有规定。根据这个惯例，全国人大要负责对自己的立法进行是否违宪的审查，也就是说全国人大违宪审查的对象除了全国人大常委会等，还有它自己。这已经成为一条不成文的宪法惯例。

基于此，我认为一般情况下全国人大不会对特区直接行使违宪审查权，而是通过对全国人大常委会的行为，包括全国人大常委会的立法、法律解释和对特区立法的备案审查行为进行违宪审查，来间接地对特区进行监督。

三、人大和特区法院在违宪审查问题上的互动

关于特区法院有无违宪审查权问题，基本法和世界上许多宪法和宪法性法律一样，没有明确规定法院是否享有违宪审查权。有学者认为，两部特区基本法第 11 条都规定：“特别行政区立法机关制定的任何法律，均不得同本法相抵触。”这说明基本法是特区的最高法律规范，具有真正的凌驾地位，特区的其他一切立法不得违反基本法。这就为建立特区的违宪审查机制提供了宪法性基础。

那么由哪一个机关来判断特区立法是否违反基本法呢？全国人大常委会固然是一个，但它不是唯一的，也不是经常性行使这项权力的机关。《香港基

本法》第80条和《澳门基本法》第82条规定，特别行政区各级法院是特别行政区的司法机关，行使特别行政区的审判权。“司法”的“法”当然首先包括特区最高法，即基本法，特区各级法院负有监督实施基本法的职责。加之根据《香港基本法》第158条和《澳门基本法》第143条，全国人大常委会授权特区法院在审理案件时对特区基本法的条款进行解释的权力，法律解释与违宪审查是密切相关的。而且，《香港基本法》第81条又规定：“原在香港实行的司法体制，除因设立香港特别行政区终审法院而产生变化外，予以保留”。根据香港学者的研究，在香港回归前，在普通法体制下，香港已经形成了由普通司法机关即法院负责违宪审查的制度，即司法审查(judicial review)制度。在这种制度下，香港法院享有违宪审查权。特区成立后，根据基本法的这个规定，这种司法审查制度被保留下来了。①

无论如何，香港回归中国八年多的实践证明，香港特区的法院已经多次行使违宪审查权，在有关诉讼中对香港特区本地的立法和行政行为实施是否违反基本法的违宪审查，有些判决还涉及中国宪法问题。② 这确实是一个必须面对的现实问题。

至于澳门，原来在葡萄牙的管治之下，只有一审法院(初级法院)，上诉案件要由葡萄牙法院直接受理。而有关法律的合宪性审查案件，则只能向葡萄牙的宪法法院提出③，澳门本地是没有违宪审查权的。由于澳门的情况与香港有很大不同，香港以前已经有司法审查的历史和经验，有完整的司法系统，澳门以前则没有严格意义上的司法审查(即对政府抽象行为的宪法性审查)，甚至连完整的司法系统也是在回归前不久建立起来的。④ 因此，澳门司法机关的违宪审查问题还需要探讨。

特区法院如果行使违宪审查权，如何处理它和人大违宪审查权之间的关系呢？应该承认，对于内地和特别行政区两种不同的违宪审查制度，双方对对

---

① 陈弘毅：《论香港特别行政区法院的违宪审查权》，载《中外法学》1998年第5期，第12页。
② 同上。
③ 赵秉志，高德志：《澳门法律问题》，中国人民公安大学出版社1997年版，第16—17页。
④ 肖蔚云：《一国两制与澳门特别行政区基本法》，北京大学出版社1993年版，第232页。

方的认识都不够。在内地的人士看来，由法院来宣布立法机关通过的法律违宪从而是无效的，这是不可思议的事情，因为在民主体制下，由任命而产生的法官怎么可以推翻民选机关的决定呢？这是生活在大陆法传统之下的人们没办法理解的。然而，这在普通法区域却是正常现象。同样，在香港人士看来，由最高国家权力机关（立法机关）来审查法律和行为是否违宪，这也是不可思议的，因为同一个机构怎么可以审查自己的决定是否合理合宪呢？普通法有一个谚语，一个人不可以做自己的法官。然而，在内地，在人民代表大会制度之下，这又是符合体制的，是正常的。如果两地都在各自的范围内行使自己的违宪审查权或司法审查权，处理自己司法区域内的宪法性案件，这不会产生什么问题。问题是当出现涉及两地的宪法性案件和基本法案件时，应该如何处理？两地的违宪审查机构如何互动？这里主要有以下两个问题。

（一）特区法院可否审查全国人大及其常委会的立法

在普通法下，法院可以审查立法机关通过的法律。但全国人大及其常委会是否也是特别行政区的最高国家权力机关？这应该是没有疑问的，而且中国的最高权力机关有权为特别行政区立法，也是特别行政区的立法机关。那么，特区法院可否审查全国人大及其常委会通过的法律有无违反基本法呢？

答案是不可以。首先，回归前香港的法院就对英国国会的立法无权实施违宪审查，即使在原来普通法体制下这也是不可能的。[①] 回归后，尽管香港法院的审查的范围有所扩大，但是全国人大及其常委会通过的法律和决定应排除在其审查的范围之外，这项限制应该视为《基本法》第 19 条规定的“香港原有法律制度和原则对法院审判权所作的限制”。其次，中国的最高权力机关为特别行政区立法的行为是一种国家行为，是代表国家行使主权的行为。而根据香港《基本法》第 19 条规定，香港特别行政区法院对国防、外交等国家行为无管辖权。既然根本无管辖权，违宪审查也就不存在。所以，从根本上来说，特别行政区法院对全国人大及其常委会的立法包括法律解释都不可以实施违宪审查。如果特区法

① Albert H. Y. Chen, “The Court of Final Appeal's Ruling in the ‘Illegal Migrant’ Children Case: Congressional Supremacy and Judicial Review”, Law Working Paper Series Paper No. 24, *Faculty of Law*, the University of Hong Kong, March 1999.

院在审理案件中遇有涉及包括国家立法等国家行为的事实问题，根据《基本法》第 19 条的规定，应取得行政长官就该等问题发出的证明文件，上述文件对法院有约束力。而行政长官在发出证明文件前，必须取得中央人民政府的证明书。

那么，如果全国人大及其常委会针对特区的立法包括法律解释，违反了宪法或者基本法怎么办？这是一些人担心的。如果出现这样的情况，应该通过中国内地的违宪审查机制来解决，即由中国内地的违宪审查机关来处理。按照中国宪法的规定，目前有权对全国人大常委会的行为实施违宪审查的机构是全国人大。因此，如果全国人大常委会对特区立法的违宪审查有问题，如果全国人大常委会对基本法的解释违反了“一国两制”、“港人治港”、高度自治的立法原则，那么补救的办法就是请求全国人大撤销全国人大常委会的有关决定。这就是目前宪法规定的解决机制。如果内地的违宪审查制度现在还不够健全，那应该健全内地的违宪审查制度，而不能以此为借口否认中央的违宪审查权。

如果说全国人大常委会和特区法院都有违宪审查权的话，前者的违宪审查权是全面的，不仅可以对特区的立法实施一定的违宪审查，而且也有权对内地的立法和行政是否符合基本法的规定实施违宪审查；特区的违宪审查只能面向特区本地的立法和行政，不可以审查全国性法律和中央政府的行为是否符合基本法。

实际上按照目前的中国的宪法体制，内地各省、自治区和直辖市的违宪审查机构——它们的人大和人大常委会对上一级立法机关的立法即全国人大及其常委会的立法也是不可以进行违宪审查的，更不用说最高人民法院对全国人大及其常委会的立法进行违宪审查了。在这个问题上，特别行政区基本法并没有给予特别行政区特别的待遇，与内地一般地方是一样的，即中央保留了最后的违宪审查权，尽管它可能不经常使用这个权力。

当然，这样说并没有否定特区法院对全国人大及其常委会的有关立法行使解释权。特区法院既然有权解释基本法，那么对人大有关特区的其他立法也可以解释。如果发现这些立法有违反基本法的情况，按照目前的解决机制，特区法院在作出不可上诉的终审判决以前，应该先暂时中止审判，请求全国人大常委会对怀疑违宪的人大法律进行解释或者违宪审查，然后再按照人大的解释或者审查结论进行案件审理。如果由于违反基本法而要废除中央的某一个立法,只能由全国人大及其常委会自己来进行。

(二) 全国人大常委会可否审查特区法院的判决

全国人大及其常委会可否对特区法院的判决实行违宪审查呢?根据基本法的规定,特别行政区享有独立的司法权和终审权,如前所述,全国人大及其常委会不是特别行政区的"终审法院"或者"最高法院",不会对特区法院在其法定管辖权范围内进行的判决实行违宪审查。全国人大常委会根据基本法规定享有的基本法的解释权,并不是一种司法权或者终审权,而是立法权的附属权力。因此,全国人大常委会解释基本法的行为不是司法行为。在法理上"解释"和"裁判"或者"审理"是不同的概念。全国人大常委会并不具体审理案件,只是说明法律条款的具体含义。根据基本法规定,审理案件的权力属于特区法院。如果特区法院的判决有违宪的情况,应该通过特区自己的司法机制来加以纠正解决。如果政府对特区法院的判决不满,可以寻究人大解释基本法甚至通过法定程序修改基本法,但是不能代替特区法院来审理案件。

在内地,关于人大及其常委会可否对内地法院的判决实施"个案监督"问题,还有一些争议。全国人大常委会准备起草一个监督法院审判工作的细则,但是据了解,全国人大常委会不会直接办理或审批具体案件,只是督促法院依法自行纠正、处理有关案件。① 我认为,不能因为内地法院现在判案质量比较低甚至有腐败行为,就由人大代替法院审理案件,因为这样就会损害另外一个重要的宪法原则,即法院独立审判原则,而且不利于树立法院的权威和威信。法院判案质量不高,应该通过提高法官素质、改革审判制度来解决,而不可以因噎废食,顾此失彼,结果得不偿失。

英国国会上议院也有司法功能,以此说明中国的全国人大常委会应该也可以进行一定的司法活动。还有,宪法规定全国人大及其常委会是我国的最

① 全国人大内务司法委员会 1999 年 8 月 24 日向九届全国人大常委会第十一次会议提请审议了全国人大常委会关于对审判、检察工作中重大违法案件实施监督规定的草案。见《光明日报》1999 年 8 月 25 日。

高权力机关①,“最高权力”应该包括司法权。我认为这两个说法在目前中国的宪法结构下,都是不能成立的。首先英国上议院在英国宪法上的定性就具有司法功能,实际上就是英国法院的重要组成部分,这是历史形成的,不是可以随便“学”得到的。② 但是中国不是两院制国家,全国人大及其常委会在中国宪法上的定性也不具有司法功能,因此不可能进行司法活动。至于“最高权力”,我认为就是指宪法第 62 条和第 67 条列举的各项权力,不包括司法权。“最高权力”就是“最高的权力”,而且仅仅是“最高的权力”,不是“所有的权力”,不可以代替其他国家机构行使各自的宪法权力。如果一定要使全国人大及其常委会像英国国会上议院那样行使司法权,这也是可以的,但是必须首先修改宪法,扩大全国人大及其常委会的职权,把司法权包括到第 62 条和第 67 条里边。这样全国人大及其常委会就成为中国实际的宪法法院或者最高法院,其运作方式程序等都要相应变化。

如果在内地,全国人大常委会都不会对内地法院的判决直接实施违宪审查的话,那么对“高度自治”的特别行政区的法院的判决,全国人大常委会就更不会直接行使违宪审查权了。

假设将来全国人大常委会在行使违宪审查权时,采用司法程序,甚至明确它就是中国的宪法法院,或者将来在全国人大之下另设一个宪法法院或者委员会,独立负责违宪审查,这是否意味着将来特区的司法终审权就要“上交”全国人大常委会或者宪法法院呢?我认为不可能。因为特区的司法终审权不仅受基本法的保护,而且受两个《联合声明》的保护。即使将来中国违宪审查制度完善了,全国违宪审查机构所享有的权力仍然是基本法规定了的那些(即解释基本法、对特区立法的本案审查),司法终审权仍然属于特区。

结束语

在“一国两制”之下,这两种不同的法律观、两种不同的违宪(司法)审查制度需要一段很长的时间才可以磨合。对于特区法院来说,香港特区法院司法审查

---

① 《中华人民共和国宪法》第 57 条。

② Richard Ward: *English Legal System*, London: Butterworths,1998, p. 166.

权的行使远远比回归前的法院活跃，决定事项的重要程度远比以前的大，范围比以前的广得多。而澳门特区法院正在进行有关探索。但是，“我们不可以简单地说，法院的违宪审查权的范围越大便越是好事，或者说法院在行使违宪审查权时越多否决立法或行政的措施便越是好事。违宪审查权往往导致法院介入处理一些具有争议性的社会公共政策问题，在个人权利和社会整体利益之间、在不同的相互矛盾的权益或价值观念之间进行协调。法院需要学习怎样适度地行使违宪审查权这种锋利的武器，并在包括立法、行政和司法的整个政治和法律体制中找寻法院作为司法机关和宪法性法律的监护者的恰当位置”①。特区法院现在可以说正在寻找在特区新的宪制架构下、在全国和特区的政治法律制度中自己的合适的位置。

同样，对于特区的上级违宪审查机构即全国人大常委会来说，基本法对全国人大常委会及全国人大违宪审查权的行使，并没有很多限制。在由普通司法机关或者专门宪法法院负责违宪审查的体制下，由于违宪审查从性质上说是司法活动，因此，通常都是被动的，采取不告不理原则，要结合具体案件的审理。但是在中国由最高国家权力机关负责违宪审查的体制下，这一原则并不适用。从理论上说，人大可以根据情况主动对自己的立法、对中央政府的行为、对特区的立法和行政有无违反基本法，实施违宪审查。但是，人大对特区违宪审查权的行使要遵循一些基本原则。

这些原则包括：第一，人大对特区违宪审查的标准主要是特区基本法，尤其是基本法关于中央管辖事项和中央与特区关系的条款，当然中国宪法是人大必须遵守的最高规范。第二，既然基本法规定人大对基本法的修改都不得同国家对特区“既定的基本方针政策”相抵触②，这实际上是基本法不可以修改的条款，那么人大对特区的违宪审查也必须符合国家对特区的这些“既定的基本方针政策”。这些“既定的基本方针政策”就是“一国两制”“港人治港”“澳人治澳”和高度自治。第三，尽管人大可以主动行使对特区的违宪审查权，但是，人大还是应该非常慎重，尽量少用、不用这个权力。第四，人大行使违宪审查

① 陈弘毅：《论香港特别行政区法院的违宪审查权》，载《中外法学》1998 年第 5 期，第 18 页。

② 《香港特别行政区基本法》第 159 条和《澳门特别行政区基本法》第 144 条。

权，不能代替特区立法机关和行政机关的工作，如果特区的立法被宣布违宪，应该由特区立法机关自行重新立法，而不是由中央代行特区立法。第五，要遵守法定的程序，即释法以前或者发回特区立法以前，必须征求其所属的基本法委员会的意见。人大三次释法也形成了一些惯例。例如，释法前，广泛征求特区各界、主要是法律界的意见，而且邀请部分港区全国人大代表列席会议。这都使得人大释法的制度更加完善。

因此，对于全国人大常委会而言，这也是一个新的挑战。毕竟特区不同于内地一般的省、市、自治区，如何在实行“一国两制”的情况下，扮演好基本法的监护者角色，做到既维护国家的整体利益，又充分尊重、保障特区的司法独立和司法终审权，恰到好处地行使自己的权力，并尽快完善内地的法律解释制度和违宪审查制度，这既是内地法治发展自身的需要，也是处理中央与特别行政区关系、实现并维护国家统一的需要。对国家最高权力机关来说，这也是一个新的课题。

关于“人大释法”的几个问题*

香港和内地实行不同的法律和司法制度，在“一国两制”之下，两种不同法律制度需要磨合，这种磨合并非无原则地妥协，不是我吃掉你，也不是你吃掉我，而是要互相忍让，互相适应，和谐共处。二者应该是“和而不同”，而非“同而不和”。全国人大常委会在有需要的时候解释基本法，正是两种法律制度进行“君子式”磨合的重要机制，是好事情，是正面的。

我今天想谈两个问题：处理领导人缺位继任问题的一般做法，以及人大释法。

各国处理继任人任期有共同规律

第一个问题，各国在领导人缺位时，怎样处理继任人的任期，是有一个共同遵守的规律的。我们的研究发现，当继任领导人的产生机构是由前任领导人的产生机构来产生的话，那么继任领导人的任期就是剩余任期。比方说，美国、英国，当这两个国家出现总统或首相出缺，也是由同一个选举机构选出继任人。在美国，由同一个总统的选举团，来选继任总统，只不过是在选总统时，同一时间把后备总统也选出来；英国，由同一个议会的执政党选出继任人。他们的任期都是前领导人剩余的任期，这是共同规律。但是，在世界上也有例外

* 发表于《文汇报》(香港)、《大公报》(香港)2005年4月10日。

的情况，就是继任人是新的任期，法国便是这个情况。法国宪法规定，如果出现总统辞职，在35天之内要举行总统选举，产生的总统是新的完整的任期。为什么呢？法国不是由产生前任总统的产生机构选出新总统，而是由另一个选举团选出。

根据基本法规定，在2007年前出现特首缺位情况，产生继任特首是由同一个选举委员会选举新的特首。那便符合国际上的惯例，即由同一产生机构选出的领导人任期是上任的剩余任期。为什么是这样的呢？原因是民意和合法性都是有时效的，过去的便作废，旧的民意不能代替新的民意，旧的合法性不能代替新的合法性，否则便会产生真正的宪制危机。

政府换届的含义，就是更新政府的民意基础及合法性。所以，新特首的任期是剩余任期，这符合各国宪法处理这个问题的规律和原则。

算不算一届也有成熟国际惯例

3月30日，我在报纸上发表过一篇文章，谈到剩余任期算不算新的一届任期，如果一个人做了两年，他还能多做一届还是两届的问题。我看到香港的报纸上说，这个王振民是今日的王振民打倒昨天的王振民。我今天要如实地向各位汇报这个情况，媒体记者可以作证。在过去一段时间，王振民除了体重增加之外，没有变化。我自己没有变，可能有些人变了，有些人原来说是(新特首任期应)两年，后来说五年；有些人原来要求人大释法，后来反对人大释法，所以变的好像不是我。

关于剩余任期算不算新一届任期的问题，也有一些成熟的国际惯例，以及我们国家的做法可作参考。如果继任特首的任期超过一个完整任期的一半时间，从学理上说，应该算是一届。比方说，如完整任期是五年，而继任特首的剩余任期是三年，便算是一届，他日后再选，只可多做一届。如剩余任期不到完整任期的一半，比方说做了一年、两年，从道理上说，不能算是一届。新特首应该可以还有两次(连任)机会。这是一个普遍遵守的规律。

解释法律是实施法律的重要环节和方法

由全国人大常委会解释法律包括香港基本法，是中国宪法和基本法确立的一项基本政治和法律制度，是特区新的政制和法治的重要组成部分，它既是“一国两制”的应有之义，也是贯彻实施“一国两制”和基本法的重要机制，是中央依法治港的重要方法。现在社会各界对即将于7月产生的新特首的任期有不同的理解，在没有其他处理办法解决问题的情况下，由人大再次解释基本法有关条款就是不可避免的。

任何完备的法律条款都是有灰色地带的，即使是最具远见的立法者穷其心智也无法制定出一部十全十美的法律。人的生命在于运动，法律的生命在于运用。法律的文字是死的，但是生活之树是常青的。对于法律条款的含义，见仁见智，人们有不同的理解是正常的。因此，在运用、实施法律的时候，对含义不够清楚的条款或者由于新情况的出现，由有关机关对法律进行解释就是不可避免的。这不是破坏法治，不是什么不好的事情，相反这是消除法律灰色地带，明辨是非曲直，解除民众困惑，从而更好地实施法律的必要手段。法律的解释制度是各个国家、各个地方法律制度的重要组成部分。缺少法律解释制度，或者需要解释法律的时候，法律解释机制却不能发挥作用，这样的法治不是完备的法治。

至于由哪一个机构解释法律，各国各地的规定是不同的。香港社会十分熟悉普通法的法律解释制度，即由法院解释法律，但是我们也要注意到其他不同的法律解释制度，例如欧洲大陆国家和中国内地的。

人大释法是“一国两制”的应有之义，是磨合两种法制的重要机制

正是基于香港和内地实行不同的法律解释制度，《基本法》第158条才一方面重述宪法的规定，肯定全国人大常委会是基本法的法定解释机关，另一方面授权香港法院可以解释基本法。因此，《基本法》第158条完美地把“一国”和“两制”结合起来，最佳地体现了“一国两制”的精神。

由香港法院解释基本法，这是“一国两制”的内在要求，同样道理，由全国人大常委会解释基本法，当然也是“一国两制”的应有之义。由香港法院解释基本法，这是实施“一国两制”和基本法的重要方法，同样道理，由全国人大常委会解释基本法，也是贯彻实施“一国两制”和基本法的重要方法。

我们深深认识到，香港和内地实行不同的法律和司法制度，在“一国两制”之下，两种不同法律制度需要磨合，这种磨合并非无原则地妥协。二者应该是“和而不同”，而非“同而不和”。全国人大常委会在有需要的时候解释基本法，正是两种法律制度进行“君子式”磨合的重要机制，是好事情，是正面的。

人大释法是香港新政制和法制的有机组成

由香港法院解释基本法，这是香港回归后新的政制和法治的重要内容，同样道理，由全国人大常委会解释基本法，当然也是香港回归后特区新的政制和法制必不可少的因素，它已经内化为香港本地政治和法律制度的有机组成部分，应该正常化，应以平常心来看待。全国人大常委会既是内地法定的、最权威的法律解释机关，也是“我们香港”的最权威的基本法的解释机关，而不是“人家的”、外来的法律解释机关。香港特区终审法院在自己的判决中也早已明确，对人大释法，特区法院必须遵守执行。

香港回归以前，谈到当时香港的政治和法律制度，我们不能不谈英国女王、英国议会和英国枢密院司法委员会（Judicial Committee of the Privy Council），因为他们决定香港的宪制乃至所有案件的终审，这些是当时香港政治法律制度的重要组成部分。香港回归后，中国政府通过基本法把原来英国中央政府对香港行使的许多权力授予给香港，自己只保留了很少一部分权力，人大释法就是其中之一。今天当我们谈论香港新的政制和法制的时候，是不能不谈人大释法的，这是香港新的政治法律制度的重要组成部分，是香港回归祖国带来的法统和宪制秩序根本转变的必然反映。

行政长官有权报告国务院请求全国人大常委会解释基本法

有人认为，行政长官无权主动报告国务院请求全国人大常委会解释基本法，如果要释法，只能由特区终审法院根据《基本法》第158条提请全国人大常委会对基本法作出解释。这种看法是不全面的。根据《基本法》第43条规定，行政长官是香港特别行政区的首长，代表香港特别行政区。这就是说，行政长官不仅仅是特区政府行政部门的首长，而且是整个特别行政区的首长。《基本法》第 43 条还规定行政长官依法对中央人民政府和香港特别行政区负责。第 48 条规定行政长官行使的职权包括负责在特区执行基本法。

在特别行政区，贯彻实施基本法的主体从政府层面看主要有两个，一是行政长官，二是特区司法机关，二者都负有贯彻实施基本法的宪制责任。但是，这二者实施基本法的责任大小和方式有所不同。行政长官是特区贯彻实施基本法的第一责任人，他或者她要对特区实施基本法的总体情况向中央和特区人民负责。就方式而言，司法机关实施法律是被动的，采取不告不理的原则，必须有案件的发生并被诉诸法院。行政长官则必须主动实施基本法，要不断地推动基本法的落实，例如行政长官可以宣传推广基本法，法院则要在后边就发生的问题做出裁决。一个在前，一个在后。

既然这二者都是实施基本法的主体，都是该法律关系的直接当事人，尤其行政长官还要对特区实施基本法的总体情况向中央负全责，他或者她当然应该把实施基本法中遇到的问题如实向中央报告，并提出解决问题的建议。特别是当在实施基本法过程中遇到了严重困难，发生了重大事项，对基本法的有关规定产生了重大歧义，可能导致基本法无法继续执行下去，在这种情况下，行政长官有宪制上的责任和权力立即向中央人民政府报告，寻求中央政府解决自己不能解决的问题，以保证基本法能够得到继续贯彻执行。国务院研究行政长官提交的报告后，如果认为事关重大，就会主动向全国人大常委会提出请求解释基本法有关条款的议案。

此外，人大常委会根据《基本法》第 158 条的规定，有权主动解释基本法，并不一定以法院诉讼的存在为前提和基础，认为只有特区法院提请，人大才可以释法的观点是不准确的。Yash Ghai 教授对此作过深入的研究。①

人大释法是维护特区法治之举

保持香港良好的法治是香港得以继续成功的重要条件，没有了法治，也就没有了一切。在这个问题上，中央与香港各界的看法是完全相同的。我们不

① Yash Ghai, *Hong Kong's New Constitutional Order*, Hong Kong University Press, 1997, p. 193.

要低估中央对维护香港法治的决心。

什么是法治(rule of law)？法治就是法律之治，它要求奉法律为至高无上的权威。在各种各样的法律里边，宪法具有最高法律效力，法治实为宪法之治(rule of constitutional law)。捍卫法治，首先必须捍卫宪法的权威。对于特别行政区而言，除了国家的宪法，基本法具有最高的法律效力，在各种法律中具有宪制上的凌驾地位，因此特区的法治可谓"基本法之治"(rule of the Basic Law)，捍卫基本法的权威和尊严，就是捍卫法治的权威和尊严，如果作为特区"小宪法"的基本法不能被全面、准确地贯彻实施，何来法治？

人大释法是中央依法治港的重要方法

通过人大释法，把基本法有关条款的含义、把有关立法原意准确地告知社会各界，这有利于基本法的贯彻实施。正是从这个意义上说，人大释法不是破坏香港的法治，恰恰是在捍卫法治。难道人大常委会捍卫基本法的权威，使基本法得到全面准确实施，不是捍卫法治、维护法治的表现吗？

需要特别指出的是，人大只释法，不司法，不处理具体案件。根据中国宪法，人大常委会负责释法，最高人民法院负责内地的司法终审。根据基本法，人大常委会只负责解释基本法，司法终审权由特区终审法院行使，人大常委会并不代替特区终审法院行使司法终审权。从这个角度来说，人大释法也没有破坏特区的司法独立和法治。

依法治国是祖国新的治国方略。依法治国要求任何政府机关的任何行为都必须有严格的法律依据，并必须严格依照法定程序。在管制香港问题上，毫无疑问更要贯彻法治原则。基本法是把香港特区与祖国内地和中央联结起来的一部法律，是中国管制香港的根本大法。人大常委会适时释法，既捍卫了特区的法治，也是中央依法治港的重要方法和渠道，是中央对香港特区承担的重要宪制责任。

人大释法没有侵犯特区的高度自治权

香港回归祖国近八年来，全国人大常委会迄今只对基本法进行过两次解释。就数量而言，相比特区法院对基本法的解释这是非常少的。我们要特别注意，根据《基本法》第 158 条，尽管人大对基本法的所有条款都有解释权，但是，人大对基本法的前两次解释包括这次可能的再次解释，都是针对有关中央与特区关系的条款或者涉及中央依法负责的事项的条款进行解释，并没有进入特区高度自治的领域，没有侵犯特区法定的高度自治，那种认为人大只要一释法，就侵犯了特区高度自治的说法是不正确的。

还需要指出的是，尽管人大常委会有权解释基本法，但是绝对不是说人大常委会可以随意解释基本法。我们知道，特区法院解释基本法是非常严肃的。同样，人大释法也是非常严肃、非常慎重的。特区法院释法要听取双方的辩论，而人大在释法之前，则要广泛地征求各界包括法律界的意见，尤其是其所属的基本法委员会的意见，可以说征求意见的范围更广泛；人大常委会的委员们对一个法律解释案的审议，其认真程度丝毫不亚于法官解释法律条款的认真程度。人大释法是非常严肃认真的国家行为。

人大释法维护了特区的繁荣稳定和社会和谐

从人大常委会释法的作用来看，其效果、其积极作用是有目共睹的。1999 年 6 月 26 日第九届全国人民代表大会常务委员会对《基本法》第 22 条第 4 款和第 24 条第 2 款第(三)项的解释，解决了困扰特区政府和各界的一个十分棘手的问题，避免了可能的管制危机。2004 年 4 月 6 日第十届全国人民代表大会常务委员会对《基本法》附件一第七条和附件二第三条的解释，为特区政治改革清楚地指明了方向，使香港民主政治得以朝着基本法规定的方向继续健康地向前发展。如果我们再往前追溯，1996 年 5 月 15 日第八届全国人民代表大会常务委员会同样释法，就《中华人民共和国国籍法》在香港特别行政区实施的有关问题进行了解释。这次释法，保证了香港居民在回归后可以继续享有迁徙、旅行的人身自由。

人大释法的实践证明，人大释法有力地维护了香港的繁荣稳定和香港社会的和谐有序，完全是为了香港民众的福祉。人民的福祉就是最高的法律。中央在香港的最大利益就是特区的繁荣稳定和特区居民的安居乐业，中央采取的一切行动包括人大释法，无一不是为着这个目的。

人大释法与其说是权力，毋宁说是人大的宪制责任和义务。在需要解释法律的时候，人大如果不解释法律，那就是失职，这种失职可能会对“一国两制”和基本法的实施，对法治的维护，对香港680万同胞的长远利益和根本利益造成不可弥补的损失。在上述那些情况下，假设人大不果断释法，那将产生什么样的政治、经济、法律和社会后果呢？将会产生什么样的国际影响呢？因此，在需要释法的时候，全国人大常委会有宪制上的权力、也有宪制上的责任适时解释基本法的有关条款。人大释法不可以简单地说越多就越好，或者越少就越好，而是必须根据情况，有需要就释法，恰到好处就最好。

结语

制定、实施基本法是前无古人的伟大事业。在实施基本法过程中，人们对基本法的条款有不同的解读是很正常的。从某种意义上说，通过我们的交流、沟通乃至辩论，反而会加深我们对基本法的理解，从而更好地认识基本法的原则精神。真理总是愈辩愈明。只要我们以香港同胞的利益和共和国的荣誉为重，事事出于公心，就没有什么障碍困难是不能克服的。

著名科学家爱因斯坦曾经说：“世上没有什么比立了法却不能执行更能使政府和法律名誉扫地的了。”（Nothing is more destructive of respect for the government and the law of the land than passing laws which cannot be enforced.）法律使我们变得崇高，但我们也必须尊重法律，遵守法治的精神。基本法捍卫了我们的人权和自由，反过来，基本法也需要我们的呵护、珍惜和关爱。只有人人成为“护法”，法治之树才会常青，人权自由才会永存。

对基本法关于特首任期规定的理解*

一、如何全面准确理解《基本法》第46条

《香港基本法》第46条规定："香港特别行政区行政长官任期五年，可连任一次。"香港法律界有些人士认为这一条款是指所有行政长官，不管何时产生、什么情况下产生的行政长官，只要拥有"行政长官"的头衔，他或者她的任期都是5年。而且，这已经规定到香港特区2001年9月制定的《行政长官选举条例》中去。这体现了英国普通法对法律条款的理解，主要强调字面解释。然而，这种理解是不全面、不准确的。

《基本法》第46条有两层含义，第一是作为一个政府职位(post)的行政长官，其法定任期是五年，也就是说在法律上这个职位存在的时间间隔是五年，不可缩短，也不可延长，届满就要换届。更换新一届行政长官，就是更换政府。至于在法定五年的时间内由一个或两个人担任行政长官，领导特区政府，法律没有限制，这就说明在政府五年的法定任期内，可以是一人，也可以是两人做特首。如果是两人担任特首，则两人担任特首的时间之和不能超过一届政府的法定五年任期。

第二层含义是指作为一个个人的行政长官，其延续担任行政长官不可超

* 中新社2005年3月30日，发表时有删节。

过两次，即十年。也就是说，一个人担任行政长官最多两次。可见，第 46 条的第二层含义是在讲一个人担任行政长官的最长时间限制。

准确地讲，《基本法》第 46 条应该是两句话，这样表述可能更清楚："香港特别行政区行政长官任期五年。一个人担任行政长官只可连任一次（或者说连续任职不得超过两届）。"第一句话讲的是职位，第二句话讲的是个人。第 46 条的英文翻译就用了两句话，也就更准确地表达了这个立法原意，即：

"*The term of office of the Chief Executive* of the Hong Kong Special Administrative Region shall be five years. *He or she* may serve for not more than two consecutive terms."

如果这样来看，情况就非常清楚了。第 46 条首先规定以行政长官为首的特区政府每届任期是五年。这五年之中，无论发生什么情况，无论政府高官如何变换，无论更换几个行政长官或者政务司长，政府的任期是法定的，就是五年。但是，一个人如果连续担任行政长官，则不能超过两届。

法律界一些人士对这一条的误解是把作为个人的行政长官和作为职位的行政机构混在一起。这是香港过去政治体制的习惯，例如回归前香港的布政司、财政司、律政司，首先是指个人，然后才是机构。这也是英国的宪法惯例，例如英国人理解国王就是一个人、一个家族，很少从一个国家机构的角度来理解国王，英国人心中只有国王，没有国家。香港受英国的影响极深，因此只把第 46 条理解为个人，误以为作为个人的行政长官其任期也必须是五年。

二、中国宪法关于国家职位的期限和领导人连续任职的规定

《宪法》第 60 条规定："全国人民代表大会每届任期五年。"

第 66 条规定："全国人民代表大会常务委员会每届任期同全国人民代表大会每届任期相同，它行使职权到下届全国人民代表大会选出新的常务委员会为止。

委员长、副委员长连续任职不得超过两届。"

第 79 条第 3 款规定："中华人民共和国主席、副主席每届任期同全国人民代表大会每届任期相同，连续任职不得超过两届。"

第 87 条规定："国务院每届任期同全国人民代表大会每届任期相同。

总理、副总理、国务委员连续任职不得超过两届。”

由上述规定我们可以看出，当国家职位和机构的最高领导人名称不同时，宪法就用两句话来规定，即先规定该职位每届的任期，然后再规定最高领导人个人任期的限制。例如宪法关于全国人民代表大会常务委员会每届任期的规定和对委员长、副委员长连续任职不得超过两届的规定，还有关于国务院每届任期的规定以及对总理、副总理、国务委员连续任职不得超过两届的规定，都是如此。

但是，当国家职位和最高领导人的称谓相同时，例如国家主席和副主席，既指职位，又指个人，宪法的规定就省略成一句话，也就是《宪法》第 79 条第 3 款规定的“中华人民共和国主席、副主席每届任期同全国人民代表大会每届任期相同，连续任职不得超过两届”。这里尽管是一句话，但决不是说机构和个人就可以混淆在一起了。《宪法》第 79 条第 3 款实际上也有两层含义，即首先中华人民共和国主席、副主席作为国家的元首机构每届任期五年；其次作为个人的主席、副主席连续任职不得超过两届。

基本法关于特区首长的规定就是如此，职位和名称相同，这样《基本法》第 46 条才会是一句话，而不是两句话。但是英文翻译无法简略，只能翻译成两句话。理解基本法的有关规定，不能不考虑基本法制定的宪制背景，不能不考虑中国的宪法解释理论和实践。基本法是中国宪法在特别行政区的延伸和拓展，是宪法的子法，它不可能脱离中国宪法发展出一套完全不同的法律哲学。特区行政长官是根据中国法律产生的一个政府职位，毫无疑问应该按照同一原则来理解其任期问题，这也是为什么《基本法》第 46 条没有再对此加以特别规定的原因。

三、基本法规定的特区政治体制是独特的

香港特别行政区基本法规定的政治体制既不同于内地的人民代表大会制，也不同于美、英、法等国以及其他任何一个国家的制度。

根据基本法，香港特区政治体制实际上划分为两个阶段：第一个阶段是 2007 年以前，第一届和第二届行政长官由一个具有广泛代表性的选举委员会来选举；如果在同一个任期内出现行政长官空缺的情况，也由同一个选举委员会补选。这就是为什么基本法规定选举委员会成员有五年任期的原因。可

见，在2007年以前这实际上是一个常设委员会。根据一些基本法起草委员会委员的回忆，这是一个过渡安排，大家当时认为，基本法只明确规定前两届政府如何组成，从第三届政府开始，可以采取另外的办法产生行政长官。如果决定从第三届开始，改变行政长官的产生办法，那么从2007年开始就进入香港特区政治发展的第二个阶段。

第二个阶段就是2007年以后，特首的产生办法可以依照基本法的规定进行修改。2004年4月特区政府正式向中央提出修改第三届特区政府的产生办法，全国人大常委会也已经决定可以修改2007年后特首的产生方法。因此，2007年以后香港特区可以实行另外一套与2007年以前不同的行政长官产生办法。至于2007年以后如果产生特首缺位的情况如何处理，那有待新的法律来规定。

可见，根据香港和整个国家的实际情况，借鉴国外的有关规定，基本法为香港特别行政区提供了一个独特的行政长官制度，包括任期换届和缺位时如何处理的制度。2007年以前产生的任何行政长官无论如何不能跨越2007年，因为《基本法》附件一明确以2007年为界，2007年前后香港可能采取不同的方法产生行政长官，其法律和法理依据不同。第一届和第二届，也就是前十年行政长官的产生方法基本法已经有明确安排，这期间如果出现行政长官变动的情况，毫无疑问，要采用同一法律制度进行补选，而补选行政长官并非政府换届，而是政府更换领导人。政府换届、第三届特区政府履新要到2007年，而非2005年。

2004年4月全国人大常委会对基本法的解释及随后就特区政治改革所做的决定也非常明确指出，2007年才是特区第三届政府产生的时间。因此，2007年之前发生的人事变动都是第一届或者第二届任期内的事情，不能影响2007年第三届特区政府的产生。

理解特区行政长官的任期，我们还要结合《基本法》附件一有关行政长官产生办法的规定，不能孤立只看《基本法》第46条，应该一并研究《基本法》第53条、第45条和《基本法》附件一，研究基本法制定的过程、有关条款的立法原意以及2004年全国人大常委会对基本法的解释和作出的相关决定。这样才能弄清基本法有关规定的真实意思。

四、关于选举委员会的任期

第二任行政长官选举委员会是 2000 年 7 月 14 日组成的，有 800 个成员，来自 38 个界别，代表不同行业、专业、劳工、社会服务团体及区域组织。按照基本法的规定，选举委员会委员任期五年，到 2005 年 7 月 13 日期满。而第二任行政长官的法定任期从 2002 年 7 月 1 日到 2007 年 6 月 30 日。可见，第二任行政长官选举委员会的任期和第二任行政长官的任期有近两年的时间差。这是可以理解的。

我们知道普通法（common law）经常讲常理（common sense）。试想，如果第二任行政长官选举委员会的任期和第二任行政长官的任期完全重合，都是从 2002 年 7 月 1 日到 2007 年 6 月 30 日，行政长官选举委员会根本无法在 2002 年 7 月 1 日同一天选出行政长官并让行政长官上任，因为还有中央任命的程序需要完成。而且即使当天选出并使行政长官上任，还是有一段时间香港会出现权力真空、没有行政长官的情况，这是一个法治社会所不允许的。因此，第二任行政长官选举委员会提前产生并开始运作，与第二任行政长官的任期有近两年的时间差，这是科学合理的。

如果在第二任行政长官选举委员会五年任期之内出现行政长官变动的情况，自然应该由该选举委员会补选。但是由其选出的任何行政长官，包括原来的和后来补选的行政长官，他们的任期都不可跨越第二届行政长官五年的法定任期，因为这是第二任行政长官选举委员会，只能选举第二任行政长官，不可代行 2007 年以后行政长官选举机构的职权。

有人会说，第二任行政长官选举委员会的任期到 2005 年 7 月 14 日截止，这以后就没有第二任行政长官选举委员会了，如果从 2005 年 7 月 14 日到 2007 年 6 月 30 日之前出现第二任行政长官空缺的情况，如何补选行政长官？从道理上讲，还应该由原来的第二任行政长官选举委员会来补选，但是这需要对《基本法》附件一的有关规定进行法律解释，以延长第二任行政长官选举委员会的任期至 2007 年 6 月 30 日。

五次人大释法与中央对港治理二十年*

香港的繁荣稳定是党和国家的大事。习近平总书记2016年在中国共产党成立95周年大会上发表的重要讲话中重申了中央对“一国两制”的信心和决心，高度关注香港未来发展，意涵深远。近年来，香港社会发生了诸如“占中”“旺角暴乱”等事件，个别极端分子甚至鼓吹“港独”，企图把已经回归的香港重新从祖国分离出去。尽管“港独”永远都不会得逞，但是由此引发的社会动荡却对香港的经济社会发展与国际国内形象产生了很大的消极影响。2016年11月7日，第十二届全国人民代表大会常务委员会于第二十四次会议全票通过了《全国人大常委会关于香港特别行政区基本法第一百零四条的解释》，明确了原本应当遵守的宪制层面的法律规范，打击了香港少数当选议员违规宣誓、蓄意宣扬“港独”并侮辱国家和民族的恶劣行径，捍卫了宪法、基本法的权威和民族尊严。

1997年香港回归至今，共发生过五次人大释法，每一次都是针对香港遇到的重大问题，释法内容直接关乎香港的繁荣稳定，是中央运用法治思维和法治方式治理香港的重要体现。从中，也可以看出中央治港20年所取得的成效、面临的问题，以及应对挑战背后的思路与脉络。了解这一过程，有利于深刻认识中央对继续保持香港长治久安、繁荣稳定的立场、态度与信心。

---

* 发表于《时事报告·大学生版》2017年1月(总第78期)。

一、全国人大常委会五次释法的实践

（一）什么是人大释法

人大释法是我国宪法规定的一项基本法律制度。根据宪法，全国人大常委会既是我国的立法机关，也是我国宪法和法律的最终解释机关。人们形象地把全国人大常委会对宪法和法律包括香港基本法的解释简称为人大释法。“一国两制”是我们解决历史遗留的香港问题的基本政策。1990 年 4 月 4 日第七届全国人民代表大会制定了《香港特别行政区基本法》，把“一国两制”法律化、制度化。1997 年 7 月 1 日香港回归，基本法开始在香港和内地生效。从国家层面上，基本法实施的一个重要方式就是通过全国人大常委会的解释得到落实和完善。因此，人大释法也是全面准确落实“一国两制”政策和香港基本法的应有之义。那么，在什么情况下全国人大常委会需要对基本法进行释法呢？《基本法》第 158 条规定，本法的解释权属于全国人大常委会。这就是说，全国人大常委会可以主动或者应请求根据需要随时对基本法的所有条款进行解释。全国人大常委会同时授权香港特别行政区法院在审理案件时可以解释基本法。如香港特别行政区法院在审理案件时需要对基本法关于中央人民政府管理的事务或中央和香港特别行政区关系的条款进行解释，而该条款的解释又影响到案件的判决，在对该案件作出不可上诉的终局判决前，应由香港特别行政区终审法院请全国人民代表大会常务委员会对有关条款作出解释。如全国人民代表大会常务委员会作出解释，香港特别行政区法院在引用该条款时，应以全国人民代表大会常务委员会的解释为准。

需要说明的是，全国人大行使基本法的解释权与香港司法独立之间并不矛盾。香港回归后，根据基本法，香港的司法终审权与基本法的最终解释权一分为二。一方面，香港享有独立的司法权和终审权，另一方面，基本法的最终解释权属于全国人大常委会。法院的终审权与全国人大常委会对基本法的最终解释权是并行不悖的两个权力。香港终审法院在判决书中也清晰指出，人大释法是全国人大常委会的制宪性权力，对香港法院有无可争辩的约束力，香港法院应该按照人大释法来处理有关案件。

（二）全国人大常委会五次释法

第一次释法：解决港人在内地子女居港权争议

随着香港回归祖国，大量香港居民在内地所生子女的香港居留权问题引起香港社会广泛关注。1999 年 1 月 29 日，香港终审法院作出终审判决，认为《基本法》第 24 条所指的香港居民所生子女，包括在其父或母成为香港永久性居民之前或之后所生的子女，以及婚生或非婚生子女；且同时宣布《基本法》第 22 条第 4 款中对“中国其他地区的人”进入香港的限制也不适用于这些人士。该项判决改变了香港的出入境管理制度，立即引发了香港社会的讨论和担忧。香港特区政府的调查统计表明，这项判决可能引发严重的社会问题，在此标准下，内地新增加的、具有香港居留权资格的人数将超过 167 万，占当时香港总人口的近四分之一。吸纳如此庞大的内地人士无疑将给香港带来巨大压力，香港的土地和社会资源也根本无法应付大量新进入的人口在教育、房屋、医疗卫生、社会福利及其他方面的需要，这将严重影响香港的稳定和繁荣。

香港社会就该判决是否符合基本法产生了争议。当年 5 月 19 日，香港立法会通过决议，支持政府要求人大常委会释法。5 月 20 日，时任香港特别行政区行政长官的董建华向国务院提交报告，认为这一判决内容与香港特区政府对基本法有关条款的理解不同，请求国务院提请全国人大常委会对基本法有关条款作出解释。国务院对报告进行研究后，向全国人大常委会提出释法议案。1999 年，全国人大常委会对《基本法》第 22 条第 4 款和第 24 条第 2 款第（三）项作出解释。解释明确规定，所有香港永久居民在内地所生中国籍子女要进入香港特区，必须依法向特区有关机关提出申请，获准后方能进入，如未按法律规定办理批准手续，即属违法。同时，释法对香港特区永久性居民范围进行了更为明确的界定。这次释法也与第五次释法相同，是香港社会内部包括香港终审法院与立法会和特区政府之间，就某一重大议题产生分歧，并涉及中央与香港关系，在此情况下，全国人大常委会通过释法消除理解分歧，平息社会纷争，有力防止了大批内地人士无序来港，从而保障了香港社会的繁荣稳定和有序发展。

值得一提的是，面对人大释法，香港终审法院在该判决的附带意见中表示，特区法院可审查并宣布全国人大及其常委会的立法行为无效。这显然违反了基本法的规定，是对全国人大及其常委会的地位及“一国两制”的严重挑战。对此，1999 年 2 月 8 日，肖蔚云等四位曾参与基本法起草工作的内地法律专家表示：第一，全国人大是最高国家权力机关，人大的立法行为和决定是任何机构都不得挑战和否定的。第二，香港特区是我国一个直辖于中央人民政府的地方行政区域，特区的这种地位决定了特区终审法院根本无权审查和宣布人大及其常委会的立法行为无效，否则相当于否定了国家主权。第三，特区终审法院的管辖权是有限的，其中就包括不可质疑国家最高权力机关的立法行为。2 月 26 日，香港终审法院作出澄清判决，表示全国人大常委会的基本法解释权、全国人大及其常委会依据基本法和基本法所规定的程序行使任何权力，是不能质疑的。这一判决意义重大，它标志着人大释法在香港落地，成为香港法治的重要组成部分，也是国家通过依法治港实现“一国两制”的成功实践。

第二次释法：厘清香港政制发展程序

香港回归前，西方媒体大肆唱衰香港，认为香港回归中国之日，就是香港衰败之时。然而，回归后的五年间，香港社会不仅保持稳定，还在各方面都取得突出成就。不仅如此，中央和特区政府也将根据基本法循序渐进推动民主发展视为自身的重要责任。从 2003 年开始，香港社会围绕政治体制发展的讨论聚焦到《基本法》附件一和附件二上。鉴于两个附件未对 2007 年以后行政长官和立法会的产生办法加以明确规定，香港社会一部分人借此大肆鼓吹要在 2007 年第三任行政长官选举及 2008 年第四届立法会选举年实现“双普选”，并拒绝中央在香港政制发展过程中的主导作用。

香港未来政治体制的发展，关系到“一国两制”方针和香港基本法的贯彻实施，关系到中央与香港特别行政区的关系，关系到香港社会各阶层的利益，关系到香港的长期繁荣稳定。有鉴于此，2004 年 4 月 6 日，全国人大常委会对《基本法》附件一第七条和附件二第三条作出解释。人大常委会第二次释法，明确了香港政治体制是由全国人大制定的基本法规定的，香港无权自行决定或改变其政治体制。与此同时，本次释法坚持了循序渐进发展香港政制的原则。这一次释法为香港政制发展提供了清晰的法律指引，也显示了中央对循序渐进推进香港民主发展的决心和诚意，在香港政制发展史上具有里程碑意义。

第三次释法：明确行政长官剩余任期

2005年3月12日，时任香港特别行政区行政长官董建华因健康原因辞职。根据基本法及特区《行政长官选举条例》的有关规定，须于7月10日选举新的行政长官。但是，新行政长官的任期到底是新的五年，还是原来行政长官的剩余任期（两年），香港社会对此存在不同意见，这就是所谓的“二五之争”。特区政府认为，补选产生的新的行政长官的任期应为原行政长官任期的余下部分。据此，特区政府需要修订《行政长官选举条例》，把行政长官职位在原行政长官任内出缺时经补选产生的新的行政长官的任期，以清晰明确的条文规定下来。此种意见遭到包括某些立法会议员及一部分香港市民的强烈反对。有立法会议员公开表示会就《行政长官选举条例》的修订草案提出司法复核，而一旦进入司法复核程序，香港便不可能在短时间内产生新的行政长官，果真如此，将大大不利于香港的稳定与发展。为此，时任署理行政长官曾荫权向国务院提交报告，建议提请全国人大常委会对《香港基本法》第53条第2款就新的行政长官的任期作出解释。

国务院研究后认为，特区政府面临的问题，关系到《香港基本法》第53条第2款的正确实施和新的行政长官的顺利产生，也关系到此后中央人民政府对特区行政长官的任命，因此向全国人大常委会提出《关于提请解释〈中华人民共和国香港特别行政区基本法〉第五十三条第二款的议案》。2005年4月27日，全国人大常委会对《基本法》第53条第2款作出解释，指出行政长官未任满五年任期造成行政长官缺位的情况下，新行政长官的任期为原行政长官的剩余任期，从而避免了一场宪制危机。

第四次释法：明确香港在对外事务上的权限范围

2008年5月，一家在美国注册的公司向香港特别行政区高等法院原讼法庭提起诉讼，要求执行两项国际仲裁裁决。该诉讼以刚果民主共和国为被告、中国中铁股份有限公司及旗下三家子公司为连带被告。刚果民主共和国和中国中铁股份有限公司及其子公司主张，刚果民主共和国享有国家豁免，香港法院对刚果民主共和国无司法管辖权，且刚果民主共和国多次通过外交渠道向我国政府提出交涉。鉴于案件涉及国家主权和中央人民政府的外交权力，经授权，外交部通过驻香港特派员公署向香港特别行政区政府政制及内地事务局先后发出三封函件，说明中央人民政府关于国家豁免问题的立场，指出我国一贯坚持的国家豁免原则，并且统一适用于全国，包括香港特别行政区，香港特别行政区如果实行与中央立场不一致的国家豁免原则将对国家主权造成损害等。上述函件均由香港特别行政区政府律政司司长作为证据转交香港特别行政区法院。由于案件涉及香港基本法实施的重大法律问题，香港特别行政区政府律政司司长依法以介入人身份参与诉讼。此案先后经香港高等法院原讼法庭、上诉法庭、终审法院开庭审理。

2011 年 6 月 8 日，香港终审法院作出临时判决，该判决涉及对香港基本法关于中央人民政府管理的事务及中央和香港特别行政区关系条款的解释。香港特别行政区终审法院依据《基本法》第 158 条第 3 款规定，向全国人大常委会提出释法请求。同年 8 月 26 日，全国人大常委会作出解释，明确管理与香港特别行政区有关的外交事务属于中央人民政府的权力，香港特别行政区有责任适用或实施中央人民政府决定采取的国家豁免规则或政策，而不得偏离上述规则或政策，也不得采取与上述规则或政策不同的规则。香港终审法院据此判刚果民主共和国政府胜诉。

全国人大第四次释法强调了国家豁免规则属于外交事务，香港法院无权处理以外国国家为被告或针对外国国家财产的案件。除此之外，这也是香港终审法院首次提请释法，意义重大，成为香港终审法院与全国人大常委会之间良性互动的典范。

第五次释法：明确公职人员就职宣誓的宪制含义

2016 年 10 月 12 日，在香港特别行政区第六届立法会就职宣誓仪式上，少数当选议员故意违反宣誓要求，公然宣扬“港独”，侮辱国家和民族。一名叫游蕙祯的候任议员在宣誓时，将一面印有英文“香港不属于中国”的旗帜摊在了宣誓桌上，并在接下来的宣誓中将香港称为国家，把中华人民共和国的“共和国”英文念成了英语粗口，还将 China 读成“支那”。另一名叫做梁颂恒的候任议员则在宣誓时将一面宣称“香港不属于中国”的旗帜披在了身上，而且也在宣誓中把中国称作“支那”。事实上，所有立法会参选人在选举前都签署过一个法定声明，表明拥护中华人民共和国基本法，效忠中华人民共和国香港特别行政区。香港特区选举管理委员会为此推出确认书，让所有参选人清楚明白拥护基本法，包括拥护第 1 条、第 12 条和第 159 条第 4 款，即香港是中国不可分离的部分、香港直辖于中央人民政府，以及基本法的任何修改不得与国家对香港既定基本方针政策有所抵触。两人的宣誓被监誓人当场判定无效，他们宣扬“港独”，侮辱整个中华民族的行径立即引起香港社会和全球华人的公愤。宣誓闹剧当天，众多香港媒体以《冒犯国家同胞无资格做议员》《全港市民怒斥立法会最丑恶一天》等标题报道此事。在互联网上，许多国内外华人都表达了对此事的愤慨。

根据《基本法》第 104 条规定，香港特别行政区行政长官、主要官员、行政会议成员、立法会议员、各级法院法官和其他司法人员在就职时，必须依法宣誓拥护中华人民共和国香港特别行政区基本法、效忠中华人民共和国香港特别行政区；根据香港本地法律《宣誓及声明条例》第 21 条，如任何人拒绝或忽略作出其必须作出的誓言，则该人必须离任；该人若未就任，则须被取消就任资格。根据香港立法会议事规则，议员如未按照《宣誓及声明条例》规定进行宣誓，则不得参与立法会会议或表决。2016 年 10 月 18 日，香港立法会主席裁定 5 名未依法宣誓的候任议员宣誓无效，但同时准许 5 人重新宣誓。对于这一裁定，香港特区政府和大多数市民十分不满，香港特区行政长官与律政司司长于当天晚上紧急向香港高等法院申请司法复核和禁制令，要求推翻立法会主席批准该 2 名候任议员重新宣誓的裁定，并于 25 日向高等法院提交修订入禀状，要求法庭颁布 2 名候任议员的议席悬空。香港社会包括立法会内部及立法会与特区政府之间对宣言的有效性，以及是否应该重新安排宣誓等议题产生意见分歧，这也严重影响到立法会的正常运转和香港的政治稳定。

在这种情况下，第十二届全国人民代表大会常务委员会于 2016 年 11 月 7 日第二十四次会议上全票通过《全国人大常委会关于香港特别行政区基本法

第一百零四条的解释》，依据基本法的立法原意对第104条内容加以明确。该解释主要明确以下五方面内容：第一，拥护基本法和效忠特区政府不仅是誓词内容，亦是担任公职人员包括立法会议员的法定资格和条件；第二，对宣誓内容和具体形式作了更为细致的规定，明确宣誓需要准确、完整、庄重；第三，明确不依法宣誓即丧失议员资格；第四，监视人裁定宣誓无效不得安排重新宣誓；最后，宣誓具有法律约束力，作假誓或有违反誓言的行为均要承担法律责任。11月15日，香港高等法院作出判决，裁定梁颂恒、游惠祯二人议员资格被取消。法官认为二人行为客观及清楚地显示，无论在形式或内容上，他们均不愿依照《基本法》第104条及《宣誓及声明条例》作出立法会宣言，因此根据《宣言及声明条例》第21条规定，梁颂恒与游惠祯二人依法被取消继续作为立法会议员的资格。二人随后提出上诉，11月30日，上诉庭驳回二人上诉。12月2日，律政司代表行政长官，就另外四名立法会议员的誓词问题向特区高等法院提起司法复核，要求法庭裁定他们的宣誓无效并颁令相应的议席悬空。

本次释法非常必要及时，不仅针对立法会宣誓事件亮明了原则底线，坚决遏制“港独”分子进入立法会，且对今后反对和惩治“港独”活动提供了坚实的法律基础，维护了宪法和基本法的权威及香港的法治。

回顾全国人大常委会的五次释法经过，无论是人大主动释法，还是国务院或香港终审法院提请人大释法，每一次都是确有实际需要，都是出现了基本法条文理解上的重大分歧，都是香港无法依靠自身解决、只有通过全国人大常委会释法才能定分止争、维护香港的繁荣稳定。人大释法是行使国家主权的重要方式，也是回归后香港法治的重要组成部分，对确保“一国两制”和香港基本法的全面准确实施、维护香港的繁荣稳定发挥了巨大作用。

二、从人大释法看中央对香港的治理

（一）坚持“一国两制”不动摇

“一国两制”既是我们解决历史遗留的香港问题的基本方针政策，也是回归后处理中央与特别行政区关系、贯彻实施基本法的根本准则。从20年的实践来看，“一国两制”在实践中已经取得公认的成功，具有强大生命力。当然，作为前无古人的伟大事业，“一国两制”的实践不可能一帆风顺，会遇到各种风险和挑战。但是无论遇到多大的困难，我们都要坚定不移贯彻“一国两制”、“港人治港”、高度自治的方针，不会变，不动摇；同时要全面准确落实，确保“一国两制”在香港的实践不走样、不变形，始终沿着正确方向前进。2016 年 12 月 23 日，国家主席习近平在中南海会见香港特别行政区行政长官梁振英时再次强调，“一国两制”符合国家利益和港人福祉，符合包括香港同胞在内的全国人民共同心愿，中央、特区政府和香港社会要坚定信心、坚守底线、坚决维护，确保“一国两制”在香港的实践在基本法轨道上向前推进。全国人大常委会五次释法正是为了确保“一国两制”的实践不走样，不变形。从中央和内地来说，要充分尊重、坚决维护香港实行的各种与内地不同的制度，不干预香港特别行政区依法自治的事务。从香港来说，必须认识到“一国两制”的前提和基础是“一国”，没有“一国”就没有“两制”。因此，在香港不能容许任何人从事任何形式的危害国家主权安全的活动，不容许挑战中央依法行使的权力和宪法、基本法的权威，不容许利用香港对内地进行渗透颠覆活动、破坏全国的社会和谐和政治稳定，这是“一国两制”的应有之义，也是贯彻实施“一国两制”的底线原则。

（二）用好用足宪法法律赋予中央的权力

2014 年国务院新闻办公室发表的《“一国两制”在香港特别行政区的实践》白皮书指出：“宪法和香港基本法规定的特别行政区制度是国家对某些区域采取的一种特殊管理制度。在这一制度下，中央拥有对香港特别行政区的全面管治权，既包括中央直接行使的权力，也包括授权香港特别行政区依法实行高度自治。对于香港特别行政区的高度自治权，中央具有监督权力。”白皮书是中央在充分总结“一国两制”在香港实践经验基础上，全面表明中央对港方针政策的权威性文件，对我们理解中央对港管治权具有重要指导作用。固然，根据基本法，香港特别行政区享有高度自治权，包括行政权、立法权以及独立的司法权和终审权。这些自治权不仅是内地任何一个省、自治区和直辖市无法比拟的，甚至在很多方面远远高于美国等联邦制国家下一个邦（州）所能够享有的自治权，例如香港有自己一套独立的法律制度、有权自主发行货币、香港可以参加有关经贸方面的国际组织（例如 WTO）和国际活动，等等。20 年来中央充分尊重、保障特别行政区行使这些高度自治权，没有干预特区依法高度自治的任何事项。但是，高度自治不是“绝对自治”，不是中央什么都不管，对中央政府而言，依法用好用足宪法法律赋予的权力也是“一国两制”的必然要求，否则就是不作为，这其中就包括全国人大常委会解释基本法的权力，还包括中央对高度自治的监督。但是，香港社会仍有人把全国人大常委会释法视为洪水猛兽，深究起来，主要还是因为这些人根本不认为中央应该享有这些权力或者不应该真正行使这些权力，把基本法规定的“五十年不变”理解成了“五十年不管”，甚至有意无意把香港视为独立、半独立的政治实体。“一国两制”的成功实践，既需要保证特区高度自治权的充分行使，也有赖于中央依法行使主权，把中央的事权落实到位；既不乱作为，也不不作为，而必须严格依法为所当为。人大五次释法充分彰显了中央治理香港的这些思路。

其实，关于这个问题，1987 年 4 月，在会见香港特别行政区基本法起草委员会委员时，邓小平就有一段非常精辟的阐述：“切不要以为香港的事情全由香港人来管，中央一点都不管，就万事大吉了。这是不行的。这种想法不实际。中央确实是不干预特别行政区的具体事务的，也不需要干预。但是，特别行政区是不是也会发生危害国家根本利益的事情呢？难道就不会出现吗？那个时候，北京过问不过问？难道香港就不会出现损害香港根本利益的事情？能够设想香港就没有干扰，没有破坏力量吗？我看没有这种自我安慰的依据。如果中央把什么权力都放弃了，就可能会出现一些混乱，损害香港的利益。”①邓小平的这段话是 30 年前说的，但对当下依然有着非常强的针对性。一段时间以来，“港独”有愈演愈烈的趋势，中央多次明确表示“港独”活动冲击“一国两制”的原则底线，是不可容忍的。但是“港独”分子不仅不知收敛，反而更加肆无忌惮，公然从街头走向政权机关和学校，公然挑衅基本法权威和“一国”的底线。尽管“港独”决不可能成事，但也决不能放任其蔓延下去，人大第五次释法就是依法遏制“港独”恶性膨胀的利器、良药，获得了很好的法律和政治效果。

---

①《邓小平文选》第三卷，人民出版社 1993 年版，第 221 页。

（三）发展经济、改善民生，循序渐进推动民主

从五次释法和20年来全国人大常委会就两地关系、香港长远发展作出的一些决定的内容来看，中央始终坚持发展经济、改善民生的重要性。无论是1999年第一次释法，或者2003年推出的CEPA(《内地与香港关于建立更紧密经贸关系的安排》)，或者2006年就“一地两检”作出的决定，20年来中央持续不断推出的一系列惠港惠民措施，都着眼于香港的长期稳定发展，让香港经济不断发展，不断升级，让香港广大市民的生活不断改善，有“获得感”，让香港能够充分享受“一国”带来的各种好处和便利，搭上国家经济快速发展的列车，参与中华民族伟大复兴的进程，这个思路20年来一以贯之，从未动摇，充分体现了中央对香港民众福祉的关注和关怀。与此同时，中央坚定不移地按照基本法循序渐进推动香港民主政制的发展，人大五次释法和相关决定涉及政制发展的内容比较多，体现了中央推动香港发展民主的决心和诚意。尽管2015年6月18日由于反对派议员的反对，2017年普选产生香港特别行政区行政长官的决定未能获得香港立法会的通过，香港普选之路遇到重大挫折，但是中央循序渐进推动民主发展的信心和决心没有动摇，行政长官和立法会议员“双普选”最终一定能够实现。

三、“一国”之下两种制度如何相处

香港自古以来就是中国的一部分。鸦片战争后，香港被英国侵占并统治155年，中国政府1997年7月1日对香港恢复行使主权，实现了香港的永久回归。“一国”是永远、永久的，是谁都无法改变的客观事实。而在“一国”下实行两种制度则是前无古人的伟大创举，是特定历史条件下的最佳选择，我们相信“两制”也将跨越2047年，成为中央治港的长久之策。展望未来，为了寻找“一国”之下“两制”长远和谐相处之道，最大限度地实现互利双赢，要确立以下三个基本认识。

首先，香港要学会正确看待自己的祖国，要对祖国有正确、全面、客观的认识。第一，不仅要认识祖国的过去，也要认识祖国的现在，要接受过去的、历史上的中国，也要接受现在的中国。第二，不仅要接受苦难、贫穷、落后的中国，

更应该接受繁荣、富强、进步的中国。第三，祖国虽然还有不少不足的地方，但也要看到并承认国家一直在进步。第四，要客观、科学认识国家的政治体制。如果香港是一篇内容丰富的章节，那么祖国可以说是一部厚重宏大的巨著。要全面深入认识今日之中国，理解国家面临的各种挑战和困难，要主动地为国家的发展做贡献，在中华民族复兴的伟大事业中当一名参与者，而非旁观者。必须认识到，香港的根、香港的本、香港的源，香港的过去和未来都在伟大的祖国。

其次，香港是国家改革开放最大的受益者。有人觉得英国155年的统治从头到尾都非常美好，但这绝非事实。客观地说，英国殖民统治者对待中国人根本没有什么公平正义和法治可言，香港真正的发展是从20世纪70年代中、末期开始的，在此以前，香港曾腐败横行，经济长期落后。香港经济真正的腾飞与国家改革开放几乎同步，由于特殊的地理位置和历史地位，香港一直扮演着内地与世界“超级联系人”的角色。港人靠这种特殊的地位和自己的勤奋努力，取得了令人羡慕、令人骄傲的成绩，但“联系人”一定是双向的，如果一方不开放，另一方也就没办法担当联系人的角色，可以说，香港是中国改革开放最大的受益者。与此同时，香港也是国家重要的资产，没有香港的特殊贡献，中国现代化的很多方面可能要摸索更长的时间。香港为国家的改革开放，特别是社会主义市场经济建设做出了特殊巨大的贡献，这是中国其他任何一个地方都没办法取代的。

最后，“两制”要融洽相处。第一，要坚守法治的原则，合情合理地处理两地关系。既要严格按照法律来处理两地关系问题，也要考虑到两地是一家人、是骨肉同胞，合法的同时也要注重合情合理。第二，共同维护宪法的尊严。一个国家，只有一部宪法。宪法是包括香港在内的全国的根本大法，香港基本法是根据宪法制定的，即便香港不适用宪法规定的很多制度，但是香港作为中国的一个特别行政区，必须尊重国家宪法规定的制度，尊重我们共同的祖国。第三，国家要严格依据宪法和香港基本法行使主权，担负起对香港的宪制责任。中央行使解释基本法的权力，是合宪合法的行为，既是权力，也是责任，绝非一些人片面理解的“干预”。事实上，香港回归20年全国人大常委会仅对基本法进行过五次释法，这足以看出中央对于释法非常自制。第四，中央确保特别行政区依照基本法充分行使高度自治权，包括行政管理权、立法权、独立的司法权和终审权，以及《基本法》第五章、第六章规定的高度自治的事项等。20 年实践充分证明中央尊重、落实“两制”，充分保证特区依法高度自治。

“一国两制”与基本法的各种制度设计是科学的、合理的，20 年来取得了举世瞩目的成就。近年来香港社会出现的一些问题，恰恰是由于某些重要的制度建构尚未有效落实造成的。面对这种情况，我们不应该怀疑“一国两制”本身，而是应该勇敢地启动香港基本法里面那些沉睡条款，把基本法规定应该建立完善的制度、体制和机制，不折不扣地建立起来、完善起来。要回归香港基本法，以香港基本法为依据，努力达成最广泛的社会共识，以最高的智慧、耐心、决心和毅力，共同克服前进中的一切艰难险阻，续写“一国两制”在香港成功的故事，创造香港和祖国更加美好的明天。

香港法院适用中国宪法问题研究*

一、问题的提出

中国宪法在香港特别行政区(以下简称香港)的适用问题,早在中英联合声明签署之前就在香港学界引起过争论。① 在香港基本法(以下简称基本法)起草之时,就此问题起草委员会和咨询委员会内部也是争议纷纷,莫衷一是,至今没有在学理上提出一个内地和香港学界都信服的观点。② 目前学界关于这一问题的讨论是与基本法的性质、宪法与基本法的关系以及基本法的合宪性等问题杂糅在一起予以呈现的。纵观学界的观点,大致可以归纳为以下三种:

---

* 发表于《政治与法律》2014 年第 4 期,与清华大学法学院 2012 级博士研究生孙成合作,发表时有删节。

① See W. S. Clarke, "Hong Kong Under the Chinese Constitution", *14 Hong Kong L. J.* 71 (1984); Albert. H. Y. Chen, "Further Aspects of the Autonomy of Hong Kong Under the PRC Constitution", *14 Hong Kong L. J.* 341 (1984).

② 香港基本法起草中关于此问题的原始文献可见:香港基本法咨询委员会中央与特别行政区的关系专责小组编《基本法与宪法的关系(最后报告)》,1987;香港基本法咨询委员会编《中华人民共和国香港特别行政区基本法(草案)征求意见稿咨询报告(2)专题报告:基本法与中国宪法的关系》,1988,第 5—11 页;香港基本法咨询委员会编《中华人民共和国香港特别行政区基本法(草案)征求意见稿咨询报告(5)条文总报告》,1988,第 40—42 页;香港基本法咨询委员会编《中华人民共和国香港特别行政区基本法(草案)咨询报告(3)条文总报告》,1989,第 27—28 页。

（一）只适用《宪法》第 31 条说

这一理论为不少香港学者所支持，其核心的观点是：鉴于宪法的社会主义性质，除了《宪法》第 31 条为香港特别行政区的成立和基本法的制定提供依据外，宪法的其他条款不应该适用于香港。在香港实际上是基本法充当着"the Constitutional Law"的角色。这是"一国两制"政策的必然，并得到中英联合声明和基本法条文的肯定。①

（二）宪法部分条款适用说

这一理论由中国内地的老一辈宪法学者提出，目前在内地仍处于通说的地位。其核心观点是：宪法作为一个整体在香港特别行政区适用，但是宪法中关于社会主义制度和政策的具体条文规定，不适用于香港特别行政区。这一充满辩证法色彩的论点在一定程度上减轻了港人对此问题的疑虑，后来的学者也以此为基础进行精细化研究，并重点对宪法部分适用的原因进行探讨，形成了不同的论证路径：如"《宪法》第 31 条依据说""'一国两制'政策依据说""宪法特别法依据说""宪法适用的区际差异说"以及"基本法变通/补充/中介适用说"等。②

（三）宪法完全适用说

基于上述两种观点或多或少存在论证缺陷，近期以殷啸虎教授和邹平学教授为代表的学者提出了完全适用说。③ 该说巧妙地回避了上述观点的固有论证思路，通过采纳广义上的宪法适用概念，来论证宪法可以也应该完全适用于香港特别行政区。具体的路径是：首先，将宪法适用区分为抽象适用与具体适用，宪法的抽象适用主要是通过立法完成的，所以基本法依据宪法制定本身

---

① 参见 Yash Ghai，*Hong Kong's New Constitutional Order：the Resumption of Chinese Sovereignty and the Basic Law*，2nd edition，Hong Kong：Hong Kong University Press，1999，p. 218 - 219；H. L. Fu，"Supremacy of a Different Kind：The Constitution，the NPC，and the Hong Kong SAR" in Chan，Fu，Ghaieds，*Hong Kong's Constitutional Debate：Conflict over Interpretation*，Hong Kong：Hong Kong University Press，2000，pp. 98 - 102。

② 对此问题已有学者进行过总结，在此不再一一评析。有兴趣者可参见邹平学：《宪法在香港特别行政区的效力和适用研究述评》，载《深圳大学学报（人文社会科学版）》2013 年第 5 期。

③ 参见殷啸虎：《论宪法在特别行政区的适用》，载《法学》2010 年第 1 期；邹平学：《1982 年〈宪法〉第 31 条辨析——兼论现行〈宪法〉在特别行政区的适用》，载《当代港澳研究》2013 年第 1 期。

就是对宪法的适用。其次，在宪法的具体适用方面，又再细分为两个层面，其一是积极地予以落实，其二是消极地不予反对。因此，宪法中涉及社会主义制度和政策的规定不在香港予以落实，并不意味着宪法不适用于香港，只是这种适用是以“认可、尊重和不得破坏”的形态予以体现的，即香港特别行政区可以通过立法不实行社会主义制度，但是不能通过立法来反对四项基本原则、颠覆社会主义制度。香港的各类组织和居民也必须尊重这些制度和政策在内地的客观存在。而这本身也是宪法适用于香港特别行政区的表现。①

通过上述初步的梳理，可以发现此问题研究的核心要点是：在宪法适用于香港问题上，如何处理基于主权回归而理应适用的诉求，与不能完全适用的实践之间的矛盾。现有研究主要侧重于，通过概念的辨析和宏观理论的推导使此问题在应然层面得到一个逻辑自洽的结论，而缺乏对香港法院在实践中究竟是如何适用中国宪法的实证研究。值得注意的是，虽然广义上的宪法适用具有很多种表现形态，但是学理普遍承认宪法的司法性适用在其中处于核心的地位。② 作为具有司法审查制度（judicial review），并实行普通法的香港，如果在毫不提及司法判决的情况下，讨论宪法在香港的适用问题，其结论本身恐怕很难被香港学者所认同。有鉴于此，本文将主要基于香港回归后的司法实践，对香港法院适用中国宪法的问题展开研究。全文共分为四个部分：首先，对回归后香港法院引用宪法的判例，以“是否作为案件争议点的裁判依据”为

① 应该承认，该说有力地改进了通说的观点，为此问题的讨论开拓了新的空间，但是也有以下几点可商榷之处。第一，一般来说法律遵守与法律适用是两个并列的概念，统一在法律实施之下，如果将宪法适用予以广义解释，将宪法遵守纳入宪法适用中，存在法理争议。第二，该说只是转化了问题，将过去通说中的“为什么部分适用”，转化为“为什么要以消极的方式适用”，当谈到具体依据时，实际上又回到了部分适用说的讨论。

② 由于宪法适用可谓是内地宪法学界歧义最多的一个概念，所以，在这里对本文所使用的宪法适用、宪法的司法性适用和宪法审查的关系做一个统一的界定。我们认为宪法适用包括但不限于司法性适用，宪法审查又是宪法司法性适用的典型形态。而宪法审查之所以只是典型形态而不能与宪法的司法性适用完全等同，是因为在一些案件中司法性机构虽以宪法为裁判依据做出了判决，但在其中并未就宪法和法律之间的效力问题作出审查，这也属于宪法的司法性适用。选择如此界定的理由在于：本文是以存在司法审查的香港作为论述背景，所以选取了香港法律界人士最好理解的概念。与上述思路类似的观点可见，韩大元、林来梵、郑贤君：《宪法学专题研究》，中国人民大学出版社 2008 年版，第 161 页（本部分由韩大元撰写）；林来梵：《宪法学讲义》，法律出版社 2011 年版，第 118、120 页；胡锦光：《违宪审查论》，海南出版社 2007 年版，第 34—35 页。

标准进行归纳，并辅之以重点案例的分析，使得我们对相关判决有一个总体性的印象。其次，本文将目光往返于上述实证结论与现有学说之间，既客观地指出限制香港法院适用宪法的规范困境，也不讳言维持目前司法性适用模式的内在隐忧。再次，通过运用法律解释方法，给上述困境在规范体系内尽量提供一个自圆其说的解决方案。当然，也指出宪法在香港适用的最终“去问题化”，将有赖于内地自身宪法审查制度的不断完善。最后，本文认为“一国两制”政策提高了国家统合①的成本，面对“国家统合的香港困境”，需要在宪法学理论上作出必要的反思。

二、香港法院引用宪法的类型化研究

通过初步的检索，回归后香港各级法院至少在37份判决书中引用了中国宪法。② 从其时间跨度和影响力看，几乎覆盖了香港回归以来所有引发学术争议的判决。但是严格地说，判决中引用了中国宪法，并不一定意味着宪法在香港被司法机关所适用。本文的宪法司法性适用，是指当香港法院在处理一个真实的案件争议点，且该争议点的解决与案件的最终结果具有直接关系时，以宪法作为裁判争议点的依据被适用，这其中包括但不限于在宪法审查意义上被适用。以此为标准，并考虑到论述的连贯性及案件之间的关联性，本文拟将相关判决大致分为四类进行分析。

（一）在特定案件中作为裁判依据

长期以来在学界有一种观点，认为基于中国宪法的社会主义性质，香港法

---

① 本文所谓的国家统合是指，面对一个已经统一的国家，如何在法的意义上使其凝聚力不断得以维持的方式。

② 检索的数据库是香港法院官方网站，http://www. judiciary. gov. hk/tc/index/index. htm 以“Chinese Constitution”，“Chinese Constitutional law”，“PRC Constitution”，“Constitution of the People's Republic of China”，“Constitution of the PRC”，“People's Republic of China's Constitution”为关键词进行“进阶搜索”，选择“包括完整的字句”条件，再对结果中重复的判决进行合并，最后检索时间为2014年2月1日。之所以没有选择“Constitution”或“Constitutional Law”为关键词是因为香港判决中经常用该词形容基本法，上述检索方式虽不能说穷尽了所有判决，但已可反映香港法院适用中国宪法的总体情况。另外请注意本文在分析判决书时，并不刻意区分判决理由“*ratio decidendi*”和附带意见“*obiter dictum*”，原因是香港法院判决中的一些具有学术意义的论点，经常出现在附带意见中，如马维騉案中临时立法会合法性的问题，吴嘉玲案中关于宪法性管辖权的问题等。

院不能够适用宪法。实际上，上述观点与香港本身的司法实践并不相符。香港法院至少在5份判决中将宪法作为特定案件争议点的裁判依据。在这其中，丁磊淼案和华天轮案具有重要的学术意义。

丁磊淼案①起因于香港法院是否应该承认和执行台湾地区法院涉及破产的裁决。对此，在回归前，香港高等法院陈兆恺法官基于英国政府不认为台湾为一个独立主权国家的立场，拒绝承认和执行台北法院的裁定。② 而在回归后，鉴于内地和香港关系的巨大转变，上述判决被高等法院上诉庭以多数意见所推翻，此结果最终为终审法院所维持。

如果从案件的核心争议点出发，会发现该案之所以能够产生，与香港法院对中国《宪法》序言第九段的解释直接相关。《宪法》序言第九段规定“台湾是中华人民共和国的神圣领土的一部分。完成统一祖国的大业是包括台湾同胞在内的全中国人民的神圣职责”。正是基于这一规定，香港法院将台湾地区现政府的性质描述为“叛逆政府”(rebel government)或“谋反政府的不法实际控制”(de facto albeit unlawful control of usurper government)，而非外国政府。这一事实认定使得该案在法律适用上，与以往香港法院承认和执行外国民事判决的案件截然不同(也使得该案的二审与其回归前的一审有了明显区别)。此外，Wilberforce原则③的运用在承认台湾法院破产裁决上起了核心作用，为了论证运用Wilberforce原则的合理性，香港法院一方面在普通法资源中寻找依据，另一方面则直接诉诸了中国《宪法》序言第九段。高等法院上诉庭的Godfrey法官认为Wilberforce原则在本案中能够适用的基础在于：中华人民共和国作为主权者虽然不能直接对台湾行使主权，但其仍有义务尽一切可能保护台湾人民的福祉。这就使台湾的非法控制者得到了一种默示的授权去维护该地方的法制与秩序，而在有限的范围内，主权者应该承认这些行为的有效

① Ku Chia Chun and Others v. Ting Lei Miao and Others, CACV 178/1997; Chen Li Hung and Another v. Ting Lei Miao and others, FACV 2/1999.

② Ting Lei Miao v. Chen Li Hung and Another, HCA 5805/1991.

③ 由Wilberforce勋爵在Carl Zeiss Stiftung v. Ray & Keeler Ltd案中做出，其含义是：对于本国政府不承认的政府，如果其法院裁决满足以下条件，本国法院也可对该裁决予以承认。第一，裁决所涉及的是私权利；第二，对裁决的认可符合公平正义原则、常理以及法律和秩序的要求；第三，对裁决的认可不会有损本国主权或与公共政策相抵触。[1967] A. C. 853 at p. 954.

性。作为中国一部分的香港如果拒绝承认这一点，则将与宪法序言第九段所体现的精神相背离。① 值得留意的是，高等法院上诉庭的 Rogers 法官虽然持少数不同意见，但是他也明确承认《宪法》序言第九段在该案的适用性。② 上述逻辑被终审法院所确认，Lord Cooke 法官进一步指出，香港法院对台湾民事破产裁定的承认没有损害中国对台湾的主权或与公共政策相抵触，相反作为中国组成部分的香港承认涉及台湾居民的破产裁决，有助于强化"完成祖国统一大业"这一论点。③ 该案适用宪法所得出的上述结论，在另外两份判决书中也为香港法院所遵循。④

华天轮案主要涉及一家马来西亚公司与广东打捞局的民事纠纷，该案是香港回归后首个关于官方豁免权（crown immunity）（起源于英国，即"国王不能为非"以及"国王不能在自己的法庭被起诉"）的案例，其判决的内容与中国对香港恢复行使主权的事实具有密切关系。⑤ 法院处理该案两个核心争议点时适用了宪法。

其一，回归后，中央政府是否可以依据官方豁免原则免受香港法院的管辖。对此，代表广东打捞局的大律师认为根据中国《宪法》第 31 条，香港是中国的一个地方行政区，其法院亦是中国的法院，所以根据官方豁免原则，香港法院无权审理以中央政府为被告的案件（除非经其同意）。⑥ 对此论点香港法院予以接受。⑦

其二，广东打捞局是否属于中央政府的隶属机构，从而也享有官方豁免权。法院首先采取"控制说"判断广东打捞局不是一个独立法律主体，而是中

---

① Ku Chia Chun and Others v. Ting Lei Miao and Others, CACV 178/1997, para 46 - 47.

② Ku Chia Chun and Others v. Ting Lei Miao and Others, CACV 178/1997, para 65.

③ Chen Li Hung and Another v. Ting Lei Miao and others, FACV 2/1999, para 53.

④ Cef New Aisa Co. Ltd v. Wong Kwong Yiu, John, HCA 374/1998, para 17; Cef New Aisa Co. Ltd v. Wong Kwong Yiu, John, CACV 77/1999, para 9, 13.

⑤ 对该案分析的中文文献可见，董立坤、张淑钿：《论中国政府机构在香港特别行政区的豁免权——以华天轮案为例》，载《政治与法律》2011 年第 5 期。

⑥ Intraline Resources SdnBhd v. The Owners of The Ship of Vessel "Hua Tian Long", HCAJ 59/2008, para 69.

⑦ Intraline Resources SdnBhd v. The Owners of The Ship of Vessel "Hua Tian Long", HCAJ 59/2008, para 82 - 83.

国交通部的隶属机构。之后根据中国《宪法》第89条的规定指出,交通部需要接受中央人民政府的领导,是其组成部门。① 由此最终得出,广东打捞局作为中央政府的隶属机构享有官方豁免权。

通过对上述两个典型案例的分析,可以发现香港法院虽然在涉及台湾问题、官方豁免等特定案件中会以宪法作为裁判案件争议点的依据,但是这一司法性适用并不涉及对其他法律效力的评判问题,即没有在宪法审查意义上适用过宪法。

(二) 在特定问题上作为裁判依据

据统计香港法院至少在13份判决中,适用中国宪法说明围绕全国人民代表大会(以下简称为全国人大)和香港法院之间关系展开的特定问题。这其中包括在两地学界引发过热烈讨论的马维騉案、吴嘉玲案、刘港榕案、庄丰源案、刚果金案和外佣居留权案等。鉴于对这些案件的案情学者们都有过专门介绍,所以这里跨过基本案情的分析,直接以中国宪法的适用为线索,对上述案件的脉络进行重新梳理。

一切仍要从马维騉案(以下简称为马案)说起,马案中一个核心争议就是临时立法会的合法性。这实际上涉及两个问题:第一,全国人大是否有权成立筹委会,并授权筹委会对包括成立临时立法会在内的诸多事宜作出决定。对此,陈兆恺法官适用了《宪法》第62条第13项,并据此认为全国人大当然有权作出上述决定。② 而在处理第二个问题,即香港法院是否可以审查全国人大的上述行为时,陈法官论证的重心主要是放在基本法第19条之上,即通过类比回归前的情况,认为香港法院在回归后仍应无权审查主权机关的行为,虽然也笼统提及了中国宪法,但只是为了加强上述推论,并没有适用宪法。③ 这里法院实际上忽视了之所以回归前香港法院对此类问题没有管辖权,其根本原因在于英国的宪制结构。所以从学理上说,真正限制香港法院对全国人大管辖权的并

---

① Intraline Resources SdnBhd v. The Owners of The Ship of Vessel "Hua Tian Long", HCAJ 59/2008, para 115.

② HKSAR v. Ma Wai Kwan David and Others, CAQL 1/1997, para 72.

③ HKSAR v. Ma Wai Kwan David and Others, CAQL 1/1997, para 57 - 59.

不是回归前的情况，而是中国宪法规定的宪制体制。正是在这一点上立论薄弱，使得终审法院在吴嘉玲案中以一句“把旧制度与此相提并论是对问题有所误解”而将上述判决推翻。① 如果陈兆恺法官能适用宪法从中国的宪制结构出发进行论述，结果或许会有所变化。

当然历史不能假设，现在就进入聚讼纷纷的吴嘉玲案（以下简称为吴案）。吴案中有两部分集中提到了宪法。第一，在宪制结构部分，香港法院适用了中国《宪法》第 31 条、57 条和 58 条，用以说明基本法为香港的宪法，为之后论证两个层面的“违反基本法审查权”埋下伏笔。（It became the Constitution of the Hong Kong Special Administrative Region，注意定冠词 the 的使用。）②第二，在法院的司法管辖权部分，香港终审法院又适用宪法，并据此指出它有权审查全国人大及其常委会的行为是否符合基本法。结合上下文，法院的逻辑是：全国人大既然根据宪法制定了基本法，其本身也要受基本法的约束。而基本法明确授权香港法院享有独立的司法权、终审权和解释基本法的权力，所以香港法院有权审查全国人大及其常委会的行为是否符合基本法。《基本法》第 159 条关于修改权的限制规定，也加强了上述论点的合理性。③ 这一论断所内含的普通法理念与内地学界对中国宪法体制的通说大相径庭。④ 这显然是终审法院的一次“豪赌”，无怪乎这一判决立即引起了中央政府和内地学界的严重关切。客观地说，吴案中香港终审法院是否以宪法条文作为裁判依据很模糊，如果考虑到引用的目的是为了论证该案的重要争议点，即香港法院有权在两个层面，特别是在全国立法层面行使违反基本法审查权，那么可勉强归类为适用，当然这是一次错误适用的典型案例。

---

① 实际上，如果细细品味 Nazareth 法官的判词，他对陈兆恺法官的类比已经表达了保留的态度。See HKSAR v. Ma Wai Kwan David and Others，CAQL 1/1997，para 137.

② Ng Ka Ling and Another v. The Director of Immigration，FACV 14/1998，para 8 - 10.

③ Ng Ka Ling and Another v. The Director of Immigration，FACV 14/1998，para 62 - 66. 其实，本案在高等法院上诉庭审理中 Dykes 大律师的观点更为激进，他认为香港法院有权审查全国人大的行为或立法是否违反中国宪法或香港基本法。See Ng Ka Ling and Another v. The Director of Immigration，CACV 216/1997，para 5.

④ 其实从普通法的角度看，终审法院的逻辑也有问题。See Paul Gweirtz，“Approaches to Constitutional Interpretation：Comparative Constitutionalism and Chinese Characteristics”，31 *Hong Kong L. J.* 200 (2001).

面对这一错误，终审法院在随后的刘港榕案（以下简称刘案）中做了部分修正，通过对人大释法效力的承认，在全国人大及其常委会的定位上，又回到了中国宪法规定的轨道上来。刘案在基本法判例中处于特殊地位，它是1999年人大释法后，终审法院处理的第一起涉及该释法效力的案件，在处理人大释法的权力来源、释法方式和释法范围问题上均适用了中国宪法。李国能法官指出全国人民代表大会常务委员会（以下简称为全国人大常委会）对基本法的解释权源自中国《宪法》第67条第4项的授权，《基本法》第158条第1款也确认了这一点。此外根据上述规定，全国人大常委会对基本法任何条款都可以解释，这项权力是普遍且不受限制的。① 梅师贤法官（Sir Anthony Mason NPJ）补充道，中国宪法规定的权力分配体制与普通法地区通常理解的分权概念有所不同，作为最高权力机构常设机关的全国人大常委会可以在任何时候，主动就基本法的所有条款进行解释，这与香港法院对基本法的限制性解释权形成了鲜明的对比。这一点普通法地区的律师也许会感到奇怪，但却是在中国宪法秩序下理解基本法的必然结果。②

在刘港榕案后，香港法院在庄丰源案、吴小彤案、刚果金案以及外佣居留权案等案件③中又多次涉及人大释法的问题，学界内部虽然对这些案件的结果有的质疑，有的欢迎，但在人大释法的权力来源、释法方式和释法范围问题上，香港法院没有再作出新的论断，无一都援用了刘案的结论。通过上述梳理可以发现，香港法院在全国人大及其常委会的性质、香港法院是否有权审查全国人大及其常委会的行为以及人大释法等特定问题上适用了宪法，其适用范围虽然是有限的，但是所涉及的都是中央与香港之间的核心问题，从实际影响看也在"一国两制"法治实践中处于关键地位。

---

① Lau Kong Yung and Others v. The Director of Immigration, FACV 11/1999, para 54,57,59.

② Lau Kong Yung and Others v. The Director of Immigration, FACV 11/1999, para 161 - 163.

③ 除了上文提到的4个判决外，剩下9个判决和相应段落如下：庄丰源案二审 CACV 61/2000, para 18,67；庄丰源案终审 FACV 26/2000, para 6.2；谈雅然案 FACV 20/2000, para 9；刚果（金）案 FACV 5/2010, para 395 - 405；外佣居留权案初审 HCAL 124/2010, para 7；外佣居留权终审 FACV 19/2012, para 102；吴小彤案初审 HCAL 2/2000, para 86；吴小彤案二审 CACV 415/2000, para 177；Fung Lai Ying & others v. Secretary for Justice, HCA 1623/2002, para 17,25.

（三）说明事实或作为解释法律条文的辅助资料

在有些判决书中(14 份)，香港法院引用宪法仅用以说明某种事实或作为解释法律的辅助资料，这种意义上的引用很难被归类为司法适用。

例如在国旗、区旗案中，香港法院为了说明中国国旗为五星红旗的事实，引用了中国《宪法》第 136 条。① 此外，香港法院在一些判决中笼统地引用中国宪法或中国《宪法》第 31 条，说明香港基本法的来源，法院如此引用宪法的目的无非是为了加强基本法的权威，加之这样的使用往往伴随着对《基本法》序言和《基本法》第 1 条、第 2 条、第 11 条和第 12 条的援引，所以，这种引用应归类为对纯粹事实的说明。②

而在有些案件中，香港法院还会引用中国宪法作为解释基本法(第 31 条、37 条和第 105 条)或其他法律③的参考资料。例如在 Gurung Deu Kumari and Another v. Director of Immigration 案中，一名来自尼泊尔的 58 岁妇女于 2008 年以访问者(visitor)的身份来看望她在香港定居的儿子，由于身体和家庭原因，她希望香港入境处处长行使裁量权，改变她的访问者身份，以她儿子受养人(dependency)的身份留在香港，对此请求，香港入境处处长基于现有政策没有批准。就此，该名妇女和其儿子提出司法审查之诉，他们的其中一项理由是入境处处长的上述决定违反了《基本法》第 37 条所保护的"赡养或由成人子女照顾父母"(right to raise a family freely)的权利。在如何解释《基本法》第 37 条这个问题上，香港法院引用了中国《宪法》第 49 条，法院认为，《基本法》第

① HKSAR v. Ng Kung Siu and Another, FACC 4/1999 para 9.

② 此类的余下的 7 个判决及相应段落如下：Harvest Good Development Ltd v. Secretary for Justice and Others, HCAL 32/2006, para 67; Cheng Kai Nam, Gary for leave to apply for Judicial Review, HCAL 3568/2001, para 16; Ch'ngPoh v. The Chief Executive of The Hong Kong Special Administrative Region, HCAL 182/2002, para 34; Chan Shu Ying v. The Chief Executive of The Hong Kong Special Administrative Region, HCAL 151/1999, para 25 – 26; Lee Bing Chueng v. Secretary for Justice, HCA 1092/2010, para 139,146; Re Easy Concepts International Holdings Ltd, HCMP 327/2006, para 35; 律政司司长诉廖荣光案(原判决为中文)，HCA 5120/2001，para 94。

③ 例如在谢耀汉诉香港特别行政区护照上诉委员会及另一人案(原判决为中文)中，法院引用《宪法》第 67 条第 3 项认为，解释《〈中华人民共和国国籍法〉在香港实施的几个问题的解释》时应该与《中国国籍法》的基本原则相符合。HCAL 1240/2000，para 47 – 48，67 – 69. 另外由于该案也可被理解为在"国籍法的有关解释"和国籍法存在疑问时，适用宪法做出了合法性判断，所以在归类上存在疑问。

37 条的中文本将“right to raise a family freely”表述为“自愿生育的权利”，这一表述是相对于中国《宪法》第 49 条第 2 款所规定“计划生育义务”而言的，基本法如此规定的目的只是为了说明香港居民不受计划生育政策的约束。此外，中国《宪法》第 49 条第 3 款又另外规定了“赡养义务”。由此可见，《基本法》第 37 条并不包括“由成年子女照顾、赡养父母或维持家庭团聚”的含义。① 上述立场在后续的两个相关判决中又得到了确认。②

在涉及《基本法》第 105 条中“deprivation”的解释上，香港法院也援引了中国宪法。如在 Hong Kong Kam Lan Koon Ltd v. Realray Investment Ltd 案中，一方主张《时效条例》第 7 条关于收回土地的诉讼时效的规定和第 17 条关于所有权于期限届满后终绝的规定，违反《基本法》第 105 条。这里主要涉及如何理解“deprivation”的问题，对此，香港法院参考了 1954 年《宪法》第 13 条、1975 年《宪法》第 6 条和 1982 年《宪法》第 10 条的规定，认为《基本法》第 105 条所言的“deprivation”应该被理解为一个更为狭义的概念，相当于“expropriation”。这里的“征用”只涉及私主体财产被政府剥夺的概念，并不调整个人的财产被其他私主体剥夺的情况。③ 此外，在 Gurung Kesh Bahadur v. Director of Immigration 案中，香港法院为了说明《基本法》第 31 条规定的旅行和出入境自由较之于中国宪法的规定要更宽，也笼统引用了中国宪法。④

（四）当事人或证人提出适用宪法，但法院没有回应

有的判决书中（5 份）虽然也提出了适用宪法的诉求，但这仅仅是复述当事人的请求或专家证人的证词，法院本身并没有依据宪法做出裁决。

比如在 Xin Jiang Xingmei Oil-Pipeline Co. Ltd v. China Petroleum & Chemical Corporation 案中，中石化集团为该案的被告，原告律师提出中国内地法院在处理涉及国有资产（如中石化集团）的案件中存在司法偏向，内地法院会由

---

① Gurung Deu Kumari and Another v. Director of Immigration，HCAL 76/2009，para 51－58.

② Li Nim Han and Another v. The Director of Immigration，HCAL36/2011，para 29；Comilang Milagros T. and Another v. Commissioner of Registration and Others，HCAL 28/2011，para 65.

③ Hong Kong Kam Lan Koon Ltd v. Realray Investment Ltd，HCA 15824/1999，para 22－23.

④ Gurung Kesh Bahadur v. Director of Immigration，CACV 216/2000，para 37.

于行政压力而做出不公判决。对此，被告的专家证人（一名前最高法院的法官）指出上述指责是站不住脚的，为此，他/她引用了中国《宪法》第 11 条、第 13 条和第 126 条说明私有财产是受宪法保护的权利，并且中国法院依法独立行使审判权亦为一项宪法性义务。对于上述专家证人引用宪法的说明，香港高等法院没有评论，只是指出从现有证据看，原告的证据不足以支撑其提出的司法不公论断。[①]

再比如在马沛东系列案中，当事人为了充分利用司法程序维护自己的权益，在基本事实没有太大变化的情况，相继在多起案件中提出律师惩戒委员会的惩戒程序违反中国宪法[②]、司法审查需要前置申请的程序违反中国宪法[③]、香港政府没有设立宪法和人权法院的行为违反中国宪法[④]以及香港居民应享有中国宪法规定的权利和义务等诸多诉求。[⑤] 对此，香港法院大多不予认可或以当事人的主张属于“假设的学术问题”为由不予回应。[⑥]

（五）小结

为了对香港法院适用中国宪法的情况做一个全景式描述，以上对搜集到的所有判决进行了类型化分析。从分析结果看，虽然香港法院引用中国宪法的情形不能都被认定为是在适用宪法，但是断然否认宪法在香港司法适用性的观点与香港的司法实践并不相符。在承认这一前提的基础上，也要看到，香港法院对宪法的司法性适用主要集中于某种特定案件或特定问题之上，并未在宪法审查这一典型形态上适用过宪法。相较而言，香港法院以基本法为依据进行司法审查的案件则十分常见，从这个意义上看，香港法律界、法学界人士称

① Xin Jiang Xingmei Oil-Pipeline Co. Ltd v. China Petroleum & Chemical Corporation, HCCL6/2004, para 42 - 46.

② Ma Pui Tung v. The Law Society of Hong Kong and Another, HCAL 157/2004, para 17.

③ Ma Pui Tung v. The Law Society of Hong Kong and Another, HCAL 157/2004, para 39.

④ HKSAR v. Ma Pui Tung, HCMA 1109/2008, para 20.

⑤ Right to Inherent Dignity Movement Association and Another v. HKSAR and others, HCAL 104/2008, para 73.

⑥ 还有一起案件涉及入狱期间是否属于通常居住，以及通常居住连续七年是否一定要紧接申请永久居留权之日的问题，代表入境处的大律师提出筹委会的有关报告已经处理了该问题，而且报告为人大所批准。这虽然不算是行使了《宪法》第 67 条和《基本法》第 158 条的释法权，但是该报告应该被视为具有说服力的附带意见，对此问题，法院认为本案没有必要予以决定。See Commissioner of Registration v. Registration of Persons Tribunal and Another, CACV 272/1999, para 68.

基本法为“小宪法”，甚至“香港的宪法”，虽然在应然意义上不一定能站得住脚，但在实然意义上确实反映了香港司法实践的基本情况。对此，我们可以评判，甚至批判，但是提出任何对策方案之前，必须首先对香港法院适用宪法所存在的内在困境及其外在背景作出客观的分析，而这正是下文的着力点所在。

三、宪法在香港司法性适用的困境和可能出路

（一）宪法在香港司法性适用的双重困境

1. 香港法院适用宪法的规范困境

环视学界，目前不论是主张部分适用的观点，还是全部适用的观点，都至少同意宪法中部分条款可以在香港适用。对于实行普通法的香港来说，上述观点如果成立就首先意味着宪法要被香港司法所适用，但香港法院真的有权适用中国宪法吗？根据中国《宪法》第 67 条的规定，只有全国人大常委会拥有宪法解释权，如果说根据中国的宪法体制，宪法解释和宪法适用这两个概念还存在区分空间的话，这一空间在香港并不存在，在法院没有法律解释权的情况下又要求法院适用法律，这不仅很难为香港法院所理解，而且在司法技术上也很难实现。由是观之，宪法在香港司法性适用首先就存在宪法解释权这个技术难题。退一步说，就算根据“一国两制”原则，可以通过宪法惯例的方式默认香港法院具有宪法解释权，也还涉及内地学界和中央政府，是否真能接受香港法院据此做出宪法审查判决的疑问。从目前规范体系看，这点恐怕也与人民代表大会制度的设计理念存在抵触，根据中国宪法的规定，全国人大及其常委会享有宪法审查权，但司法机构、哪怕是最高法院都没有这一权力。所以，香港法院对宪法的司法性存在规范难题。

实际上这一难题凸显了目前学界观点内部存在的语境错位，一方面主张宪法应该部分、甚至全部在香港适用，另一方面却不愿接受香港法院在裁判依据意义上适用宪法。深层次看，内地学界主张宪法应该适用于香港的真实动因在于纠正香港存在的将基本法视为“宪法”，将“高度自治”曲解为“完全自治”的错误观点，这里的“适用”是根据内地语境提出的宽泛概念，其原意并非要求香港法院适用宪法。但是在香港语境下，基于普通法思维模式，上述观点

就有可能流变为内地学界也不愿完全接受的司法适用观点。

2. 维持现有适用模式的困境

既然完全形态的司法适用受限于宪法的规定不能实现，那么为何不干脆维持目前的有限适用模式呢？这样做似乎既符合宪法的规定和内地司法机关对此问题的常规，又可以避免触动香港法律界人士那根“敏感的神经”，甚至可说是两全其美了，但这种共识是危险的，危险之处就在于没有认识到宪法在香港适用的特殊意义——补足香港在制宪过程中的缺位。从制宪权的角度看，1954年宪法的制定是新中国成立至今唯一一次行使制宪权①，这既是制宪也是法律意义上的建国。而在宪法建国的过程中，特别是在制宪机关的组成中(第一届全国人大第一次会议)香港是缺位的，准确的说法应该是香港的公民代表是缺位的②，这种缺位使港人内心深处天然地就与宪法产生了隔阂，这种隔阂在港英统治的环境下又被深化，后来，虽然通过基本法的制定得到了部分缓解，但远未消失，甚至在“一国两制”政策下还被进一步固化。如果再把该问题放在香港司法审查制度运行的语境下，其紧张感表现得更为明显，众所周知，司法审查制度的价值目标一方面在于保障人权，另一方面在于维持法制统合③，但香港的司法现实是，基本法不仅在日常案件中充当着港人权利的保护者，而且是评判香港法律规范体系的标尺。这一无奈的现实，使得宪法在基本法光芒的遮蔽下，其缺位很难得以补足，甚至可以说基本法被司法审查实践“宪法化”了。如果此时中国宪法仍满足于在特殊案件中临时出场，或者仅为基本法在制定依据上充当一下母法，之后便退居二线等待赡养。那么，我们如何要求港人建立起“运用、落实、认可、尊重”宪法的理念，就算真的建立起来了，港人尊重的到底是“内地的宪法”还是中国(包括香港)的宪法?

综上，在香港法院适用宪法问题上，一方面在宪法解释权和监督宪法实施

① 韩大元、林来梵、郑贤君:《宪法学专题研究》，中国人民大学出版社2008年版，第129页(本部分由韩大元撰写)。

② 该观点启发自强世功:《中国香港:政治与文化的视野》，生活·读书·新知三联书店2010年版，第245页。

③ 林来梵主编:《宪法审查的原理与技术》，法律出版社2009年版，第453—462页(本部分由林来梵撰写)。

权上面临规范的限制；另一方面维持现有的适用方式，从长期看不利于宪法认同的培养与深化，最终将与宪法适用于香港所期冀实现的目的背道而驰。

（二） 宪法在香港司法适用的可能出路

上述进退维谷困境的产生，源于“一国两制”政策与宪法理论之间的巨大张力。消解这一张力，主要应运用法律解释方法在现有宪法秩序内为其寻找解决之道。毕竟实定法秩序是宪法学思考问题的藩篱。从这点看，较之于争论宪法到底在香港适用与否，讨论宪法由谁、在什么意义上、以什么方式适用恐怕对实践的意义更大。

1. 全国人大常委会可以成为香港法院适用宪法的桥梁

香港终审法院的梅师贤法官（Sir Anthony Mason NPJ）在刘港榕案中曾作出过如下论断，“本案涉及宪法性分权的问题，这就要求在特区法院与中国有关机构之间存在一个链接点，在实行普通法的国家，这一链接点通常是由全国宪法法院或最高法院担任的，但是在‘一国两制’之下，《基本法》第158条提供了一个非常不同的链接点（这也与《宪法》第67条相符合），那就是由全国人大常委会行使基本法的解释权”①。我们认为这一论断也可类比适用于中国宪法在香港的司法性适用问题。

根据中国《宪法》第67条、《基本法》第17条和第158条的规定，全国人大常委会不仅拥有对基本法的解释权和香港立法的备案审查权，而且也是解释宪法和监督宪法实施的主体。基于此，全国人大常委会完全可以在行使基本法解释权和备案审查权时，将对宪法的适用内嵌其中，香港法院再据此适用宪法。这种方式可有效化解由于香港法院的地位和宪法解释权的限制所带来的规范困境。② 事实上，这种方式在刘港榕案中已经为终审法院采用。在论证人大释法效力问题上，香港法院适用了《宪法》第67条第4项的规定，而这一适用又与1999年人大释法中对这一问题的态度密不可分（见释法正文第一段、释法

---

① Lau Kong Yung and Others v. The Director of Immigration, FACV 11/1999, para 159.

② 可能有学者会质疑这种情况是在适用“全国人大常委会的解释或决定”而非在适用“宪法”，注意上述解决方案是在尊重现有规范体系的前提下，提出的一种当下的妥协措施，在后文中已指出，从长远看完善中国内地自身的宪法审查制度才能最终解决该问题。

草案说明第四段）。

当然，目前这一方式所涉及的条款还有限，未来全国人大常委会在行使基本法所规定的权力时，还可以根据条款的内容，运用解释和吸收技术，对宪法条款进行选择适用。举例而言，如果未来全国人大常委会在行使基本法解释权时涉及到基本权利的问题，完全可以将《宪法》第 33 条“国家尊重和保障人权”条款吸收进去加以适用，在宪法解释技术的视域中，这样的宪法条款还有很多。而且这样的适用并不违反《基本法》第 11 条的规定，因为第 11 条所谓的“均以本法的规定为依据”，其目的是依靠《宪法》第 31 条阻却宪法中那些无法与基本法规定相协调的条款的适用，而宪法中保障人权的规定与基本法并不存在抵触之处，加之配合吸收技术，这种做法与现有规范体系并不冲突。如果上述解释为香港法院在判决中所引用，还可以在不引发政治争议的情况下，有效消除目前部分港人存在的一个误区，即香港的人权保护是英国留下的、是香港法律界人士挣出来的，而中央政府则往往作为损害人权的对立面出现。实际上，香港的人权保护固然有历史的因素，但这些因素之所以能继续有效并得到加强，则有赖于基本法的规定，基本法与联邦制下的州宪法不同，不是港人自己制定的，而是全国人大依据宪法制定的，其有效性（包括人权保障条款的有效性）来自于宪法，只是在“一国两制”政策下，基于《宪法》第 31 条的规定，允许基本法提供更加完善的权利类型和保护方式而已。

2. 全国人大常委会可以成为香港法院适用宪法的监督者

除了上述适用方式外，香港法院是否就一定不能自行对宪法进行适用了？考虑到“一国两制”的特殊性及普通法的内在逻辑，也不必一味否认，只是这种适用必须接受全国人大常委会的监督，根据现有的情况①，监督的标准可被暂

① 具体来说，首先，根据目前的宪法体制，全国人大及其常委会虽然是最高权力机关，但在宪法定位上其并非司法权的享有主体，最高权力不等于所有权力。其次，在政治上，考虑到过分积极行使对香港法院的监督权会削弱香港法院终审权，进而被国际和香港社会指责为不遵守《中英联合声明》和《基本法》，所以全国人大对有关监督权的行使都十分克制，借用官方在人大释法上的用语，就是“不到万不得已不会行使”。最后，客观地说，从目前内地的法治水平，特别是对普通法的了解水平看，也尚未具备全面监督的条件。参见王振民：《中央与特别行政区关系——一种法治结构的解析》，清华大学出版社 2002 年版，第 371—375 页。

定为“结果取向性有限监督”。所谓结果取向性，是指相对于过程问题，监督启动的决定性因素是结果能否为全国人大常委会所接受。所谓有限监督，是指结果的重要程度与能否启动监督具有直接关联。关于这点其实可以从1999年人大释法的启动背景中看出端倪。在1999年人大释法的正文和之前乔晓阳副主任对释法（草案）的说明中，可以看到全国人大常委会介入的原因在于“终审法院没有依据‘基本法’第一百五十八条第三款提请释法，而终审法院的解释又不符合立法原意”。设想一下，如果终审法院虽未提请释法，但其结果体现了立法原意，全国人大常委会还会介入吗？这就是“结果取向性”。此外，在释法（草案）说明中还指出“这将严重影响香港的繁荣和稳定。香港社会对该项判决是否符合《基本法》，提出了质疑和争论。香港社会的广泛民意均要求尽快解决这一问题”。这就是“有限监督”。基于问题的可类比性，全国人大常委会对香港法院适用宪法也可暂时援用这一标准。实际上全国人大常委会也是这么做的。当然，上述问题的治本之策将有赖于未来中国内地宪法审查制度的不断完善，届时香港法院对宪法的适用必然会被纳入其中，至于纳入的程度和方式，则要根据内地宪法审查制度的运行机制具体判断。

对于上述建议，有人可能会疑虑虽然从法律上看问题不大，但是其实际运行必将会影响香港终审权的行使，甚至会引发中央违背诺言干预香港的政治争议。面对波谲云诡的香港政局，上述忧虑并非没有道理。但需要指出的是，“中央干预”之所以会成为香港人，特别是香港法律界人士的一个敏感词汇，并非因为他们对法治发达国家的国家统合知识一无所知，而是基于过往内地政权的政策失误、两地之间法治水平的客观差距，加之意识形态的宣传使他们天然地产生了一种对抗心理。这种心理又由于应和了港人的身份认同①，而在港人之中取得了共鸣。所以，与其说他们反对的是中央的干预，不如说他们担忧的是中央的“非法治性”干预。有鉴于此，上述建议方案都是以通过法治方式溶解上述心结为最终价值目标的，相信随着中国内地法治水平的不断提升，引发上述争议的思想基础将慢慢消解。

① 关于港人身份认同的背景性知识，近期的成果可见陈冠中：《我这一代香港人》，中信出版社2013年版，第47、54、86页。

结语

“几乎没有人在回归前能够大致上预见到香港在回归后的政治格局和变迁。回归前香港的社会和民生问题虽然众所周知，但香港的各类社会矛盾在回归后迅速尖锐化、严峻化和政治化确是大多数人意料之外。”[①]这是香港著名政治学者刘兆佳教授在其新书《回归后的香港政治》中的开篇第一段话。如果以宪法学的角度去反思香港政治发展的前世今生，就会发现这样的“意料之外”，其实亦在“情理之中”。回归后，中央对香港治理所产生的诸多挑战，一方面可归咎于英国人“光荣撤退”前的政治布局，但另一方面也不能不说与“一国两制”本身所潜藏的巨大张力直接相关。而宪法在香港的适用问题就是这一张力在法律领域重要但绝非唯一的体现。根据宪法的空间效力理论，中国宪法当然在香港具有效力，也应该在香港适用。但在实然层面，这种效力却由于规范体系的限制无法转化为宪法适用的完全形态，只能以有限的方式在特定的问题上出场。这使得宪法的最高效力及其规范性价值无法在适用中得以彰显。而与此同时，基本法却被香港司法审查制度予以活化，在日常案件中事实上充任着“the Constitutional Law ”的角色。让人忧虑的是，长此以往宪法的国家统合功能将无法在香港发挥作用，而由此衍生的主体认同、国家认同更无从谈起，现在香港社会出现的一些乱象在某种程度上已经反映了这一问题的危害性。而上述问题的解决，取决于宪法学理论是否能为“一国两制”内在张力的纾解，提供一个更加融通的体系性思路，这值得我们深思。

① 刘兆佳：《回归后的香港政治》，香港商务印书馆 2013 年版，前言首段。

第四章

政制发展

“一国两制”与特区政制发展*

我今天发言的题目是“一国两制”与特区政制发展，重点谈特区政制发展中“一国”的问题。这个问题的提出主要是在这些年港澳两个特区都通过人大释法，对自己的政治体制做了一定程度的修改、发展，在这个过程中一直有很多讨论，特区政制发展是不是属于高度自治的事项，是不是特别行政区自己的事情，中央有没有责任，国家的责任在政制发展中如何体现。特别是在香港的政制发展过程中这个问题讨论得比较多，比方说有人提出“公投”，用“公投”来决定香港实行什么样的体制，怎么去改变体制。

在港澳整个政制发展过程中，到底哪些应该由中央来决定，哪些是特区可以自己决定的呢？谈这个问题，首先要从特区目前的政治体制是如何形成的谈起，应该从源头上来看这个问题。

两个特区的政治体制是怎么形成的我们都非常清楚，是通过基本法规定了特区实行什么样的政治体制，所以特区政治体制是通过法律来规定。我们说的政制发展实际上也很简单，就是行政长官和立法会两个产生办法的修改，这就是政制发展。在“一国两制”前提下，两个特区都是高度自治的经济实体，但是两个特区都不是独立的政治实体。在经济问题上它们是独立的，也就是说“一国两制”实际上是不完全的统一，经济、社会、文化、教育这些方面港澳可

---

* 本文为作者2012年9月14日在“澳门特区政制发展与法律改革”学术研讨会上的主题发言。

以保留原来独立的现状，原来是什么就是什么。在这些方面，我们说“高度自治”有四层含义：第一个含义就是独立决策，例如经济、税收、教育、民政等，特区独立决策。第二是独立执行。第三是独立监督。第四是独立承担责任。

这就是“高度自治”的四个含义，也就是港澳经济搞得好不好，是“澳人治澳”“港人治港”的事情，搞得好是你的成绩，搞不好是你的责任。所有经济社会事务都是高度自治的，不需要请示中央，经济社会发展的问题可以独立决策，中央保留一个监督权，特首要来述职。然而，政制问题不是独立决策、独立承担责任的问题了，政治和经济社会问题是区分的，港澳不是独立的政治实体，不是纯粹“两制”的问题，主要是“一国”的问题，也就是在经济、社会、法律方面的高度自治与特区政治上“一国”的实现，这就是“一国两制”。

基本法最重要的功能有两个，一是规定特区居民的权利，二是规定特区的政治体制。特区政治体制是由基本法规定的，那么基本法是由谁制定的呢？哪个机构有权力制定基本法，哪个机构就有权规定特区的政治体制。基本法制定的过程就是特区政治体制形成的过程。国家最高权力机关——全国人大制定基本法，当然全国人大也就享有规定特区政治体制的权力，从法理上这非常明确。

全国人大如何制定基本法，如何规定特区政治体制，我们简单回顾一下。全国人大成立了基本法起草委员会，由内地和港澳人士共同组成，也就是说基本法起草委员会是全国人大之下的一个特设机构，组成是以内地人士为主，由港澳人士参与，而且参与的人数比例相当大。整个起草过程是专家起草和民意咨询相结合。专家起草主要是对特区的政治体制进行科学研究，研究“一国两制”和“联合声明”，研究世界上主要国家和地区的政治体制，这是专家研究。还要开展民意咨询，民意咨询有两个方面，一是在内地开展民意咨询，就是由基本法起草委员会在内地咨询民意，二是到港澳咨询民意，在国际社会咨询全世界华人的意见。在决定特区政治体制的时候一定要广泛咨询民意。当年基本法委员会确实开展了广泛的民意咨询。

特别是香港、澳门都成立了地方的咨询委员会，两地居民广泛参与讨论了自己的政治体制，提出了很多很好的意见和建议。这些意见很多被接受，已经是特区政治体制的组成部分。基本法起草完成之后，就提交全国人大常委会审议，再提交全国人大审议，全国人大要经过各代表团的讨论，大会表决，这样才最终决定了特区实施什么样的政治体制。许崇德教授曾经回忆说，全国人大在讨论基本法草案的时候，很多省区市的代表对特区实行什么样的政治体制，都有热烈的讨论，提出很多意见，例如很多人不理解为什么给香港、澳门那么多自治权，有些内地代表对香港、澳门了解不多，提出了自己的看法。可见，特区实行什么样的政治体制当年是由全国人民认真讨论，由全国人大代表全国人民制定的，当然这里面吸收了大量的民意。全国人大既然有权力制定特区基本法，有权规定特区的政治体制，当然也有权发展特区的政治体制。为什么政治体制问题与经济问题不一样，经济上特区就可以自己决定呢？因为政治体制体现国家主权，一个地方实现什么样的政治体制是主权的表达，跟实行什么经济制度是不同的。

因此，尽管特别行政区有立法权，但是特别行政区不能制定基本法；尽管特区立法会有修改法律的权利，但是特区立法会不能修改基本法。这就意味着特区无权力单方面制定、修改本地的政治体制。从特区政治体制形成的过程来看，可以很清楚看到，这本来就不是香港、澳门两个地区的立法机关来完成的，特区立法机关不仅不能规定特区实行什么样的政治体制，相反它自己也是政治体制的组成部分，它的职权、产生办法还要由全国人大通过制定、修改基本法来规定，所以特区政治体制的决定权是在全国人大而非特区。中央主导特区政制发展，这是中央的宪制责任。

下面一个问题是，特区政制发展的两种法定模式。刚才我们回顾了特区政治体制产生的过程，也就是基本法的起草过程。特区政治体制通过基本法固定下来之后是要发展的，要与时俱进。发展可以有两种模式。第一个模式当然是通过全国人大，全国人大有权通过制定基本法来规定特区实行什么样的政治体制，当然全国人大也有权通过修改基本法去发展特区的政治体制，从法理上、从政治上这完全没有问题。全国人大有权通过修改基本法对特区的政治体制加以修改完善，这是第一个模式。第二个模式是全国人大授权它的常设机关——全国人大常委会去发展特区政制体制。全国人大通过修改基本法去改革特区政治体制目前还没有,但是,全国人大常委会主导发展特区政治体制的发展在两个特区都已经发生过。

首先,全国人大如何发展特区的政制呢?全国人大发展特区政制当然是通过修改基本法,《澳门基本法》第 144 条规定,本法的修改权属于全国人大。全国人大可以修改《澳门基本法》规定的所有条款,也包括政治体制的条款。根据第 144 条的规定,修改基本法的提案分两种情况,一是中央提案,中央可以主动提案修改基本法关于政治体制的条款。根据有关法律,中央提案可以由全国人大常委会或者国务院提案,全国人大代表联名也可以提。第二种情况就是特区可以提议。澳门特区可以提出修改基本法,通过这种方式来发展特区政制。如果是特区提案,要有六个步骤。全国人大提案是三步曲,特区提案则是六步曲。首先特区的全国人大代表三分之二同意,第二是特区立法会全体议员三分之二同意,第三是澳门特区行政长官同意,第四是特区出席全国人大的代表团向全国人大提出,第五步要由澳门特区基本法委员会研究对政治体制修改问题的意见,看有没有违反“一国两制”,而且要提出意见。第六步是全国人大审议通过。如果要通过这种方式发展特区政治体制的话,六步曲是一定要走的。当然如果是全国人大从中央层面提出来,一般就是三步,全国人大常委会、国务院提案,然后交给全国人大代表去讨论,最后由全国人大投票通过。

当然全国人大通过修改基本法去发展特区的政治体制,有一些限制条件,这就是对政治体制的任何修改均不得同国家对港澳的既定方针政策相抵触,政治体制可以发展,但不能违背“一国两制”。迄今为止,两个特别行政区都还没有尝试过由最高国家权力机关通过修改基本法来发展特区的政治体制。

全国人大常委会如何发展特区的政治体制呢?《基本法》附件一、附件二对此做了规定,如果行政长官同意、立法会同意,全国人大常委会批准和备案即可。附件一第 7 条和附件二第 3 条规定“如需修改”,但是谁觉得需要修改呢?没有主语。中文的说法经常是没有主语的,由此产生的争议最终导致全国人大常委会解释基本法,把主语解释出来,这就是特区政制发展五步曲的来历。要发展特区的政治体制就需要走这五步,如有需要,是双方都觉得需要,特区觉得需要，中央也觉得需要。特区觉得需要修改必须要报中央批准，由中央决定是不是真的需要修改。如果行政长官觉得需要修改特区的政制，他应该先向全国人大常委会提出报告。

第二步全国人大常委会对是否需要修改做出决定。就是说行政长官代表特区提出来后，全国人大常委会觉得有必要就决定，如果觉得没有必要就驳回。如果觉得有需要，才会有后面第三、第四、第五步。这是通过全国人大常委会决定特区政制发展必须遵循的五个步骤。

由此我们可以得出以下结论：

第一，特区实现什么样的政治体制是国家通过基本法规定的，这是国家主权的体现，是“一国”的要求，一个地方如果能够独立决定自己实施什么样的政治体制，这个地方一定是享有独立主权的国家，只有独立主权国家才能决定自己的政治体制，比如说我们国家决定我们实行人民代表大会制，我们不需要任何另外一个主权来批准，这就是主权国家。从历史上看，香港和澳门的政治体制从来没有自己决定过，香港、澳门在英国、葡萄牙到来之前实现什么样的政治体制，是由明、清朝的中央政府规定的，不是自己规定的。英国、葡萄牙到了之后实现什么样的政治体制是英国、葡萄牙规定的，港澳居民根本没有权利参与，葡萄牙决定在澳门实行什么样的政治体制是不会征求澳门人的意见的。为什么是这样？因为港澳从来不是独立的国家，它们实现什么样的政治体制从来不是由它们自己决定的，是由最高主权者决定的。

第二，特区政治体制的修改、发展也属于国家权力范畴，就是全国人大和全国人大常委会的权力，这是“一国”所要求的，我们共同属于一个国家，决定了目前的体制。

第三，通过任何法律之外的程序去发展特区的政治体制，都是非法的。要么通过全国人大，要么全国人大常委会，就这两个法定渠道，任何之外的程序都是非法的。比如说香港曾经有人提议要搞五区公投，也包括通过变相的公投来进行所谓的民意调查，都是违反法律的。即便不说基本法，通过公投自己决定自己的政治体制，这本身违反常识，违反法理，当然也违反基本法。

第四，国家在行使规定特区政治体制权力的时候，要充分保证特区的参与。政治体制无论当年的形成还是现在的发展，都是中央的权力，但是中央一定要保证特区的广泛参与，广泛征求特区的民意，保障港澳特区居民广泛的参与权，与全国人民一道来参与决定自己的政治体制。所以，不是说港澳人民不能决定，他们当然有权决定，只不过必须与内地的民众一起来决定自己的政治体制，而不能自己单独决定。

第五，国家决定特区政治体制要遵循几个原则。一、不得违反“一国两制”，这是基本法明文规定的。二、国家决定特区的政治体制，不是国家决定让特区实行和内地一样的政治体制，国家决定的政治体制是与内地不同的体制，要适应资本主义社会的生态，要体现“两制”精神。政制发展的主导权、决定权在中央，很多人担心中央会不会把内地的政治体制推广到港澳去，不会这样的。就是说，具体内容上要体现“两制”，中央要决定在港澳实行不同的政治体制，即跟内地不一样的政治体制。香港、澳门实行的政治体制不同于内地，是“两制”，特区应该有自己的政治发展道路，但是这种“两制”是国家创造、允许的，国家允许港澳实行与内地不同的政治体制，这是国家授权的。三、既然允许港澳实行跟内地不同的政治制度，那么特区的政治体制发展要朝着更加民主的方向发展，这对我们来讲，我们内地的民主还没有充分发展，在内地的民主还没有充分发展的情况下，中央要为特区创造更为民主的政治体制，这是一个新的问题。就是内地的民主还没有发展到一定高度和程度，这个时候中央要为特区规定一个符合特区情况、适合资本主义发展需要、符合时代发展潮流的更高级的民主政治体制，这是一大挑战。中央既要把内地的政治体制改革做好，把内地的法治民主建设好，也一定要把两个特区的政治体制发展做好，把“一国”之下的两种政治体制建设好，这对中央来讲是一大挑战。我们也需要走向法治，走向民主。对两个特区来讲，它们的民主步伐应该比内地要快，国家为两个特区规定更快的民主发展步伐、更为民主的政治体制，这就是“一国”之下的“两制”。

最后还有一个问题，“一国”之下两种不同政治体制之间产生什么样的相互影响。首先国家的政治体制，即人民代表大会制对两个特区来讲也会产生影响。尽管香港、澳门两个地方可以实行跟内地不同的体制，不实行人民代表大会制，但是这两个特区的政治体制都是由全国人民代表大会决定的，所以全国人大、全国人大常委会制度本身对两个特区是发生效果的，是产生直接政治影响的，但是人大制度本身不在特区适用。如何看待“一国”之下两种政治体制之间的关系？国家的政治体制是更高位的政治体制，特区的政治体制是相对独立的政治体制，但都是在“一国”之下的政治体制。这是我对特区政制体制发展中“一国”因素所做的概括总结，有不到位的地方，请大家多多批评指正，谢谢大家。

国家对香港的民主承诺*

2004年2月19日新华社重新播发了邓小平先生20年前发表的题为《一个国家，两种制度》的谈话，重申"一国两制"的科学内涵，强调"一国"是"两制"前提，"港人治港"必须"以爱国者为主体的港人来治理香港"。有学者对此指出，对于香港政治的发展北京拥有最终发言权。西方一些媒体认为，中国此举的目的是阻止香港民主的发展。这种观点是不成立的，中国对于香港民主的发展早已作出了庄严的承诺，并由法律做保障，而且已经付诸行动。

一、在香港推行民主是中国单方面的决定

在香港逐渐推行民主是中国一贯的主张和追求，在这件事情上中国的态度一直十分积极明确。一个人所共知的事实是，香港在英国一个半世纪的殖民式统治下，根本没有什么民主可言，不要说总督的任命港人无缘置喙，就是咨询性的行政、立法两局议员的产生，港人也只能听命于英国人的安排。从总督到香港各主要官员都由英国任命产生，而且由英国人担任，本地人长期只能担任一些中下级的政府职位。只是临近九七回归，英国才突然"良心发现"，"慷慨地"给予香港民主，甚至不惜破坏中英之间已经达成的协议，一意孤行推行自己的政改方案。中国从来不反对实行民主，中国反对的是借民主之名，行

* 写于2004年3月1日。

破坏之实。在香港回归中国前夕，英国人对在香港推行民主突然过分的“热心”，不能不令人怀疑其动机，这只是殖民主义者在撤退前惯用的伎俩，其意根本不在民主，而在试图延续其影响，使新政府无法有效施政。试想，如果英国人对香港实行民主真有诚意，为什么不早几十年、上百年就在香港推行民主？中国政府和人民不是阿斗，早就识破了英国的动机和目的。

香港问题在1997年前是中英之间的问题，1997年英国把香港的主权交还中国之后，香港问题成为中国的内政问题。中国如何治理香港，香港的政治体制如何设定，完全是中国政府和人民自己决定的事情。中国当然可以延续港英长期没有任何民主因素的政治架构，全盘接受英国人设计的政治体制。但是中国没有这样做，而是单方面决定1997年后在香港逐渐推行民主，在恢复行使主权后让港人在自己的祖国享受到真正的民主。在香港实行民主是中国自己的决定，绝非英国人为香港“争取”来的。尤其需要指出的，即便对英国人在撤退前单方面进行的所谓“民主改革”，中国一方面坚决反对英国不负责、背信弃义的做法，对这些“小动作”进行了有理、有力、有节的斗争，另一方面在处理具体问题的时候，却根据实际情况区别对待，没有采取一刀切的做法，值得保留的制度中国都尽可能予以保留。这充分表现了中国对香港民主发展的诚意。

二、基本法本身就是民主的体现

中国对香港的民主承诺，已经通过香港特别行政区基本法予以法律化，为香港实行民主提供了坚实的法律基础和保障。基本法充分贯彻了民主的原则和精神。首先，从基本法制定的过程来看，尽管制定基本法的权力属于中央，但是中央仍然广泛征求了香港广大市民和社会各界的意见，尤其他们关于香港政治体制的看法，其中许多被基本法起草委员会所吸收并规定到基本法中去。基本法充分体现了香港广大市民的意志和利益，是一部通过民主程序制定的法律。

其次，从基本法规定的香港政治体制的内容来看，也充分体现了民主的原则，是民主的制度化、法律化。基本法规定，香港特别行政区行政长官和主要官员必须由香港永久居民中的中国公民担任，中央不派官员到香港政府任职。从“英人治港”到“港人治港”这本身就是巨大的民主进步，是香港人当家作主的生动表现，是香港走向民主的里程碑。基本法还规定，根据香港特别行政区的实际情况和循序渐进的原则，特区行政长官的产生办法最终实现由一个有广泛代表性的提名委员会按民主程序提名后普选产生的目标。根据同样的原则，立法会议员的产生办法也要逐渐扩大直接民选的数额，最终实现全部直选。可以看出，香港基本法规定的政治体制是一个民主的体制、科学的体制，更为重要的是，它为最终实现全面民主指明了发展的方向，规定了香港民主化的原则和步骤。相比香港以前的宪法性法律《英皇制诰》和《皇室训令》，《基本法》是十分民主的。

因此，香港基本法是一部通过民主程序制定、充分体现民主原则的法律。一个不容否认的客观现实是，香港人民只是在 1997 年后按照基本法的规定，才开始真正当家作主，行使自己的民主权利，香港政治体制的真正民主化是在中国人的治理下从回归中国后开始的。

三、问题不在于是否实行民主，而在于如何实现民主、实行什么样的民主

在要不要实行民主的问题上，中央与香港各界并没有分歧。问题不是要不要推行民主，而是如何推行民主，推行什么样的民主。中央关切的是，香港民主的发展，一定要遵循法治的原则，严格按照基本法办事，按照基本法规定的原则和方向逐渐推行，而且要在基本法已经设定的政治框架下进行，不能违背基本法确立的基本原则，不能离开基本法来谈民主和政治发展。而且，香港民主的发展，不是一部分人的民主，而是全体香港人民的民主，一定要保障社会各界的均衡参与，一定要有利于香港资本主义的发展，有利于香港的繁荣稳定。还有，香港民主的发展，既是香港的事情，也是国家的事情，一定要贯彻“一国两制”的指导思想，既要考虑到香港本地的需要，又要照顾到国家的整体利益，不能损害国家的主权和统一。民主发展不能以牺牲香港的繁荣稳定、尤其不能以牺牲“一国”为代价。香港对国家的价值固然在于“两制”，因为有“两

制”香港才不同于内地任何一个地方，对国家才有特殊的价值，因此一定要保持“两制”。但是香港对于国家的价值，也在于“一国”，如果没有了“一国”，香港对于国家的价值将大打折扣。因此，香港政治的发展应该既有利于推进民主，也有利于香港的繁荣稳定和“一国”的提升。

在发展民主的步骤上，一定要按照香港的实际情况，循序渐进、按部就班、积极稳妥地进行，不可能一步到位。这决不是在推延民主进程，而是一个科学问题，我们不能不考虑社会的协调发展，不能不考虑社会各阶层的呼声和要求。任何一个国家、任何一个地方的民主进程都不是一蹴而就的，即便西方各国其民主发展也都经历了相当长的时间。比如西方许多国家对选民和候选人资格长期存在诸多限制。英国曾经规定，只有达到一定收入或者拥有一定不动产的公民才有选举权和被选举权，1918 年英国才赋予妇女以选举权，其后又通过 1926 年、1928 年、1939 年、1944 年、1945 年、1948 年、1949 年和 1969 年多次修改选举法，最终才实现了普遍平等的选举，而不是一步到位。有些人士至今仍然被禁止参选议员，例如有未偿清债务的破产人士；在过去 5—10 年里犯有选举渎职罪的人士；卖国者，即那些未获宽赦的卖国罪犯等。这些人即使参选并获胜，其资格仍然可以被取消。

美国最初只有白人男子才有选举权和被选举权，黑人和妇女被排除在政治之外。美国参议院议员一直到 1913 年才实现全面直接选举。1919 年美国才取消了公民选举权的性别歧视，实现男女平等；1964 年才取消了选民人头税及其他税种的限制；1965 年才立法取消了各州对选民的文字测验；1971 年才确认 18 岁公民的选举权。如果能够一步到位，或者一步到位就好，为什么美国不那样做呢？在美国制定宪法以及后来历次政治检讨的时候，既有主张给予各州更多权力的“州权派”，也有主张联邦中央应该有更多权力的“集权派”。如果简单地说主张中央权力就是不民主、就是推延民主的话，那么像华盛顿、汉密尔顿等美国的开国元勋岂非最大的“反动派”？

发展民主是一个科学问题，需要科学理性、耐心细致的讨论，需要在充分讨论的基础上就民主进程形成一个基本共识。西方国家的民主发展，无不按照本国的实际情况、循序渐进地进行，几乎用了上百年乃至二三百年的时间才形成今天的状况。当然香港民主的发展不会像西方那样需要那么长的时间，其速度肯定更快，但是一定要稳妥，方向要正确。中国中央政府关切香港民主的方向和进程是完全合情合理、理所当然的，因为中央政府不仅要对“一国”负责，而且要对“两制”负最高责任，对香港的长期繁荣稳定和国家统一与主权向全国人民负责。

四、香港民主的发展是中国人自己的事情

美国等少数国家对香港民主发展感到“好奇”和“关心”。其实，对于美国人的“民主教导”，中国人民早已“领教”过。中华民国第一任总统袁世凯曾经聘请美国政治学协会(American Political Science Association)创始会长、哥伦比亚大学政治学和宪法学教授古德诺(Frank J. Goodnow，1859—1939)为自己的宪法顾问，就中国宪法的起草和政治体制问题咨询他的意见，这不能不说中国不重视美国人的“关心”。1915 年 8 月 3 日《亚细亚日报》发表了这位洋顾问的“真知灼见”，在其“名作”《共和与君主论》一文中，这位西方民主大师鼓吹中国是“民智卑下之国，最难于建立共和，教各地勉强实行，终无善果”。认为中国数千年专制，大多数民智不高，学校阙如，对政治没有研究能力，因此“中国如用君主制，较共和制为宜，此殆无可疑者”。他的高论还发表在 1915 年《美国政治学评论》上，题为“Reform in China: Social and Political Conditions Necessary for Western-Style Democracy”。我们的袁大总统对这位洋教授可谓言听计从，决定废除民主共和，解散国会，复辟帝制，最终导致中国陷入长期的内乱和内战。这就是西方民主大师在中国民主发展过程中扮演的角色！具有讽刺意味的是，为了表彰这位古教授对政治科学的“特殊贡献”以及他的公共服务和“无私”，1996 年美国政治学协会甚至以他的名字设立了一个专门奖项！

可见，对于洋人的“谆谆教诲”一定要分析，要鉴别。洋和尚念歪经、导致天下大乱的现象在第三世界国家并不少见。中国作为香港的主权国，比其他任何国家都更加关心香港人民的切身利益，更加关心香港民主的发展。一切有利于香港的事情，中国一定会积极去推动；反之，一切不利于香港人民和香

港繁荣稳定的事情，中国政府和人民是坚决不允许的。对于西方先进的民主成果和政治文明，我们要学习，要“拿来”，但是我们一定要根据自己的情况去借鉴，不可不问青红皂白全盘照搬。包括香港600多万同胞在内的全中国人民有足够的智慧和能力判断什么是正确的，什么是不正确的。正像一位美国学者所言，在美国“出生”以前，中国已经存在了几千年时间，中国完全不需要美国“教导”我们如何安排自己的生活，如何处理自己的内政。中国有自己的逻辑和政治哲学，中国人有足够的智慧来解决自己的问题。

中国内地这些年也在积极进行民主改革试验，中国政治正在走向民主和法治。在这个大背景下，香港无需担心中央不让香港实行民主，香港民主发展的步伐只能比中国主体的民主发展更快，而不会更慢。中国主体的民主法治建设，对香港民主发展来说也是有力的保障。

中国将继续坚定不移地在包括香港在内的全中国逐步推行民主，不会随着个别国家的“指挥棒”起舞。今天重温邓小平先生20年前发表的谈话，只是为了强调中国对于香港的方针政策是一贯的，中国将继续贯彻实施“一国两制”、“港人治港”、高度自治的方针政策。重温邓小平先生的有关论述，是为了更好地发展香港的民主，并使得民主的发展能够在一个健康正确的轨道上进行。中国认真对待对香港的民主承诺，相信在基本法规定的原则框架下，中国人一定能够治理好香港，未来的香港一定是经济繁荣、社会稳定、法制健全、政治民主的东方明珠。

香港未来政治发展之思考*

1997年香港回归中国后，香港各界和国际社会不断有人问起，中国治港的最终目标是什么？中国到底要把香港变成什么样的地方，是像深圳、上海那样的国内城市，或者永远保持香港的现状不变？“一国两制”到底是暂时的或者长远的？小小的资本主义香港会不会在回归后被偌大的社会主义中国最终不知不觉地吞噬掉，而失去自我？基本法保障的各种权利和自由能够长久吗？香港实行民主是否符合中国的国家利益？香港民主步伐到底应该多快？本文拟对香港未来政治发展问题，谈一些个人的看法和理解。

一、坚定不移在香港推进民主是中国的既定方针

在香港逐渐推行民主是中国一贯的主张，这个问题实际上在中英谈判时已经被提起并得到了解决，中国的态度也一直十分明确。中国从英国人手中收回香港的主权和治权，对香港未来的发展已经有了比较清晰的规划和目标。中国治理香港的长远目标是，依据香港特别行政区基本法的规定，贯彻“一国两制”的基本方针，维持香港的经济繁荣，实现香港的政治民主和社会稳定。

---

* 发表于《信报财经月刊》(香港)2004年5月号(总第326期)，有删节。2003—2004年香港何时实现“双普选”问题提出来之后，在最初几年，“政治发展”与“政制发展”二词是通用的，后来逐渐统一使用“政制发展”的说法，以更科学地表达“政治发展”的含义。

尤其在实现政治民主上，中国政府作出了庄严的承诺。

中国对香港的民主承诺主要体现在法律即基本法上。基本法规定了一个民主的政治体制，并规定了实现直接民主的目标，这些为香港实行民主提供了坚实的法律基础和保障。在是否实行民主问题上，中央的态度从来都是明确的，与香港各界并没有分歧。香港最终要实现完全民主，实现行政长官和立法机关的“双普选”。问题不是要不要推行民主，而是如何推行民主，推行什么样的民主。

一个人所共知的事实是，香港在英国一个半世纪的殖民式统治下，根本没有什么民主可言，不要说总督的任命港人无缘参与，就是咨询性的行政、立法两局议员的产生，港人也只能听命于英国人的安排。香港人民只是在1997年后按照基本法的规定，才开始真正当家作主，行使自己的民主权利，香港政治体制的真正民主化是在中国人的治理下从回归中国后开始的。

1997年英国把香港的主权交还中国之后，中国如何治理香港，香港的政治体制如何设定，是中国政府和人民自己决定的事情。中国当然可以延续港英长期没有任何民主因素的政治架构，全盘接受英国人长期实行的政治体制。但是中国没有这样做，而是单方面决定1997年后在香港逐渐推行民主，在恢复行使主权后让港人在自己的祖国享受到真正的民主。即便对英国人在撤退前单方面进行的所谓“民主改革”，中国一方面坚决反对英国不负责、背信弃义的做法，另一方面在处理具体问题的时候，却根据实际情况区别对待，没有采取一刀切的做法，值得保留的制度中国都尽可能予以保留。这充分表现了中国对香港民主发展的诚意。

二、发展民主应该坚持的原则

基本法起草委员会姬鹏飞主任委员1990年3月28日在第七届全国人民代表大会第三次会议上所做的《关于〈中华人民共和国香港特别行政区基本法(草案)〉及其有关文件的说明》(以下简称《说明》)中，指出了基本法规定香港政治体制所坚持的原则，即“香港特别行政区的政治体制，要符合‘一国两制’的原则，要从香港的法律地位和实际情况出发，以保障香港的稳定繁荣为目的。为此，必须兼顾社会各阶层的利益，有利于资本主义经济的发展；既保持原政治体制中行之有效的部分，又要循序渐进地逐步发展适合香港情况的民主制度”。为此，我们可以把基本法规定香港政治体制所依照的原则、所考虑的因素总结归纳为以下几个方面。这些原则和因素也是规划香港未来政治发展所必须遵循的原则精神、必须考虑的因素。

（一）有利于“一国两制”的贯彻实施

基本法是根据“一国两制”方针政策制定的，香港特区的政治体制是根据“一国两制”方针政策设计的，因此香港政治发展同样要坚持“一国两制”，而不能脱离“一国两制”去发展，政治改革或者政治发展要有利于“一国两制”的实施，有利于“一国两制”的强化。

香港政治的发展，既要有利于推行民主，又不能损害国家的主权和统一。民主发展不能以牺牲“一国”为代价。香港对国家的价值固然在于“两制”，正因为有“两制”，香港才不同于内地任何一个地方，对国家才有特殊的价值，因此一定要保持“两制”。但是香港对于国家的价值，也在于“一国”，如果没有了“一国”，香港对于国家的价值也将大打折扣。因此，香港政治的发展应该既有利于推进民主，有利于保持“两制”，也要有利于维持香港的繁荣稳定和“一国”的提升。“一国”和“两制”应该通过政治发展得到同样的保障和强化，削弱其中任何一个，都不符合“一国两制”的精神。香港回归后，我们既要落实“两制”，也要尽快落实“一国”。我们不能只落实“一国”，不落实“两制”；也不能只落实“两制”，不落实“一国”。只有“一国”得到了充分的保障和提升，“两制”，尤其香港的那“一制”才能得到较大较快的发展。“一国”的很好落实，不仅会促进“两制”的落实，而且有利于香港民主政治的发展。

（二）均衡参与，有利于维持特区的繁荣稳定，有利于特区资本主义的发展

从西方民主发展的经验来看，最为民主的做法，就是实行一人一票，每票等值，一个人都不能少。而且要实行分区直接选举，选区划分要实行小选区制。根据这样选举制度产生的议员，其代表性非常明确，就是自己选区的选

民。议员必须努力为自己的选民争取利益，对自己的选民负责。在这种选举制度下，议员无需对全民和社会整体负责。为了讨好自己的选民，议员不得不为自己的选民争取更多的福利好处。而政府只能尽量满足议员的这些要求，其唯一的办法就是增加税收。这样，政府和议会不断“劫富济贫”，把企业赚的钱通过税收拿过来进行重新分配。其后果是，社会没有生机与活力，人人都只想从政府那里得到更多，而最好什么都不要付出，企业家失去创业的积极性，也没有足够的资源去扩大再生产，最终导致失业率增加，社会陷入一个恶性循环而不能自拔。这种杀鸡取卵、竭泽而渔的政策就是由于不合理的选举制度和政治体制造成的。

这就是为什么西方许多国家的议会采取两院制的原因。实行两院制最深层的考虑就是保障社会各界对政治的均衡参与。其中一个院代表广大民众，实行分区直接选举，另外一个院代表各种特殊的人群，代表那些分区直选可能忽视的利益团体，或者代表全国整体利益。这样的民意机关才最有代表性，参与的程度才最大。只有保障大众的均衡参与，政府和议会的决策才不至于偏颇，才更加公平、科学、合理。我们在歌颂、推动全面直选的时候，一定要对这种全面直选制度所可能产生的后遗症有清醒的认识和明确的对策。如果决心这样做，那就要准备付出代价，社会大众就要有这样的思想准备。

基本法确立的就是一个社会各界都能均衡参与的政治架构，是代表性比较全面、各种因素都考虑到的架构，能够保证香港各界人士参与政治的平等民主权利，保障每一个人都有参政议政的机会。而且最重要的是，这个架构有利于维持特区的繁荣稳定，有利于特区资本主义的发展。我们在讨论特区政治发展的时候，仍然要考虑这些因素，仍然以均衡参与为重要的考虑因素，政治发展只能更加有利于、而不能损害特区的繁荣稳定和资本主义经济的发展。

（三）“循序渐进”和“实际情况”

任何一个成熟的民主体制都是逐渐形成的，不可能一步到位，一定要循序渐进，实事求是。《基本法》规定，要根据香港特别行政区的实际情况和循序渐进的原则，最终实现普遍直接选举的目标。这样的规定是有科学道理的。民主固然是一个应该追求的目标，但是任何好的东西都不可能一次全部吸收，而必须一点一点地吸收，给社会一点时间消化，这样才能与社会现实很好地衔接。就像好吃的食品，如果我们因为它实在好吃，就一次吃个够，这样可能产生两个后果，一是以后再也不想吃这种东西了，对这种东西产生了排斥心理；一是由于一次吃得太多，暴饮暴食，自己的胃承受不了，从而消化不良，容易得病，而且这些好的营养也无法保留。社会就像人的身体一样，过分激烈的社会变革可能引起不良反应，因此任何政治改革都应该是一点一点地进行，应该“零售”，而非“批发”。

什么时候“进”，如何“进”，那要根据“实际情况”来决定。所谓的“实际情况”，既指香港的社会、经济情况，也指香港的整个政治状况、政治气氛。当然主要是看香港的情况，但是我们也不能忽视国家和整个国际的大环境。中央和特区要寻找一个双方都认为合适的、成熟的时机去推进民主，要考虑香港社会一次能够接受的程度，让中央和香港各界都能够接受。香港各界对于“一国两制”的认识程度也是一个不得不考虑的“实际情况”，只有我们对“一国两制”有了深入全面的理解，才可能加快民主步伐。

发展民主是一个科学问题，任何一个国家或者地方的民主进程都不是一蹴而就的，即便西方各国其民主发展也都经历了相当长的时间，几乎用了上百年乃至二三百年的时间才形成今天的状况。当然香港民主的发展不会需要那么长的时间，其速度肯定更快，但是一定要稳妥，方向要正确。

（四）有利于强化行政主导的政治体制

基本法尽管没有明确使用“行政主导”这个词，但是毫无疑问这个立法指导思想是明确的，从基本法具体条款的规定上可以很清楚地看到这一点。香港未来的政治发展应该有利于加强而不是削弱基本法确立的行政主导体制。

（五）符合香港的法律地位

《说明》还谈到“香港特别行政区的政治体制，要符合‘一国两制’的原则，要从香港的法律地位和实际情况出发”，香港的法律地位也是我们必须考虑的因素。

《基本法》第 12 条规定：香港特别行政区是中华人民共和国的一个享有高

度自治权的地方行政区域，直辖于中央人民政府。这就明确了香港特别行政区的法律地位。从宪法上来看，除《宪法》第31条，对于特别行政区有直接意义的宪法制度主要有两个，一个是人民代表大会制度，一个是单一制的国家结构形式。中国宪法规定的政府组织形式是人民代表大会制度，这种制度类似于英国实行的议会制。中国的人民代表大会制贯彻“全国人民代表大会主权（congressional sovereignty）”“全国人民代表大会至上（congressional supremacy）”的原则。根据宪法，全国人民代表大会是代表全国人民的机关，是中国的最高权力机关。从横向来说，其他中央国家机关（例如国家主席、国务院）要由它产生，对它负责，受它监督。从纵向来看，全国人大对所有地方组成单位包括各省、自治区、直辖市和特别行政区，全国人大也有至高无上的权威，有权为地方制定或者不制定任何法律。

其次，中国宪法规定的国家结构形式是单一制。在单一制下，国家的权力集中在中央国家机关。从法理上讲，地方政府是代表中央政府在本地行使国家权力的，地方政府的权力来源于中央授权，其本身并无“天生”的权力。当然，单一制国家也可以存在地方自治政府，但这些自治地方享有的权力也是中央授予的，是派生的而非原始的。中国、英国、日本、法国等都是实行单一制的国家，尽管这些国家的具体情况有所不同，但是单一制的基本精神是一样的。中国设立香港澳门两个特别行政区，并授权它们高度自治，特别行政区的存在并没有改变中国单一制国家的性质。

因此，考虑香港政治发展，不能忽视香港特别行政区在宪法和基本法上的法律地位，不能不考虑中央根据宪法和基本法应该行使的职权。

（六）严格依照基本法的规定

根据上面的分析，应该说基本法已经解决了香港政治体制的主要架构问题，大的框架已经确立，即司法独立，行政机关和立法机关互相制衡，又互相配合，整个制度是行政主导。在相当长一段历史时间，不存在修改基本法规定的政治体制问题，这个架构应该保持相当的稳定性。今天我们所说的“政治发展”，不是离开基本法确立的这个根本政治架构，另起炉灶，重新拟定一个新的体制，而是不断地充实完善这个体制，是要通过政治实践不断地给它补充血肉，让它充实起来，完善起来。当然不是说这个架构绝对不可以修改，如果要大改，那就是推倒重来，重新制定基本法了。这显然是不现实的。因此，香港民主的发展，一定要遵循法治的原则，严格按照基本法办事，按照基本法确定的原则和方向、在基本法已经设定的政治框架下逐渐推行，不能离开基本法来谈民主和政治发展，更不能违背基本法确立的基本政治原则。上述这些应该考虑的原则和因素其实都是基本法已经规定了的，不是在基本法之外临时额外增加的。

三、中央在香港民主发展过程中的主导角色

基本法是中央单方面授予特区各种权力的法律。正是因为基本法是授权法，因此它同时又是限权法，即特别行政区所享有的高度自治权以基本法明确授予的为限，基本法没有明确授予特别行政区享有的权力，特别行政区就没有这些权力，如果有“剩余权力”的话，应该由中央保留。根据基本法的规定，如果特区有需要，这些“剩余权力”还可以授予特区行使。特区实行的是“高度自治”，不是无限自治，绝对自治。

根据基本法的规定，属于特别行政区高度自治范围的是“行政管理权、立法权、独立的司法权和终审权”以及独立的经济管理权和一定的对外事务处理权。显然，香港实行什么样的政治体制并不属于基本法规定的特别行政区高度自治的范围，是中央保留的权力。其实，规定香港实行什么样的政治体制的基本法本身就是中央制定的，这一点就足以说明香港的政治体制是由中央规定的，而香港未来政治发展当然也应该由中央来主导。纵观世界各实行单一制的国家，实行地方自治本身必须要由中央立法，不可能由地方自行决定实行自治。

中央主导香港民主发展不仅是基本法的要求，而且也是宪法的要求。《宪法》第 31 条和第 62 条都规定特别行政区实行的制度需要由国家的最高权力机关决定。因此，中央决定香港特区的政治体制及其未来的发展进程，是符合基本法和宪法的，也是中央的宪制性责任。

这里有一些观点需要澄清。首先，由中央决定香港政治体制及其未来发

展问题，不是说就不推行民主了。正如前文所述，中央对香港的民主承诺已经法律化，是不会改变的。中国认真对待对香港的民主承诺，在香港实行民主既是香港的需要，也符合中国的国家利益。中国内地这些年也在积极进行民主改革试验，中国政治正在走向民主和法治。中国主体的民主法治建设，对香港民主发展来说也是有力的保障。在这个大背景下，香港无需担心中央不让实行民主，香港民主发展的步伐只能比中国主体的民主发展更快，而不会更慢。

其次，由中央决定香港政治发展问题，不是说就不征求香港的民意了。中央在决定特区政治发展问题的时候，一定会广泛地征求香港的民意。中央以前这样做了，今后仍然会这样做。

再次，由中央决定香港政治发展问题，中央并非随便做出决定，而是严格依法决定的，中央贯彻依法治港的方针，不会在法律之外额外增加自己的权力。中央会严格依照宪法和基本法办事，所采取的任何行为都不会违反中央对香港的既定方针政策，即“一国两制”、“港人治港”、高度自治。

还有，中央在决定香港政治问题的时候，会非常严肃认真，非常负责任，中央在香港没有任何具体的利益，一切的一切都是为了香港全体民众的福祉和未来。中央不仅对维护国家的统一和主权承担着宪法上的责任，而且对保持特区的繁荣稳定也肩负着庄严的法律责任。没有任何一个国家比中国更希望香港能够持续繁荣稳定了，没有任何一个国家比中国更加关心香港并愿意为此在政治上乃至经济上采取具体的行动。

作为一个发展中国家，中国固然还有很多制度和体制不够健全。以中国体制不够健全为借口否定中央对特区重大事务的决定权，是不能成立的，因为这是两个不同性质的问题。我们必须首先从法律上和道理上弄清楚那些权力是否应该由中央行使，如果应该由中央行使，那就不能以任何借口否定中央的法定权力。至于中国的制度不够健全，那是中国进行改革的问题。中国20多年来一直在非常努力地进行政治经济体制改革，所取得的成就是举世公认的。如果说20多年前在刚刚开始改革开放的艰难情况下，中国能够果断提出“一国两制”的英明决策成功解决香港澳门问题的话，经过20多年改革开放后的中国，国力已经大大增强，民主法治不断发展，国际地位不断提升，中国已经有更大的自信可以处理好香港的政治问题。

四、政治可以是科学吗

现代政治学和法学有两个终极关怀，一是追求政治的民主，二是追求政治的科学和理性，最终实现政治秩序中的公平与和谐。也就是说，人类不仅要民主，而且要宪制。政治是可以，也应该成为科学的，正如其英文名称“Political Science”一样，应该是Science，尽管很多时候我们看到的政治都是不科学、非理性的。这表明人类对美好的政治、美好政治安排的朴素期待。

历来的决策者、制宪者在决定实行民主的时候，都不是简单地考虑民主这一个因素，一个健康的民主政治体制还需要考虑很多因素。例如，有学者把西方民主制度与中国传统政治好的因素结合起来，提出未来中国的议会应该有两个院，一个是House of Commons，由分区直选议员组成，一个院是House of Scholars，由专家、学者、专业人士通过类似科举那样的考试选择而组成。前一个院House of Commons是为了民主，后一个院House of Scholars是为了保证国家决策、立法的科学和理性。①尽管我不同意其中的一些分析，但是其表达的政治民主与政治科学应该相结合的观点，值得研究。香港民主的发展，一定要根据香港实际情况和循序渐进的原则，有利于“一国两制”的贯彻实施，一定要保障全体民众均衡参与资本主义的发展，有利于香港的繁荣稳定，有利于固有行政主导体制的加强，还要符合香港的法律地位。中央的参与和主导不仅是合乎宪法和基本法的，而且也是合理的，必须的。这样的政治发展，才是既民主又科学的政治，才是我们应该追求的政治。

---

① Daniel Bell, *East Meets West: Human Rights and Democracy in East Asia*, Princeton University Press, 2000.

2007年/2008年政改立法属授权立法*

——试论特区就两个产生办法修改而进行的本地立法的性质

根据《基本法》附件一第7条和附件二第3条的规定以及全国人大常委会2004年4月通过的《关于香港特别行政区2007年行政长官和2008年立法会产生办法有关问题的决定》，香港特别行政区在广泛征求民意基础上，已经发表了第5号政改报告书，并据此即将启动本地的立法程序，进行有关立法。这里对特区就2007年和2008年两个产生办法进行本地立法的性质和有关问题进行一些学理探讨。

一、修改2007年和2008年两个产生办法的权力在宪制上属于中央

1. 特区政治体制的决定权在中央。根据《宪法》第31条的规定，在特别行政区内实行的制度按照具体情况由全国人民代表大会以法律规定。根据《宪法》第62条的规定，全国人民代表大会行使的职权其中第(十三)项为，全国人大决定特别行政区的设立及其制度。由此可以看出，根据宪法，在特别行政区实行的制度包括特别行政区实行什么样的政治制度，应该由全国人大决定。

2. 根据《宪法》第57条的规定，全国人民代表大会是最高国家权力机关，它的常设机关是全国人民代表大会常务委员会。《宪法》第67条规定全国人民

* 发表于《紫荆》(香港)2005年11月号。

代表大会常务委员会行使的职权其中第(三)项是“在全国人民代表大会闭会期间，对全国人民代表大会制定的法律进行部分补充和修改，但是不得同该法律的基本原则相抵触”。可见，根据宪法，全国人大常委会是经常性行使国家最高权力的机关，尤其在全国人大闭会期间，全国人大常委会是实质上的最高国家权力机关，行使宪法赋予国家最高权力机关的职权。

因此，中央对特区政治体制的决定权，具体表现形式之一就是全国人大常委会对特别行政区的政治体制问题的决定权，包括行使修改两个产生办法的权力。

3. 香港特区基本法贯彻了中国宪法的上述原则和制度。这表现在：(1)《基本法》序言指出：“根据中华人民共和国宪法，全国人民代表大会特制定中华人民共和国香港特别行政区基本法，规定香港特别行政区实行的制度，以保障国家对香港的基本方针政策的实施。”(2)《基本法》附件一《香港特别行政区行政长官的产生办法》第7条规定，对2007年以后行政长官的产生办法的修改，在完成本地立法程序后，必须报全国人民代表大会常务委员会批准。(3) 附件二《香港特别行政区立法会的产生办法和表决程序》第3条规定，对2007年/2008年以后香港特别行政区立法会的产生办法的修改，在完成本地立法程序后，要报全国人民代表大会常务委员会备案。

这些规定表明基本法贯彻了宪法确立的原则和制度。在香港实行什么样的政治体制属于宪制层面的问题，其立法权不在特别行政区，不属于特区高度自治的范围，不是特区立法的事项，其决定权在中央，是中央依照宪法和基本法应该立法的事项，具体来说就是全国人大常委会立法职权范围内的事项。

二、特区就两个产生办法修改而进行的本地立法属于授权立法

尽管全国人大常委会享有宪制上的权力修改特区的两个产生办法，但是为了给特区人民和各界人士更多机会参与特区的政治体制改革，全国人大常委会不直接行使这个立法权，而是授权特区行政长官和立法会先进行立法，然后再报全国人大常委会批准或者备案。

因此，《基本法》附件一第7条和附件二第3条是授权立法条款，通过这两条

全国人大和全国人大常委会把本来属于自己的权力(即修改两个产生办法的权力)授权特别行政区行使。从性质上来看,特区行政机关、立法会和行政长官是在代替全国人大常委会进行立法工作,在代行全国人大常委会的立法权。

正因为如此,尽管该项立法的事项十分重要,但是它不属于《基本法》第50条规定的"重要法案"。如果在立法会通不过,不至于导致行政长官解散立法会的后果。一般而言,《基本法》第50条规定的"重要法案"是特区对其自治范围内的事项所进行的重大立法,一般不包括中央授权立法。

授权立法是在各国都普遍存在的一种法律制度,通常是指有某项立法权的国家机关基于特定原因把该项立法权授予其他国家机关行使,自己保留监督权和审查权,也就是最终的决定权,而不直接实施立法。实际上,全国人大及其常委会把自己享有的立法权以法律的形式授予其他国家机关行使,在中国是常见的。例如,1984年9月第六届全国人民代表大会常务委员会第七次会议通过《关于授权国务院改革工商税制发布有关税收条例草案试行的决定》,授权国务院在实施国营企业利改税和改革工商税制的过程中,拟定有关税收条例,以草案形式发布试行,再根据试行的经验加以修订,提请全国人民代表大会常务委员会审议。有关税收的立法权本来属于全国人大常委会,但是基于改革的需要,全国人大常委会不行使这项立法权,而是授权国务院有条件地行使指定的税收立法权。再比如,为了保障经济体制改革和对外开放工作的顺利进行,1985年4月第六届全国人民代表大会第三次会议通过《关于授权国务院在经济体制改革和对外开放方面可以制定暂行的规定或者条例的决定》,授权国务院对于有关经济体制改革和对外开放方面的问题,必要时可以根据宪法,在同有关法律和全国人民代表大会及其常务委员会的有关决定的基本原则不相抵触的前提下,制定暂行的规定或者条例,颁布实施,并报全国人民代表大会常务委员会备案。经过实践检验,条件成熟时由全国人民代表大会或者全国人民代表大会常务委员会制定法律。

上述是横向授权,即授予其他中央国家机关以特定的立法权。除此之外,还有纵向授权,即全国人大常委会把自己享有的立法权授予地方国家权力机关行使。例如,1981年11月,全国人大常委会通过《关于授权广东省、福建省人大及其常委会制定所属经济特区的各项单行经济法规的决议》，授权两省人大按照该省经济特区的具体情况和实际需要，制定经济特区的各项单行经济法规。1988年4月，七届全国人大常委会授权海南省人大及其常委会根据海南省经济特区具体情况和实际需要，遵循国家有关法律、全国人大及其常委会有关决定和国务院有关行政法规的原则制定法规，在海南省特区实施。此外，全国人大常委会还先后授权深圳市、厦门市、汕头市和珠海市特区立法权。

全国人大及其常委会进行授权立法，既可以通过单行立法以“决定”或者“决议”的形式来进行，也可以通过一部正式的法律来进行，例如通过基本法那样正式的法律把自己享有的修改特区行政长官和立法会产生办法的权力授予特区行使。第二种情形在内地的法律中也经常出现。

三、授权立法的原则

授权立法是一个机构把依法享有的立法权委托给其他机构行使。因此，它必须符合一定的条件，遵守一定的原则。

第一，授权机关自己必须享有某项立法权，然后才可以授予其他机关行使，不能授予自己依法也没有的立法权。全国人大常委会在宪法和基本法上享有无可置疑的决定特区两个产生办法的立法权，具备授权的前提。

第二，授权立法是派生立法，即根据高一级的“母法”而进行的次级立法。因此，被授权的机关在实施立法的时候，必须遵守授权机关确定的立法精神和程序，不得违背“母法”的基本原则。特区既然被授权就该事项进行本地立法，在修改特区两个产生办法的时候，就必须遵守基本法确定的特区政治发展的基本原则和精神，也就是“香港特别行政区的政治体制，要符合‘一国两制’的原则，要从香港的法律地位和实际情况出发，以保障香港的稳定繁荣为目的。为此，必须兼顾社会各阶层的利益，有利于资本主义经济的发展；既保持原政治体制中行之有效的部分，又要循序渐进地逐步发展适合香港情况的民主制度”①。同时还要遵守授权机关即全国人大常委会2004年4月就此专门通过

① 香港特别行政区基本法起草委员会主任委员姬鹏飞1990年3月28日在第七届全国人民代表大会第三次会议上所做的“关于《中华人民共和国香港特别行政区基本法（草案）》及其有关文件的说明”。

的《关于香港特别行政区2007年行政长官和2008年立法会产生办法有关问题的决定》。

在程序上，授权立法必须遵守“母法”和授权机关规定的立法程序，具体来说就是要遵守《基本法》附件一第7条和附件二第3条的规定以及2004年4月6日全国人民代表大会常务委员会对这两条规定所作的解释。

任何违背“母法”和授权机关确定的原则精神以及立法程序的授权立法都是无效的。

第三，授权机关对授权立法有最终决定权，也就是对授权立法的监督权和审查权。首先，授权机关对被授权机关进行的立法有监督权，即监督被授权机关是否严格遵守有关授权的实质和程序要求；被授权机关在完成立法后，要及时向授权机关报备，接受授权机关的审查。这就是为什么《基本法》附件一第7条和附件二第3条规定，对两个产生办法的修改，在立法会全体议员三分之二多数通过和行政长官同意后，还必须报全国人民代表大会常务委员会批准或者备案。全国人大常委会收到特区提交的有关立法后，会依据基本法和2004年的有关《解释》和《决定》进行审查，然后再决定是否批准或者备案。

总之，全国人大常委会在宪制上享有对特区政治体制的决定权。香港特区本地对两个产生办法的修改，从性质上不同于本地立法，是全国人大常委会通过基本法授权特区进行的特别立法活动，属于宪制层面上的问题。香港特区在对两个产生办法进行修改的时候，必须遵守两个产生办法的“母法”即基本法和授权机关即全国人大常委会确立的修改原则和程序。

严格依据基本法处理香港政制问题*

长期以来，政制发展一直是香港社会面临的一个重大课题。如何处理香港政制发展问题，本质上不是要不要发展民主，而是要不要按照基本法的规定办事的问题。我们认为，严格遵循基本法的规定，才能够妥善处理香港特别行政区政制发展的问题。

一、政制发展的特殊含义

在讨论政制发展的时候，我们需要首先弄清楚"政制发展"的特殊含义和特定范围。

基本法是特别行政区的宪制性法律文件，为特别行政区提供一个民主法治、稳定可行的政治体制，是基本法的重要内容之一。关于特区的政治体制，基本法规定了两个层面的问题。第一个层面是中央与特区的关系，基本法对中央和特区各自享有的权力作出了明确规定，中央授权特区享有高度自治权，中央保留外交、国防、主要官员任命等权力。这解决了特区政治体制与国家政治体制的衔接问题。

第二个层面是特区本地的政治体制，这又包括两个方面，第一个方面是特区设立哪些政权机关以及这些政权机关之间的关系，基本法设计了行政主导

* 发表于《中国人大》2007年6月25日，有删节。

的政治体制，规定司法独立，行政机关和立法机关互相配合又互相制约；第二个方面是行政、立法和司法三机关成员如何产生，即行政长官、立法会议员和法官的产生办法，基本法规定法官通过委任的方法产生，行政长官和立法会议员的产生办法在回归头十年基本法已作了明确规定，回归十年的时候可以检讨行政长官和立法会议员的产生办法，使其朝着更加民主的方向发展，最终实现行政长官和立法会全体议员通过普选方法产生的目标。《基本法》附件一和附件二规定的两个产生办法是香港整个政治体制的组成部分。可见，基本法规定的香港特别行政区的政治体制是一个既涉及中央与特区关系，又涉及特区政府各部门之间权责关系的完整的概念。

在制定基本法的时候，香港特区政治体制的设计是在吸收了香港各界提出的各种方案基础上、经过科学研究而形成的。为了政权的平稳过渡，保证新的特区政府能够有效运作，这个体制吸收了原有政治体制中行之有效的部分，例如行政主导就是香港原有政治体制的重要特点和优点，也就被基本法所吸收。

关于特区的政治体制，上述第一个层面中央与特区关系和第二个层面第一个问题即特区行政、立法和司法的职责和相互之间的关系，应该是长期不变、保持稳定的，不属于政制发展的范畴。目前的政制发展只是要检讨第二个层面的第二个问题，即对特区政治体制进行局部修改，不是对特区整个政治体制进行全面的重新审视。因此，政制发展不是无限的，而是有特殊的含义、特定范围的。

二、政制发展的特殊含义决定了政制发展必须遵循基本法

既然政制发展只是检讨整个特区政治体制中的一部分内容，更换其中一个零部件，那就只能按照目前这台政府机器的操作章程——基本法来进行。如果抛开基本法全面检讨特区的政治体制，那就等于把基本法规定的政治体制推倒重来，另起炉灶，另行规定中央与特区的关系，另行规定特区行政、立法和司法的职责和相互之间的关系，等于重新制定基本法关于政治体制的内容。

因此，我们必须首先明确政制发展并非推翻基本法规定的政制框架结构，

不是更换整个政府机器，而是进行局部的调整，是在一定范围内更换零件，即只对行政长官和立法会议员的产生办法根据需要进行修改。香港的政制发展既不能修改国家的政治体制，也不能影响基本法确立的香港特别行政区整个政治体制的有效运作，而只能在不改变中央与特区的关系，不改变特区行政、立法和司法职责和相互之间关系的前提下，考虑行政长官和立法会议员产生办法的修改问题。如果可以脱离基本法进行政制发展，什么都可以“发展”，政制发展是无限的，势必影响基本法确立的中央与特区的宪制关系，而且冲击目前基本法规定的特区三部门之间的关系及其运作机制，造成香港特区政治体制的混乱，影响特区政府的有效运作，最终也将影响到香港的稳定繁荣。

这就是为什么香港特别行政区的政制发展必须严格依据基本法的原因，政制发展既然不是推倒重来，只是修改整个政治体制的局部，这就决定了政制发展必须遵循基本法，在基本法确立的政制大框架内来进行。只有维护基本法确立的政治体制的稳定，才能够构建和谐的中央与特区关系，维护香港特区的长期繁荣稳定。

三、依据基本法处理政制发展问题是法治原则的要求

香港的法律制度一直比较健全，拥有良好的法治传统。香港回归后，香港法治得到了进一步完善和加强。法治的一项基本原则就是严格依法办事。这里的“法”包括所有在香港具有法律约束力的各种立法和判例，其中最重要的法就是香港基本法。如果置基本法于不顾来讨论政制发展，显然是对法治原则的不尊重。

法治是香港繁荣稳定的基石，是保障人权自由最重要的元素，我们必须认真对待、坚决维护香港的法治。要维护法治，首先就要维护基本法的权威和尊严。我们不能离开基本法谈法治，当然也就不能离开基本法谈政制发展问题。在政制发展问题上强调法治原则尤其重要。因为法治既是目前香港政治体制的一个重要元素，是香港政制的优点和优势，也是维护整个政治体制稳定的重要保障。因此，通过政制发展，不仅要解决政治体制本身的问题，也应该使香港的法治得到进一步的加强，在社会大众面前树立依法办事的新典范。

社会各界关于政制发展的讨论，可以百花齐放，百家争鸣，但是最终形成的方案一定要不折不扣严格按照基本法的规定办事，并按照基本法规定的程序加以通过。任何脱离基本法原则精神的政改方案，任何脱离基本法规定的程序、试图另谋出路的做法，不仅是不切实际的，而且也违反了法治的基本要求。

四、基本法规定了政制发展的原则和程序[①]

五、依据基本法处理政制发展问题是最终实现普选的捷径

众所周知，在香港逐渐推行民主是国家一贯的主张和追求，这也是中国单方面的决定。国家对香港的民主承诺，已经通过香港特别行政区基本法予以法律化。基本法充分贯彻了民主的原则和精神。从基本法制定的过程来看，尽管制定基本法的权力属于中央，但是中央仍然广泛征求了香港广大市民和社会各界的意见，尤其他们关于香港政治体制的看法，其中许多被基本法所吸收。从基本法规定的政治体制内容来看也充分体现了民主原则，是民主的制度化、法律化。“港人治港”本身就是巨大的民主进步，是港人当家作主的生动表现，是香港走向民主的里程碑。基本法还规定，根据香港的实际情况和循序渐进的原则，行政长官的产生办法最终实现由一个有广泛代表性的提名委员会按民主程序提名后普选产生的目标。根据同样的原则，立法会议员最终也要实现全部普选产生。可以看出，香港基本法规定的政治体制是一个民主、科学的体制，更为重要的是，它为最终实现全面民主指明了发展的方向，规定了香港进一步民主化的原则和步骤。

既然如此，严格依照基本法规定的方针路线，推动香港政制不断往前发展，就是香港最终实现“双普选”的捷径。离开基本法寻求政制发展，不仅违背法治原则，而且也是舍近求远、舍本求末的不智之举。严格依据基本法处理香港政制发展问题，是加快民主政治发展、早日实现“双普选”的不二法门。

① 相关内容参见《香港未来政治发展之思考》。

结论

总之，政制发展，兹事体大。基本法已经解决了香港政治体制的主要问题，大的框架已经具备，中央和特区授权与被授权的关系已经确立，司法独立，行政机关和立法机关互相制衡又互相配合，整个体制是行政主导，这也已经明确。在相当长一段时期，不存在修改基本法这些规定的问题，这个架构应该保持长期稳定。

今天我们所讨论的政制发展，不是离开基本法确立的这个根本政治架构重新拟定一个全新的体制，不能“突破”基本法来谈政制发展。香港政制的发展一定要严格按照基本法和人大释法确定的原则、方向和程序，在基本法的轨道上不断推动民主政治向前迈进。这是法治精神的要求，也是推动香港民主政治尽快发展的捷径。只要严格按照基本法办事，香港特别行政区的民主政治一定会更快更好地不断往前发展，最终实现“双普选”。

论特别行政区的行政主导体制*

不同国家、不同地方在行政、立法、司法三者之间分权的方式方法不同，由此形成了不同的政治体制。例如美国采取的是“三权分立”的体制，英国采取的是议会制，法国采取的是“半总统制、半议会制”，而孙中山先生结合美国的“三权分立”和中国传统政治体制中的精华，创造了“五权宪法”的体制。根据自己的国情和历史，中国宪法规定的政体是人民代表大会制。香港特区由于不是一个国家，但又不是一个普通的地方政府，内地的人民代表大会制肯定不适用于香港，但是又不能原封不动地保留香港原有的行政主导体制，也不能全盘引进“三权分立”或者议会制。基本法起草委员会对此有过激烈的讨论①，由此设计的政治体制具有很多鲜明的特色。

基本法首先继承了香港原有政治体制中被实践证明是成功的、对香港的繁荣稳定具有重要作用的因素，在特区行政机关、立法机关与司法机关三者之间关系上，基本法确立的体制是，司法独立，行政机关和立法机关互相制衡又互相配合。② 而整个特区政治体制贯彻了行政主导的原则精神。

司法机关必须实行独立，只服从法律，不受任何干涉。行政机关和立法机

---

* 写于 2005 年 5 月 21 日。

① 王叔文主编：《香港特别行政区基本法导论》（修订本），中共中央党校出版社 1997 年版，第 207 页。

② 肖蔚云：《一国两制与香港基本法律制度》，北京大学出版社 1990 年版，第 225、231 页。

关互相制衡又互相配合，对于这些，基本法规定得比较清楚。这里重点谈谈“行政主导”问题。

“行政主导”是相比“立法主导”而言的，重点解决行政和立法的关系问题。基本法尽管没有明确使用“行政主导”这个词，基本法起草委员会主任委员姬鹏飞 1990 年 3 月 28 日在向第七届全国人民代表大会第三次会议做《关于〈中华人民共和国香港特别行政区基本法（草案）〉及其有关文件的说明》中，也没有使用这样的字眼，但是，毫无疑问这个立法指导思想是明确的，从基本法具体条款的规定上也可以很清楚地看到这一点。

一、“行政主导”的表现

1. 根据基本法的规定，行政长官既是特区行政机关的首脑，又是整个特别行政区的首长，代表整个特别行政区。“特别行政区行政长官”中的“行政”两个字是可以去掉的，即准确地应该叫做“特别行政区长官”，其地位尽管与以前的“港督”不同，但是二者是相似的，只是“特别行政区行政长官”的产生有港人的参与。

2. 行政长官不仅直接领导特区政府各部门，独立掌握行政权，而且在某些特定的立法和司法过程中，也扮演十分重要的角色，例如行政长官如认为立法会通过的法案不符合香港特别行政区的整体利益，可在三个月内将法案发回立法会重议，行政长官可以解散立法会，行政长官任命法官，等等。

3. 尤其在与立法的关系上，尽管行政长官不能像以前港督那样领导立法局，但是，行政长官应该有一定的、独立的超越地位，不能成为立法机关的附属，不能完全受制于立法机关，否则那就是“三权分立”或者“议会主导”了。

4. 在与中央的关系上，中央人民政府主要是通过行政长官与特别行政区发生关系的，行政长官要对基本法的实施，并就特别行政区的所有事务向中央人民政府负责。这些都是行政主导的体现。

二、采取“行政主导”的原因

这样做的目的并非基本法制定者特别喜欢行政主导，原因主要有二。一是香港原来的体制是绝对的行政主导，港督尽管由英国任命而非由香港居民选举产生，但是港督相对行政机关和立法机关却是处于无可挑战的凌驾地位，这样使得政府能够高效运作，迅速解决各种各样的问题。基本法基本保留这样的体制不是为了便于国家控制香港，而是为了香港能够维持稳定和繁荣，因为这样的政府体制是香港以前成功的必要条件(尽管不是充分条件)。政治体制是不可随便尝试的，可以说只能成功，不能失败。中央负责制定基本法，负责规定香港特区实行的制度，就要对香港的持续繁荣稳定负起最高的责任。为了稳妥，最好就是基本保留原来的制度和体制。

二是从现代各国各地政治体制发展变化的经验来看，第二次世界大战后，无论实行“三权分立”或者议会主权，都在或多或少向行政主导演进，行政权力的扩大是一个不争的现实，以至于像在美国那样严格实行“三权分立”的国家，人们都惊呼产生了“帝王般的总统”。原因是当代社会日趋复杂，人们不得不授予行政机关更多的权力。① 基本法的制定者不能不考虑各国宪法发展的这个态势，香港作为一个人多地少、情况复杂的地方，让行政长官和行政机关发挥较大的作用是适宜的。

但是，基本法并非全盘继承原来的行政主导体制，而是根据香港社会发展的需要有所改革。在坚持行政主导的同时，也强调行政长官要对整个特别行政区负责，特区政府要对立法会负责，行政机关和立法机关之间既要有配合，也要有制衡。基本法在这个方面也规定了相应的制度和机制。

① 参见许崇德、王振民：《由“议会主导”到“行政主导”——评当代宪法发展的一个趋势》，见《清华大学学报(哲学社会科学版)》1997 年第 2 期，中国人民大学书报数据中心复印报刊资料《宪法行政法》1997 年第 6 期转载。

第五章

普通法与大陆法

普通法的治理哲学*

最近研读普通法的一些著作，对普通法产生了一些新的认识，写出来与大家共勉。我认为，普通法决不仅仅是一种法律制度，而是一套治理国家的哲学。

法治是治理国家的一种现代方式。提起这种新的治国之道，我们首先联想到立法，即由立法机关制定大量的法律，用“法网”把社会生活的每一个方面都给“网上”，这好像就是法治了，就放心了。然而，生活之树是长青的，任何完备的法律、任何最即时的立法在日新月异的社会生活面前，都会显得过时、落伍，因此，必须得有人解释法律才行。尤其对宪法性法律，要求有很高的稳定性，不可能经常修改，因此由一个特定机关不断对成文立法进行阐述发挥就是不可避免的。那么，由哪个机关来解释宪法和法律呢？不同的法律制度对此有不同的规定，但是在任何法律制度下，法院都起码是其中一个解释法律的机关。然而在普通法之下，法院的角色决不仅仅限于解释已经制定好了的成文立法，法院还有更重要的用场，即法官通过判案可以被动创造法律规范，这才是普通法的精髓所在。

普通法对社会发展出现的任何新生事物所采取的基本态度是，任何事情在刚出现的时候，先保留一段看似“无法无天”的状态，先让社会自我规制，如

* 发表于《法制日报》2002 年 4 月 15 日，发表时有删节。

果社会能够自我“搞定”，国家就不再立法干预了。因为任何事情如果一出现就立即立法管治，肯定会限制社会的发展。任何立法，无论如何宽松的立法，都会对人的创造力的充分发挥、对社会的充分发展构成一定的限制，对社会带来一定的“硬伤”。所以，在普通法看来，不是立法越多越好，相反立法太多可能阻碍社会的发展。因此最好先不要立法管制，让社会大胆地试、大胆地闯，一直往前走。

普通法的治理逻辑是，先假定一切都是可以做的、是合法的。法无明文规定不犯法、不为罪。如果没有人对你的行为提出异议，那就说明你这样做是可以被接受的，因而是合法的。但是，如果“出事”了、发生问题了，有人对你的行为提出异议，到法院去挑战你的行为，那么就要由法官大人来审理并决定你这样做到底行不行，到底是否合法，这个时候才由法官出面告诉你在这件事情上“法律”是什么，这个时候才有“法律”问题，才有国家出面的问题，否则国家会一直不出面。在普通法制度下，没有什么案件是法院不可以受理的，也没有什么案件是法官不可以判决的。普通法法院一般不会因为没有成文法律依据而将一个案件拒之门外，因为那是不负责任的。像中国这样通过法律设定法院的受案范围，而法院也可决定什么案件不受理，这在普通法制度下看来是不可思议的。

所以，在普通法的环境下，法治不等于立法，相反，法治主要是指司法，而司法相比立法和行政的一个主要特性是被动性，即“不告不理”。在普通法的语境下谈论法治，首先想到的是法官的独立和高标准的司法，而非立法机关大量的立法，更非行政机关大量的“行政立法”（相反这些可能正是法治要“治”的重点对象）。社会管制一定要考虑社会成本，要尽可能减小社会成本，减少社会为人定规范付出的代价，最好让社会形成自己的发展规范和机制。采取立法行动往往打击一大片，而司法只针对个案，采取个案处理的方式来管制社会是相对较为经济的方法。由司法而非立法或者行政来“主管”社会，就是代价最小的一种社会治理。

但是，普通法下的这种“法治主义”不是无政府主义，而是要“积极地”不干预，无为而治，不轻易“打扰”，不强制中断社会的正常发展进程，但是要有合理的政府规制。政府对任何事情当然可以立法管治，如果它认为必要的话。只不过任何政府的立法不得有追溯力，不得溯及既往，对人民在法律生效以前的行为没有效力。而且，当社会出现新的事物时，如果政府想先下手为强，先管理，政府可以立法，制定法律规范，但是政府的立法是否合理，法律是否具有正当性，这要由独立的法院来最终决定。无论是立法机关制定的正式法律，或者行政机关的行政性法规，都不是最后的、最权威的规范，这些"人定"的法律规范还要接受法官的审查，人民有权利到法官那里诉说政府的立法是如何滑稽、没用，甚至非"法"，要求法官废除这些立法。政府当然可以争辩，说我这样立法是为了社会整体利益。如何科学合理，最后要看法官判断了。

法官如何作出判断呢？其标准是什么？标准就是宪法或者宪制性法律，例如特别行政区的基本法。这就是司法审查或者违宪审查的来历。可见，法官是政府和人民之间的仲裁者，仲裁的最高标准是由人民制定的根本法，即宪法。在普通法下，法官的最高职责是捍卫宪法，而不是法律。什么是法治？我们常说，法治主要是为治"官"，而"官"由立法官、行政官和司法官组成。从某种意义上说，法治主要就是"治"立法、"治"行政，即由独立的司法官根据宪法和常识来"治"立法官和行政官。

因此，普通法的治理观念是，法治就是法官之治，是被动之治，是个案之治，并非立法之治、主动之治、全面之治。法律的主要目的是保护人民，而非打击罪犯。宁可漏掉一万个不法之徒，不可冤枉一个无辜百姓。① 政府是监控者，而非社会发展的主导者、领导者，人民才是社会的主人，是主导者。法官是法律的源泉，是一切是非标准的最后裁判者、制订者。

这样治理国家和社会的好处是：第一，让社会获得充分的发育、发展，把人的潜力充分地挖掘出来，社会得到最充分的"膨胀"，这样就形成一个大社会、小政府的格局，社会的自我管理能力特别强。其假设的前提条件是，社会不需

① 中国现任前南斯拉夫国际刑事法庭法官刘大群先生，曾经对普通法和中国法的观念有过精彩的对比。以刑法为例，尽管任何刑法都有打击犯罪、保护人民两种功能，但是他认为普通法的刑法首先着重保护人民，中国刑法强调的首先是打击敌人，而这两种观念在实际中产生两种不同的司法实践。参考2001年12月20日刘大群法官在清华大学的演讲。

要“父母官”，人民比政府聪明，凭自己的良知和教育，人民知道如何管理自己；而不是政府比老百姓聪明，老百姓好像永远都长不大，事事需要政府管治“教育”才行。

第二，在这种治理模式下，由于政府不轻易立法干预，社会的发展发育是自然的、正常的，“人为的”痕迹较少。无政府主义的一个立论就是，无论政府的任何管治干预、国家的任何事先立法都是对社会正常发展的粗暴干预，而政府干预太多，社会就难于成长，就不可能长成参天大树。正如使用大量农药种植蔬菜一样，由于大量使用农药，蔬菜固然没有了病虫害，十分葱绿“健康”，但是很多营养也就失去了，损失其实很大，而且还会危害食用这些蔬菜的人的健康，这就因噎废食、弄巧成拙了。社会发展也是一样的，普通法的逻辑是，应该尽可能按照社会发展运动的自在规律让它自然地成长。不战而屈人之兵，无为而治，才是最好的治理。

再次，在这种治理模式下，社会的发展是平衡、平稳的。这里说的“平衡”，是指社会和政府之间的平衡。如果政府对社会干预太多，肯定导致政府机构膨胀，形成大政府、小社会，头重脚轻，导致不平衡。普通法、衡平法的真谛就是通过一个独立的司法系统，使社会和政府处于一个平等、平衡的状态。而且由于这样可以使社会平稳发展，社会的发展是充分的、正常的、平衡的，因此就是平稳的，较少冲突。这样就可以取得国家的长治久安，国泰民安。

还有，这种积极的不干预的法治管理模式，可以尽可能多地消灭社会不平等，促进社会正义。新的事情出现时，由于政府不参与竞争，因此新的机会对所有社会成员都是平等的。加之政府通常不预先立法干预，这样不可能产生人为的特权。即使发生了纠纷和问题，也由独立的法官来居中解决，可以不偏不倚。这样就尽可能消除了产生严重社会不公的可能。因为实际上很多社会的不公正，其实都是由于政府的过多干预才产生的，而不是社会自发形成的，问题往往就出在政府本身。就好像人人都在社会的汪洋大海中游泳，大家都是平等的，都在自由竞争。但是如果政府也下去游泳了，或者政府干预游泳活动过多，那就会导致很多不公问题的产生。因此，普通法的理念就是在这种情况下，政府只需在岸边监督，如果有人体力不支，需要救济，政府这个时候才出面救济；如果有人仗着自己技术好、力量大，想独霸一方，形成垄断，造成了不公正，那么在岸边负有监督职责的政府就要干预，就要反对垄断或者不平等交易。这才是实行市场经济情况下政府应该扮演的角色。

这看似很宽松的一种治理方法，但是一旦你触犯了法律，而法官也认可国家的立法是“合法”的，那么其处罚是很严格的。例如在普通法之下，犯法就是犯罪，任何违法行为不管大小，都要“过堂”，都要由法官来解决。中国把违法和犯罪当成两个不同的概念，比如偷盗、贪污、受贿，如果数目小就不视为犯罪，可以不经过法官而径直给予行政处分或者不处分。但是在普通法下，偷盗、贪污、盗窃哪怕是一分钱，也是犯罪，也要追究，也要交法官处理。从性质上说，贪污一分钱和贪污一亿性质上是一样的。这就是为什么香港曾经有因为偷窃 5 元钱而被治罪的。犯法到一定程度才是犯罪，这在普通法看来过于宽松。

这样看来，在普通法国家或者地区，最“有权”的不是民选政府官员或者议员，而是法官。情况确实是这样。这样一种社会治理模式，是以司法为中心的模式，实行的是“司法至上主义”，法官是体制的核心，法官可以废除政府的所谓立“法”，法官可以通过判决“制定”真正权威的“法”。①

这种社会治理方式看起来很奇怪，让一群没有民意基础的法官来治理，好像不民主。这实际上是一种精英治理模式，类似于亚里士多德的“哲学王”治理模式，即挑选一些社会的长者、智者、真正懂“法”（而非“法律”）的人来判断是非，对重大事情、重大的宪法问题作出最后决定，而非那些受民意支配、常常冲动的、非理性的民选官员和议员。

这种情况下，选择什么样的法官就显得相当重要。法官是法的化身，是一切社会纠纷的最高、最后的权威裁判者。法官应该是人间精英，法官应该是神，永远不会犯任何错误，人民实在承担不了法官犯的任何错误。我发现两个非常有趣的“造神”现象，在人治下，人们把最高行政长官当成神，对他（她）的

---

① 尽管英国实行普通法，但是由于英国奉行“议会主权”，因此议会是最高的，法官只能忠实执行议会的立法。但是，随着英国加入欧洲联盟，这种情况已经发生变化，议会至上已经受到动摇。参见 Ghai Y.，*Hong Kong's New Constitutional Order*，Hong Kong University Press，1999，p. 305。

一切都充满了好奇。而在法治下，人们把法官当成“神”那样地去崇拜，法官自我也觉得是神，整天把自己封闭起来，似乎不食人间烟火。本人就曾经亲自经历过，香港的法官一次聚餐发现有记者在场，就要求我先“清场”，把记者们请出去才肯入座。我问为什么，他们说那样不雅，怎么可以让“凡人”看见法官大人是如何吃饭呢？那太影响形象了。这就难怪法官不愿意接受记者采访，而香港的记者偶然见到首席大法官李国能周末到户外训练营“度假”，和一群中学生打篮球，大法官笑逐颜开，对此十分好奇，马上当成新闻加以报道，因为好不容易捕捉到大法官“青春活泼的神态”。[①] 法官打球可以成为新闻，这足见社会公众对法官的崇拜心理。

对法官提出这么苛刻的要求，是因为社会对法官的寄托太多、太沉重，人民的身家性命、财产、一切的一切都操在法官的手中，国家和社会的命运可能由他们来决定。所以，选择法官的条件除了要求是法律精英，要懂最根本的大“法”，要公正无私外，还要求法官是道德精英，是智者，是长者，这可能是人类最原始的由长老掌管部落重大事务的一种现代变形吧！法官要长者，行政官和议员则可以年轻一点。[②] 实际上，把民选政府官员、民选议会和由社会精英独立操作的司法机关有机结合起来，就做到了既是民主的，又是法治的、科学的、理性的，这可能是较为理想的治理模式。

实行普通法（判例法），不仅要求法官的素质水平要高，而且人民的素质也要普遍达到一定的程度才可以。因为很多社会规则要由人民自发形成，法官要尊重人民的惯例。如果人民普遍的教育程度不高，素质不好，社会可能就乱套了，就很难实行这样的法律自治。

在这里，我不是建议中国全盘采取普通法制度，那是不可能的。但是加深我们对普通法基本精神的理解，深入探讨普通法的治理哲学，对在发展市场经济条件下如何正确处理政府与社会的关系有好处，对中国正在进行的法制改

---

① 《明报》（香港）2002 年 1 月 19 日。

② 当 1991 年美国总统布什提名年仅 43 岁的非裔律师 Clarence Thomas 为美国最高法院大法官时，就遭到社会强烈的批评。除了其他种种原因外，批评者的一个观点就是他太年轻，经验不够，不足以担当如此大任。

革乃至政治体制改革都是有启发的。我觉得如果能够发展出一套具有中国特色的判例法，对中国完善法治，肯定不是坏事。以判例法为主要特点的普通法制度一个鲜明的优点是，在遵循先例的原则下，可以避免同类案件反复发生，避免不同法院对同样的案件又作出不同的判决。在中国，我们常常见到许多案件反复发生，例如法院判决政府的某一项罚款是违法的，应该退还给公民甲，有关政府部门执行判决，退钱给公民甲。但是由于法院的判决没有先例的效力，因此，政府据以罚款的"规定"依然有效，在公民乙碰到同样事情的时候，政府同样罚款，同样的官司就可能在法院无限重复，不同的法官作出的判决又可能完全不同。这绝对不是一个法治状态。因此，我建议在条件成熟的时候，应该发展中国自己的判例法。

从香港律政司署的性质功能看普通法对律师职业的理解*

香港自19世纪中叶引进英国的普通法，并由此形成自己一套独特的法律制度，本文仅就律政司署的性质、功能以及普通法下律师职业的特点作一些介绍。

一、律政司署的性质与功能

律政司署，其英文为 Legal Department 或 Attorney General's Chambers（可译为国王总法律顾问办公厅或办事处），律政司署的首脑为律政司。律政司署是处理香港政府所有法律事务的部门，因而称为“法务部”应该是最合适的。

在现代社会，政府与其他社会组织如公司、工会、学校和公民个人一样，要遇到各种各样的法律问题。

在这种情况下，政府就必须聘请大量的律师来处理自己繁多而又复杂的法律业务。例如，当政府与公民或法人发生民事纠纷时，当政府需要与另一国家或地区的政府签订条约时，当政府在进行社会管理过程中，认为某一方面的事宜有必要进行立法管制时，都要聘请律师处理法律业务，有时政府也会请律师研究政府对整个社会法律秩序的看法、态度和所应采取的对策等。

---

* 发表于《中国律师报》1996年7月31日。

这种情形与公民聘请私人律师，其他社会团体、法人聘请法律顾问，在性质上是相同的。只是由于政府是最大、最具权威的社会组织，因而，它聘请律师与公民和法人聘请律师有所不同。其一，政府是长期聘请的，只要有政府存在，就有聘请律师的必要，公民个人和社会团体一般是一事一聘，不一定长期聘请律师；其二，政府聘请各种专业律师，包括宪法、刑事、民事、国际法、立法草拟（就像私人律师草拟民事合同）等各种专门律师，而一般个人或社团只会根据自己遇到法律问题的性质不同而聘请不同的律师；其三，政府所需律师数目大，是律师业的最大雇主；其四，由于上述种种原因，政府聘请的律师只能像一般文职官员一样领取固定的薪金，而不能像律师楼中的私人执业律师一样可以随行就市，因案因人而异收取不固定的佣金。虽然他们的收入有差距，但政府律师的收入是稳定的，是"铁饭碗"。香港政府聘请的这些各种律师集合到一起，就组成香港政府的一个法律部门，即律政司署。

当律政署勤奋能干的大律师向我们介绍他们的工作时，多次用到"client"（顾客、客户）这个词来指政府及政府各部。这充分显示了他们强烈的服务意识与独立的职业精神。

二、对普通法下律师职业的一些看法

1. 在普通法下，所有从事法律工作的人都必须是职业律师出身，都必须受过正规的大学法学教育与训练，并取得执业律师资格。这样就保证私人律师楼中的律师和律政署及其他政府部门的律师，还有法院中的律师（法官），所受的法学教育都相同，因而有共同的价值取向，不致造成法律标准的不一，使公平正义受到侵害。

2. 在普通法下，律师完全是一群自由的职业者，靠自己学会了法律这门"手艺"生活。律师资格的授予、律师级别的评定、行业纪律的执行完全是律师公会、大律师公会自己的事，跟其他行业协会是一样的。有两个例子最能证明律师业的独立性。当一个时期犯罪率上升，律政署中的政府律师（government lawyer）人手不够，香港政府就出钱聘请一些私人执业律师临时代表政府检控刑事嫌疑犯。而法院的法官也来自律师队伍，在普通法里，法官必须是律师精英，因为他们也制定法律，而且是最权威的法律发言人。如果法官人数不够，而案子又多，则可以从资深的私人执业大律师中聘请“暂委大法官”来临时处理案件。

3. 在普通法下，没有绝对权威的立法者。政府和公民个人都可以提出立法倡议，议会作为民意的代表机关进行审查。一个法案在议会通过后并不当然地成为法律，如果没有公民对它的“合法性”，即是否符合宪法提出挑战，就认定它合法，一旦有公民到法院对其“合法性”提出挑战，就要由法官审查其“最终合法性”了。如果法官确认了它“合法”，那么就可最后赋予这部法律以法律效力，如果法官认为它不合“法”，这部法律可以说就是没有通过最后的“立法程序”，就要被废止。可见，在普通法体系下，议会也不是最终的、权威的立法者，它的立法必须接受法官的审查（judicial review）。这样，真正“合法”的法律就体现在法官的判词里边，这就是为什么普通法赋予法院判决以普通法律效力的原因。

那么，谁是权威的立法者呢？律师。因为法官也是律师出身。同时，议会在审议法律时，要征求律师意见，政府或公民个人在提出法律草案时也由律师参与，可见，在整个立法过程中起主导作用的始终是律师。

论回归后全国性法律在特别行政区的实施*

1997 年中国恢复对香港行使主权后，根据基本法的规定，香港原有的法律，包括普通法、衡平法、条例、附属立法和习惯法，除同基本法相抵触或经香港特别行政区的立法机关作出修改者外，予以保留。澳门同样在 1999 年回归后得以基本保留自己原有的法律制度。当然中国内地本来就有一套自己完整的法律制度。如此形成了“一个国家，三种法律制度”的状况。

但是，即便如此，既然是一个国家，一定会有一些法律是在全国每一个地方都实施的，包括香港、澳门两个特别行政区。宪法和基本法自然是在全国适用的法律。除了宪法和基本法，在全国包括港澳实施的“中国法律”目前只有 12 部，即被列入香港和澳门《基本法》附件三在香港和澳门适用的全国性法律。另外，还有中央在自己职权范围内根据需要为香港澳门特区制定非常少量的单行法律。本文探讨的就是回归后全国性法律在特别行政区的实施，这些法律才是真正可以在全中国范围内包括内地、香港和澳门两个特别行政区一体适用的真正的“中国法律”。

《基本法》第 18 条规定：在特别行政区实行的法律为本法以及本法第八条规定的香港/澳门原有法律和特别行政区立法机关制定的法律。

全国性法律除列于本法附件三者外，不在特别行政区实施。凡列于基本

* 发表于《中国法律》(香港)2007 年第 3 期。

法附件三之法律，由特别行政区在当地公布或立法实施。

全国人民代表大会常务委员会在征询其所属的特别行政区基本法委员会和特别行政区政府的意见后，可对列于本法附件三的法律作出增减，任何列入附件三的法律，限于有关国防、外交和其他按本法规定不属于特别行政区自治范围的法律。

全国人民代表大会常务委员会决定宣布战争状态或因特别行政区内发生特别行政区政府不能控制的危及国家统一或安全的动乱而决定特别行政区进入紧急状态，中央人民政府可发布命令将有关全国性法律在特别行政区实施。

据此，在特区实施的法律按照制定主体来划分可以分为两大类，第一大类是特区本地法律，主要由特区立法机关制定。第二大类是适用于特区的全国性法律，由全国人大及其常委会制定。

本文把在特区实施的全国性法律划分为以下四种情况：

第一，宪法作为全国性法律在特区的适用；

第二，《基本法》作为全国性法律在特区的实施情况；

第三，依据《基本法》第18条列入《基本法》附件三的全国性法律；

第四，中央为特区制定的其他法律。

一、宪法作为全国性法律在特区的效力

拥有统一的宪法是一个国家实现统一的政治和法律表现。不仅单一制国家只能有一部宪法，在联邦制国家即便每一个邦、州或者共和国都可以制定自己的宪法，但是这些宪法都不能拥有主权，这些宪法类似我们的基本法，只不过他们称其为“宪法”罢了，借用一下“宪法”这个名称，其实并无主权宪法之实。个中的原因是，在这些所谓的“宪法”之上，全国还拥有一部统一的真正意义上的联邦宪法，这部统一的联邦宪法是唯一的，对于各个组成单位的“宪法”，这部宪法具有凌驾地位，违反这部宪法的各个组成单元的“宪法”是无效的。

可见，无论是单一制国家或者联邦制国家，作为一个主权国家必须有一部统一的宪法，而且这部宪法必须独一无二。这也是为什么我们说中国宪法在

特别行政区有效力的原因，尽管宪法并没有被规定到《基本法》第 18 条中，也没有被列入《基本法》附件三。香港和澳门的回归尽管其原有法律保持不变，但香港和澳门法律的宪制基础毫无疑问地转变为中国宪法和基本法。

二、基本法作为全国性法律在特区的实施

根据《基本法》第 18 条，在特区适用的法律首先是“本法”。基本法规定了特别行政区政治、经济、文化制度、居民的权利与义务、中央与特别行政区的关系等重大问题，是特别行政区行政、立法和司法的基础，也是中央和特别行政区都必须遵守的宪法性法律，号称“小宪法”。香港、澳门回归后，基本法分别取代了各自原有的宪制性文件，开始在特区实施。

法律的制定机关必然有权修改自己制定的法律，全国人大制定了基本法，也必然有权修改基本法。基本法规定，修改基本法的提案权属于全国人民代表大会常务委员会、国务院和香港/澳门特别行政区。基本法的修正案要由全国人民代表大会以全体代表的过半数同意才算通过。全国人大如果修改基本法，基本法的修正案当然与基本法同样要在特区实施。

三、列入《基本法》附件三的全国性法律在特区的实施

全国人大在通过香港、澳门基本法的时候，已经把个别有关“一国”的全国性法律实施于特区。特区成立后，全国人大常委会又增加了一些全国性法律在特区实施。根据基本法，全国人民代表大会常务委员会要增加或者减少附件三的全国性法律，必须征询其所属的特别行政区基本法委员会和特别行政区政府的意见。

把全国性法律直接适用于特区是中央为特区立法的主要方式，也是最简便的方式。目前已经有 12 部全国性法律在香港实施，11 部在澳门实施。这些全国性法律毫无疑问在特区是有法律效力的，是特区法律的组成部分。

（一）全国性法律在香港特别行政区实施的情况

《香港基本法》1990 年通过时有 6 部全国性法律被列入《基本法》附件三在香港实施。回归十年以来，全国人大常委会分别于 1997 年、1998 年和 2005 年

三次增减附件三的全国性法律，目前共有 12 部全国性法律在香港特区实施。具体情况如下：

1.《香港基本法》1990 年通过时，全国人大决定将下列 6 部全国性法律，自 1997 年 7 月 1 日起由香港特别行政区在当地公布或立法实施：

(1)《关于中华人民共和国国都、纪年、国歌、国旗的决议》；

(2)《关于中华人民共和国国庆日的决议》；

(3)《中央人民政府公布中华人民共和国国徽的命令》(附：国徽图案、说明、使用办法)；

(4)《中华人民共和国政府关于领海的声明》；

(5)《中华人民共和国国籍法》，为了实施《国籍法》，1996 年 5 月 15 日第八届全国人民代表大会常务委员会第十九次会议通过《关于〈中华人民共和国国籍法〉在香港特别行政区实施的几个问题的解释》，以适应香港的实际情况；

(6)《中华人民共和国外交特权与豁免条例》。

2. 1997 年 7 月 1 日香港回归时，全国人民代表大会常务委员会决定增加 5 部全国性法律在特区实施，同时减少 1 部全国性法律。

在《香港基本法》附件三中增加的 5 部全国性法律是：《中华人民共和国国旗法》《中华人民共和国领事特权与豁免条例》《中华人民共和国国徽法》《中华人民共和国领海及毗连区法》《中华人民共和国香港特别行政区驻军法》。

在《基本法》附件三中删去的全国性法律是《中央人民政府公布中华人民共和国国徽的命令》(附：国徽图案、说明、使用办法)。这部法律已经由新的《国徽法》所取代。

3. 1998 年 11 月 4 日全国人大常委会决定在《香港基本法》附件三增加《中华人民共和国专属经济区和大陆架法》在特区实施。

4. 2005 年 10 月 27 日全国人民代表大会常务委员会决定在《香港基本法》附件三中增加《中华人民共和国外国中央银行财产司法强制措施豁免法》。

(二) 全国性法律在澳门特别行政区实施的情况

《澳门基本法》1993 年通过时全国人大决定将 8 部全国性法律适用于特区，1999 年澳门回归时决定增加 2 部全国性法律，2005 年又增加一部。目前共有 11 部全国性法律在澳门特区实施。

1.《澳门基本法》1993 年通过时，全国人大决定下列 8 部全国性法律自 1999 年 12 月 20 日起由澳门特别行政区在当地公布或立法实施:《关于中华人民共和国国都、纪年、国歌、国旗的决议》《关于中华人民共和国国庆日的决议》《中华人民共和国国籍法》《中华人民共和国外交特权与豁免条例》《中华人民共和国领事特权与豁免条例》《中华人民共和国国旗法》《中华人民共和国国徽法》《中华人民共和国领海及毗连区法》。

2. 1999 年 12 月 20 日澳门回归时，全国人大常委会决定增加两部全国性法律在澳门特别行政区实施:《中华人民共和国专属经济区和大陆架法》《中华人民共和国澳门特别行政区驻军法》。

3. 2005 年 10 月 27 日全国人民代表大会常务委员会决定在《澳门基本法》附件三中增加《中华人民共和国外国中央银行财产司法强制措施豁免法》。

在香港特区适用的全国性法律比在澳门特区适用的全国性法律多一部，即《中华人民共和国政府关于领海的声明》。这是因为澳门传统的管辖区域只包括陆地，不包括海域。澳门周围的海域在法律上一直归属珠海，但是习惯上由澳门管理。根据 1999 年 12 月 7 日国务院通过的《中华人民共和国澳门特别行政区行政区域图》，澳门特别行政区包括澳门半岛、氹仔岛和路环岛，很明显只有陆地，不包括海域。但是中央同意澳门特别行政区维持澳门原有的习惯水域管理范围不变。而根据 1997 年 5 月 7 日国务院通过的《中华人民共和国香港特别行政区行政区域图》，香港特别行政区的区域明确包括陆地和海上两个部分。因此《中华人民共和国政府关于领海的声明》对于香港是有实质意义的，但没有必要列入《澳门基本法》附件三在澳门特区适用。然而，整体来看，由于这部法律涉及国家的主权，澳门特区同样要尊重、遵守这部法律。所以说，在澳门和香港实施的全国性法律都是 12 部。

（三）非常情况下全国性法律在特区的实施

上述是在正常情况下全国性法律在特区实施的情况。基本法规定，全国人民代表大会常务委员会决定宣布战争状态或因特别行政区内发生特别行政区政府不能控制的危及国家统一或安全的动乱而决定特别行政区进入紧急状态，中央人民政府可发布命令将有关全国性法律在特别行政区实施。在这种特殊情况下可以短暂性把有关的全国性其他法律在特区实施。

四、中央为特区制定的其他特别法律

除了宪法、基本法和被列入《基本法》附件三的全国性法律在特区实施外，回归后全国人大及其常委会还在宪法和《基本法》赋予的职权范围内为特区制定了非常少量的其他法律。

（一）香港、澳门特区全国人大代表产生办法

《基本法》第 21 条规定，特别行政区居民中的中国公民依法参与国家事务的管理。人民代表大会制度是中国的根本政治制度，因此特别行政区居民参与国家管理的主要方式是参加全国人民代表大会的活动。但是，由于特别行政区并不实行人民代表大会制度，因此特区全国人大代表的产生不能适用内地的选举法。特区全国人大代表的产生又不属于特区高度自治的事项，也不能适用特区本地立法机构成员选举的法律。特区全国人大代表的产生属于中央负责的事项，只能由全国人大制定单行法律来规定。

为此，1997 年 3 月 14 日第八届全国人民代表大会第五次会议通过了《香港特别行政区选举第九届全国人民代表大会代表的办法》。同样，1999 年 3 月 15 日第九届全国人民代表大会第二次会议通过《澳门特别行政区第九届全国人民代表大会代表的产生办法》。这两个《产生办法》是全国人大为特区制定的单行法律，是我国产生全国人大代表的特别法。从那以后，每届全国人大的最后一次会议都要通过下一届港澳全国人大代表的产生办法，对以前的产生办法进行少许修改。迄今对这两个产生办法共进行了两次修改，分别是 2002 年 3 月 15 日第九届全国人民代表大会第五次会议通过《香港特别行政区选举第十届全国人民代表大会代表的办法》和《澳门特别行政区选举第十届全国人民代表大会代表的办法》，2007 年 3 月 16 日第十届全国人民代表大会第五次会议通过《香港特别行政区选举第十一届全国人民代表大会代表的办法》和《澳门特别行政区选举第十一届全国人民代表大会代表的办法》。

（二）关于香港特别行政区 2007 年行政长官和 2008 年立法会产生办法有关问题的决定

香港特别行政区行政长官董建华 2004 年 4 月 15 日向全国人大常委会提交了《关于香港特别行政区 2007 年行政长官和 2008 年立法会产生办法是否需要修改的报告》。全国人大常委会依据香港基本法的有关规定和《全国人民代表大会常务委员会关于〈中华人民共和国香港特别行政区基本法〉附件一第七条和附件二第三条的解释》，经过征询香港各界的意见，于 2004 年 4 月 26 日通过了《关于香港特别行政区 2007 年行政长官和 2008 年立法会产生办法有关问题的决定》，对香港特别行政区 2007 年行政长官和 2008 年立法会的产生办法作出相应安排。该《决定》具有法律约束力，等同于单行立法，是特区必须执行的。

（三）关于授权香港特别行政区对深圳湾口岸港方口岸区实施管辖的决定

为了缓解日益加大的内地与香港之间陆路通关的压力，适应深圳与香港之间交通运输的客观要求，促进内地和香港之间的人员交流和经贸往来，推动两地经济共同发展，有必要在深圳湾口岸内设立港方口岸区供香港使用，用于人员、交通工具、货物的通关查验。港方口岸区将位于深圳境内，这样就必须取得中央的特别授权，而且中央的授权必须以法律的形式进行。全国人大常委会经过认真审议于 2006 年 10 月 31 日表决通过了《关于授权香港特别行政区对深圳湾口岸港方口岸区实施管辖的决定》，授权香港特别行政区自深圳湾口岸启用之日起，对该口岸港方口岸区依照香港法律实施管辖，包括行政管理、立法管制和司法管辖。该《决定》属于特殊立法，具有立法性质，与法律有同样的效力。

需要强调的是，上述这些法律都是基本法规定的有关中央管理的事务以及其他不属于特区高度自治的事项，中央不会就特区依法高度自治的任何事项进行立法。由于这些《决定》是专门为特区制定的，因此不需列入《基本法》附件三。

（四）其他规范性文件

除了上述正式立法，国务院依据基本法也有一些行政命令在特区实施。这包括：《中华人民共和国香港特别行政区行政区域图》《国务院关于香港特别行政区简称及在全国行政区划中排列顺序的通知》《国务院关于在香港特别行政区同时升挂使用国旗区旗的规定》。

至于最高人民法院与香港特区达成的司法互助方面的“安排”，是“两制”平等协商的结果。这方面的规范有：《关于内地与香港特别行政区相互执行仲裁裁决的安排》和《最高人民法院关于内地与香港特别行政区法院相互委托送达民商事司法文书的安排》。

结论

港澳回归后，无论讲“香港法律”或者“澳门法律”，除了讲本地立法和司法外，还要讲中国宪法、基本法、列入《基本法》附件三的全国性法律以及全国人大及其常委会为特区制定的其他特殊法律。这才是回归后“香港法律”“澳门法律”的完整概念。

当然，港澳回归后，当我们讲“中国法律”的时候，其内涵和外延也与以前有很大的不同。其变化主要有二：一是真正可以在全国范围包括港澳两个特别行政区实施的全国性法律其实并不多，只有宪法、两部基本法以及《基本法》附件三所列全国性法律。二是广义的中国法律，不仅指国家为内地制定的狭义的中国法律，还应该包括香港和澳门两个特别行政区的法律制度，这才是港澳回归后完整的“中国法律”的概念。

论特别行政区立法权的一个问题*

根据基本法的规定,特别行政区享有的重要高度自治权之一是立法权。我们是否可以据此认为中央就不再享有对特别行政区的立法权呢?如果中央还保留了对特区的立法权,这些立法权是如何行使的呢?回归十年又有哪些立法个案?本文探讨的就是基本法关于立法权限的规定,认为尽管基本法授权特区享有立法权,但是并非把所有的立法权都授予给了特别行政区,而是保留了一些立法权,中央在不属于特别行政区高度自治的事项上仍然享有立法权。

一、中央与特别行政区立法事项的分工

《基本法》关于特别行政区的立法权有如下规定:

《基本法》第 2 条规定:全国人民代表大会授权特别行政区依照本法的规定实行高度自治,享有行政管理权、立法权、独立的司法权和终审权。

第 17 条规定:特别行政区享有立法权。

第 18 条规定:在特别行政区实行的法律为本法以及本法第八条规定的香港/澳门原有法律和特别行政区立法机关制定的法律。

全国性法律除列于本法附件三者外,不在特别行政区实施。凡列于基本

* 写于 2007 年 3 月 29 日。

法附件三之法律,由特别行政区在当地公布或立法实施。

全国人民代表大会常务委员会在征询其所属的特别行政区基本法委员会和特别行政区政府的意见后,可对列于本法附件三的法律作出增减,任何列入附件三的法律,限于有关国防、外交和其他按本法规定不属于特别行政区自治范围的法律。

全国人民代表大会常务委员会决定宣布战争状态或因特别行政区内发生特别行政区政府不能控制的危及国家统一或安全的动乱而决定特别行政区进入紧急状态,中央人民政府可发布命令将有关全国性法律在特别行政区实施。

可见,根据《基本法》第 2 条的规定,在特区实施的法律按制定主体划分可以分为两大类:第一大类是特区本地法律,主要由特区立法机关制定;第二大类是由国家为特区制定的法律。基本法规定特区享有立法权,但是特区的立法权并非排他的、垄断性的,中央在授予特区立法权的同时,还保留了对特区的部分立法权。

依据基本法对于特区高度自治的事项,特区拥有立法权。这些事项包括:行政管理方面;本地立法的技术性事务;本地司法问题。

第五章经济方面,包括财政、金融、贸易和工商业、土地管理、航运和民用航空。

第六章规定的事务,即教育、科学、文化、体育、宗教、劳工和社会服务。

第七章规定的对外事务。

《基本法》第 17 条所指立法权就是这些方面,中央不会对这些事项进行立法。但是,超越上述事务特区就不再享有立法权,而是中央立法权限的范围。依据基本法中央享有的立法权都是涉及国家外交、国防等主权问题的事项,在这些方面特别行政区与内地各省、直辖市、自治区又具有共性。这些全国性事务包括:

1. 与特别行政区有关的外交事务;

2. 特别行政区的防务;

3. 其他不属于特别行政区高度自治范围的事项,例如特区政治体制改革等；

4. 剩余立法权。

关于剩余立法权问题，在单一制和人民代表大会制度下，实际上并不存在剩余立法权，因为任何地方区域的立法权本来就是中央授予的，而且中央有权通过法律明确界定自己与地方各自享有的立法权力。规定中央和地方立法权限的立法法本身就是全国人大制定的，这就说明地方的立法权是由中央授予的。但是，在立法技术上还必须规定如果出现法律没有规定的事项时，应该归谁立法管辖的问题，否则就要造成“权力真空”“法律真空”，就有可能导致混乱。为此，《立法法》第 8 条在列举了中央专属的九项立法权后，第（十）项规定“必须由全国人民代表大会及其常务委员会制定法律的其他事项”，该规定也说明如果还有法律没有明确的立法事项，自然就先归中央享有，再由中央决定是否把该项立法权授予地方行使。这是立法法对剩余立法权的处理。

对于中央与特别行政区之间的剩余立法权的处理，基本法坚持了同样的原则，即如果还有剩余立法权的话，也应该首先归中央，然后再由中央决定是否继续授权特区享有。《基本法》第 2 条规定全国人民代表大会“授权”特别行政区实行高度自治，第 20 条规定特别行政区“可享有全国人民代表大会和全国人民代表大会常务委员会及中央人民政府授予的其他权力”，这些规定就暗含了如果存在剩余立法权的话，当然归中央享有，尽管它可以继续把这些剩余立法权授予特别行政区行使。因此，中央保留了剩余立法权。

二、中央对特区立法的方式

中央享有基本法的制定权和修改权，是中央对特区享有立法权的最重要的表现。除此之外，中央在自己法定职权范围内对特区立法有两种形式：一是由全国人大或者全国人大常委会把全国性法律列入《基本法》附件三，直接在特区实施。二是全国人大或者全国人大常委会单独为特区进行特别立法。下边分别对此加以论述。

（一）基本法的制定和修改

基本法是规定特别行政区政治、经济、文化制度、居民的权利与义务、中央与特别行政区的关系等重大问题的基本法律,是特别行政区行政、立法和司法的基础,也是中央和特别行政区都必须遵守的宪法性法律,号称“小宪法”。根据中国宪法,只有中央才有特别行政区的创制权、才有权对特别行政区实行立法管治、规定特别行政区实行的制度,因此也只有中央才有权制定基本法。基本法的制定主体只能是中央,而不是特别行政区,也不能是中央与特别行政区两个主体,也就是说基本法不是中央与特别行政区双方协商谈判的产物。中央享有对特别行政区的立法权、有权为特区立法,最重要、最明显的表现就是基本法是由全国人大制定的。

法律的制定机关必然有权修改自己制定的法律,全国人大制定了基本法,也必然有权修改基本法。基本法规定,修改基本法的提案权属于全国人民代表大会常务委员会、国务院、香港和澳门特别行政区。基本法的修正案要由全国人民代表大会以全体代表的过半数同意才算通过。在基本法制定后,中央享有基本法的修改权是中央享有对特区立法权的最重要的表现。

(二)将全国性法律适用于特别行政区

正常情况下,全国性法律应该适用于国家的每一个地方。但是由于我国实行“一国两制”,这使得我国在法律上客观形成了“一个国家,三套法律制度”的情况。基于政治上的“一国”,总有一些全国性法律需要在特区实施。全国人大在通过香港、澳门基本法的时候,已经把个别有关“一国”的全国性法律实施于特区。特区成立后,全国人大常委会又增加了一些全国性法律在特区实施。根据基本法,全国人民代表大会常务委员会要增加或者减少附件三的全国性法律,必须征询其所属的特别行政区基本法委员会和特别行政区政府的意见。

把全国性法律直接适用于特区是中央为特区立法的主要方式,也是最简便的方式。目前已经有 12 部全国性法律在香港实施,11 部法律在澳门实施。这些全国性法律毫无疑问在特区是有法律效力的,是特区法律的组成部分。除了正式立法,国务院依据基本法也有一些行政命令在特区实施。①

① 相关内容参见《论回归后全国性法律在特别行政区的实施》。

（三）中央单独为特别行政区制定单行法[①]

除了把已经制定的全国性法律直接适用于特别行政区外，中央还可以单独为特别行政区制定单行法。香港回归后，迄今中央为香港或（和）澳门特区进行这样的单行立法共有三次。

1. 香港、澳门特区全国人大代表产生办法

2. 关于香港特别行政区2007年行政长官和2008年立法会产生办法有关问题的决定

3. 关于授权香港特别行政区对深圳湾口岸港方口岸区实施管辖的决定

4. 特例:《外国中央银行财产司法强制措施豁免法》

除了上述三次立法外，其实2005年10月27日全国人大常委会通过《中华人民共和国外国中央银行财产司法强制措施豁免法》，同时决定把这部法律适用于香港和澳门特别行政区，其最初目的是为香港专门制定的。迄今并没有什么外国中央银行把财产存放在我国内地，内地目前并没有特别必要制定这样一部法律。但是，香港作为重要的国际金融中心，一直以来就保管有外国中央银行的财产。对于这些财产，国际惯例是不可以视同普通的民间财产，应该给予司法强制措施豁免权。香港在回归以前适用英国的有关法律，回归后我国没有这样的法律，而且国家似乎短期内也没有需要进行这样的立法，为此曾经有建议让香港特区自行立法解决这个问题。但是，这样的法律涉及国家政治和司法主权问题，超出了特别行政区高度自治权的范围，依据基本法规定，特区没有这样的立法权，而必须由中央立法。既然内地没有需要制定这样的法律，中央完全可以直接为香港制定一部法律就可以了。但考虑到国家将来也会有这方面的需要，倒不如把这部法律变成全国性法律，然后再把它增加到《基本法》附件三在特区实施即可。这样两全其美，既解决了香港的问题，也解决了国家未来可能面对的法律问题。

至于中央是否可以不采取这样的形式，即不是先把有关事项制定成全国

---

① 相关内容参见《论回归后全国性法律在特别行政区的实施》。

性法律然后再适用于特区，而是径直为特区立法，我认为只要在基本法赋予的职权范围内，不属于特区高度自治权的事项，中央可以径直为特区制定单行法律，在特区实施。如前所述，《特区全国人大代表产生办法》和 2004 年 4 月 26 日全国人大常委会就香港政治体制改革所做出的《决定》，就是具有法律约束力的立法，是专门为特区制定的，在英语世界看来就是国家立法机关通过的 Act（法律）。这样的法律不需要增加到《基本法》附件三，就可以直接在特区实施。回归前英国和葡萄牙中央一直享有这样的特权，有权直接为香港和澳门立法。回归后，我国主权机关把大量的立法权授权特区行使，自己只保留了很少部分的立法权。

需要强调的是，中央保留的对特区的立法权，限于《基本法》规定的中央管理的事务以及其他不属于特区高度自治的事项，中央不会就特区依法高度自治的任何事项进行立法。

三、中央对特区的授权立法问题

中央对特区的授权立法有两个层面，第一个层面是，特区享有的所有立法权本身就来自中央的授权。《基本法》第 2 条规定全国人民代表大会授权特别行政区依法实行高度自治，享有立法权。这就说明特区享有的任何立法权都有授权立法的性质，包括对特区高度自治范围内事项的立法也都是全国人大授予的，并非特区固有的。第二个层面是，中央把依法应该由自己立法的事项，也就是不属于特区高度自治范围内的立法事项通过单独授权，由特区自行立法。这里主要探讨第二个方面的授权立法。

第二个层面的授权立法又有两种形式。第一种形式是中央通过《基本法》把应该由中央立法的事项授权特区自行立法。第二种形式是根据《基本法》第 20 条特别行政区“可享有全国人民代表大会和全国人民代表大会常务委员会及中央人民政府授予的其他权力”的规定，中央在基本法已经授予的立法权力之外，再根据需要和“一事一议”的原则把应该由自己立法的事项授权特区立法。

（一）《基本法》规定的授权立法

《基本法》多处规定授权特别行政区“自行立法”或者“自行制定”有关规

则，这些授权立法直接来源于《基本法》，属于宪制性授权，是中央必须授予的。

1. 《基本法》第 23 条立法

这方面最典型的是《基本法》第 23 条。本来涉及国家安全的立法在任何国家，无论是单一制或者联邦制国家，无论是议会制或者总统制国家，在宪法上都属于国家(中央)立法事项，都是由国家统一立法的，不会允许一个地方区域自己立法规定国家安全问题。国家安全的标准、保障国家安全的措施、对破坏国家安全的处罚，全国必须是一样的，不能有不同标准，也不能有漏洞。以美国为例，其关于国家安全的法律从来是美国联邦政府的权力，各州无权立法。但是，我国由于实行“一国两制”的原因，为了表示对特区高度自治的尊重，中央通过《基本法》第 23 条授权特区自行立法维护国家安全。这种授权既是宪制要求，特区必须完成有关立法，也是内地各地方不能享有的特权，是中央对特区的特殊信任和照顾。

2. 关于特别行政区政治体制改革的本地立法

根据基本法有关规定以及全国人大常委会 2004 年 4 月通过的《释法》和《决定》，香港特别行政区政府在广泛征求民意基础上于 2005 年 12 月向立法会提出了政改方案，就香港特别行政区 2007 年行政长官和 2008 年立法会产生办法的修改展开本地立法程序。这样的本地立法在法理上属于授权立法。

根据宪法和基本法，在特区实行什么样的政治体制属于宪制层面的问题，其立法权不在特别行政区，不属于特区高度自治的范围，不是特区立法的事项，而是中央负责的事项，具体来说就是全国人大常委会立法职权范围内的事项，因此修改 2007 年和 2008 年两个产生办法的权力在宪制上属于中央。尽管全国人大常委会享有宪制上的权力修改这两个产生办法，但是为了给特区人民和各界人士更多机会参与特区的政治体制改革，全国人大常委会不直接行使这个立法权，而是通过基本法授权特区行政长官和立法会先进行立法，然后再报全国人大常委会批准或者备案。

因此，《基本法》附件一第 7 条和附件二第 3 条是授权立法条款，通过这两条全国人大和全国人大常委会把本来属于自己的权力(即修改两个产生办法的权力)授权特别行政区行使。从性质上来看，特区行政机关、立法会和行政长官是在代替全国人大常委会进行立法工作，在代行全国人大常委会的立法权。尽管5号政改方案没有得到立法会的少数议员的认可，导致特区政治发展停滞不前，但是未来要改变两个产生办法进行本地立法，其性质仍然是授权立法。

3. 直接来自基本法的其他授权立法

直接来自基本法的授权立法还有很多。例如香港《基本法》第83条、澳门《基本法》第84条规定“特别行政区各级法院的组织和职权由法律规定”。这里的“由法律规定”指的是由特区自行制定本地法律来规定，而不是由国家来制定法律。在内地，任何地方法院的组织和职权都是由国家立法规定的。《基本法》中类似的规定还有很多处，例如香港《基本法》第75条、第98条、第110条、第111条、第123条、第133条、第134条、第153条、第154条、第155条以及澳门《基本法》的相关条款的规定，都包含由特区制定政策或者法律的内容，可以说都是授权立法条款，大部分需要特区本地立法予以配合。这些都是直接来源于基本法的授权立法。

（二） 中央在基本法之外的授权立法

《基本法》第20条规定，特别行政区除了享有《基本法》已经明确授予的自治权外，还“可享有全国人民代表大会和全国人民代表大会常务委员会及中央人民政府授予的其他权力”。这里的“其他权力”就包括其他立法权。

香港澳门回归后，这方面最突出的实例是第十届全国人大常委会2005年10月31日通过了《关于授权香港特别行政区对深圳湾口岸港方口岸区实施管辖的决定》，授权香港特别行政区自深圳湾口岸启用之日起，对该口岸所设港方口岸区依照香港法律实施管辖。这个授权既包括授予香港特区以行政管理权和司法管辖权，也包括立法权。根据该授权，特区政府有权对港方口岸区实施立法。而特区享有的这个立法权是基本法本身所没有的，而是全国人大常委会根据需要进行的新授权。相信将来根据特区的需要和实际情况，中央还可以授予香港、澳门两个特区更多、更大的立法权。

授权立法是各国普遍存在的一种法律制度，通常是指拥有某项立法权的国家机关基于特定原因把该项立法权授予其他国家机关行使，自己保留监督权和审查权，也就是最终决定权，而不直接实施立法。实际上，全国人大及其常委会把自己享有的立法权以法律的形式授予其他国家机关行使，在中国是常见的。例如，1984 年 9 月第六届全国人民代表大会常务委员会第七次会议通过《关于授权国务院改革工商税制发布有关税收条例草案试行的决定》，授权国务院在实施国营企业利改税和改革工商税制的过程中，拟定有关税收条例，以草案形式发布试行，再根据试行的经验加以修订，提请全国人民代表大会常务委员会审议。有关税收的立法权本来属于全国人大常委会，但是基于改革的需要，全国人大常委会不行使这项立法权，而是授权国务院有条件地行使指定的税收立法权。

除此之外，全国人大常委会把自己享有的立法权授予地方国家权力机关行使。例如，1981 年 11 月，全国人大常委会通过《关于授权广东省、福建省人大及其常委会制定所属经济特区的各项单行经济法规的决议》，授权两省人大按照该省经济特区的具体情况和实际需要，制定经济特区的各项单行经济法规。

全国人大及其常委会进行授权立法，既可以通过单行立法以"决定"或者"决议"的形式来进行，也可以通过一部正式的法律来进行，例如通过基本法那样正式的法律把自己享有的修改特区行政长官和立法会产生办法的权力授予特区行使。第二种情形在内地的法律中也经常出现。

授权立法要遵守一定的原则。这些原则包括：

第一，授权机关自己必须享有某项立法权，然后才可以授予其他机关行使，不能授予自己依法也没有的立法权。全国人大常委会在宪法和基本法上享有无可置疑的决定特区两个产生办法的立法权，具备授权的前提。

第二，授权立法是派生立法，即根据高一级的"母法"而进行的次级立法。因此，被授权的机关在实施立法的时候，必须遵守授权机关确定的立法精神和程序，不得违背"母法"的基本原则。在程序上，授权立法必须遵守"母法"和授权机关规定的立法程序。任何违背"母法"和授权机关确定的原则精神以及立法程序的授权立法都是无效的。

第三，授权机关对授权立法有最终决定权，也就是对授权立法的监督权和审查权。首先，授权机关对被授权机关进行的立法有监督权，即监督被授权机关是否严格遵守有关授权的实质和程序要求；被授权机关在完成立法后，要及时向授权机关报备，接受授权机关的审查。

结论

尽管基本法授予特别行政区立法权，但是就像回归前英国有权为香港立法、葡萄牙有权为澳门立法一样，中央并非把所有的立法权都授予了特别行政区，基本法同样为中央保留了部分立法权。根据“一国两制”的原则，中央与特区在立法的事权上有合理的分工，中央不会就特区高度自治的事项进行立法。

根据“一国两制”的方针和基本法，港澳回归后，各自保留自己的法律制度，内地则继续实行自己的法律制度。这样在全国就形成了“一个国家，两种制度，三种法律体系（司法管辖区）”的状况。换句话说，那就是在国家统一后，全国在法律上并没有实现统一，也不追求法律上的统一。我们讲“统一”，主要是政治上、主权上的统一，并不追求经济上和法律上的统一。可以讲，在经济上和法律上香港、澳门与中国内地都是独立、半独立的实体；但是在政治上，香港和澳门并非独立的实体，也不可能成为独立的政治实体。以前在“一国一制”的观念下，我们认为国家统一不仅要在政治上统一，而且在经济上和法律上也必须实行全国一盘棋。在“一国两制”之下，显然我们的国家统一观发生了很大的变化。

但是，即便如此，既然是一个国家，一定会有一些法律是在全国每一个地方都实施的，这就是为什么全国人大及其常委会保留了部分立法权的原因。中国目前只存在很少可以在全中国范围内包括内地、香港和澳门两个特别行政区一体适用的法律。当然，宪法是适用于全国的，宪法是政治与法律的交汇点，国家政治统一的法律表现就是全国只有一部宪法。根据本文的分析，除了中国宪法，在全国包括港澳适用的“中国法律”目前只有 12 部，即上述被列入香港和澳门《基本法》附件三在香港和澳门适用的全国性法律。港澳回归后，无论讲“香港法律”或者“澳门法律”，除了讲本地立法和司法外，还要讲中国宪法、各自的基本法以及全国人大及其常委会为特区制定的其他法律，主要是列入《基本法》附件三的全国性法律。这才是回归后“香港法律”“澳门法律”的完整概念。

关于香港“司法复核”的若干问题*

一、“司法复核”的含义

“司法复核(judicial review)”，在内地一般称为“司法审查”，分为宪法意义和行政法意义两种。宪法意义上的司法复核也被称为“宪法审查”或者“违宪审查(constitutional review)”。它特指由一般法院在审理具体案件过程中对立法机关所制定的法律或者行政机关的行为是否符合宪法而进行的独立审查。法院如果发现立法机关制定的法律或者行政机关的行为违反了宪法，有权宣布这样的立法或者行政行为无效。这实际上赋予了法院审查并废止违宪的法律和行政行为的权力，是司法机关限制、约束立法机关和行政机关的主要手段。

司法复核的标准是宪法，宪法是法院司法活动的最高准则。法院被认为是监督宪法实施的主体，是公民宪法权利的捍卫者，也是国家机关之间发生权限纠纷时的裁决者。法院在司法活动中有权解释宪法，它对宪法的解释有法律效力，而且是发展宪法、使宪法与时俱进的重要方法。

在有些国家，宪法意义上的“司法复核”是由一个独立的机构而不是由普通法院进行的，例如在德国是由德国宪法法院而不是德国最高法院负责的。行政法意义上的司法复核，是指由法院对行政机关的行为是否符合一般法律、

---

* 写于 2005 年 7 月 8 日。

是否合理、是否滥用职权进行的审查监督，审查的标准通常是普通法律。这种司法复核被视为司法机关对行政机关的正常监督，一般不会产生什么争议。

香港目前的司法复核主要是指宪法意义上的，即香港特区法院对香港特区立法会所制定的本地立法以及特区政府的行为是否违反了香港基本法所进行的审查。法院有权解释基本法条款的含义，如果发现特区立法会所制定的本地立法或者特区政府的行为违反了基本法，特区法院有权宣布其无效。香港特区司法复核的最高准则是特区的“小宪法”——基本法。在香港，各级法院都有这样的司法复核权力。本文要讨论的就是这种宪制意义上的司法复核问题。

二、“司法复核”在香港的发展过程

司法复核在香港的发展可以分为三个阶段：1991 年以前、1991—1997 年和 1997 年以后。

（一）1991 年以前

香港学者认为，香港早已经有了司法复核制度。在英国人统治时期香港的“宪法性文件”是英国颁布的《英皇制诰》(Letters Patent)和《皇室训令》(Royal Instruction)。这两份文件奠定了香港政治、法律、经济制度，当时在本地具有最高法律效力，是香港回归前的“小宪法”，香港任何本地立法、港英政府的任何行为均不得与其相抵触。可以说当时的香港有开展司法复核的“宪法”基础。

但是，由于香港一直实行以总督为核心的行政主导体制，因此在相当长的时间内，香港并没有严格宪法意义上的司法复核，很难想象当时香港的法院能够宣布总督的行为“违宪”从而无效。在长达一百多年的时间里，人们只能很勉强地找到一两个这样的案例。①

从理论上讲，以前香港法院可以对港英立法局的立法以滥用职权或者超

① 见 1970 年的 Rediffusion (Hong Kong)Ltd v. Attorney-General of Hong Kong [1970] AC 1136。又见 1984 年的 Winfat Enterprises (HK)Ltd v Attorney General [1984] HKLR 32。这两个案件有一定的司法复核的因素。Peter Wesley-Smith，“Legal limitations upon the legislative competence of the Hong Kong legislature”，(1981) 11 HKLJ 3 (*Hong Kong Law Journal*)，以及“*Constitutional and Administrative Law in Hong Kong*” (Longmans Asia 1995) pp. 186 - 213。

越立法权限等为由进行司法复核，但是法院基本上不行使这项权力，因为当时英国把香港视为殖民地，殖民地人民是没有什么宪法权利的，当时港英的宪法文件并不保护香港居民的宪法权利即基本人权，香港人民不能以自己的宪法权利被侵犯为由向法院提起诉讼，法院自然也就没有机会开展司法复核。

（二）1991—1997 年期间

1991 年港英当局决定正式加入《公民权利和政治权利国际公约》，港英立法局据此通过《香港人权法案条例》。《英皇制诰》第 7 条也被修订为："香港立法机关不得在 1991 年 6 月 1 日之后，制定任何有关限制人权的法律，如果有关限制与适用于香港的《公民权利和政治权利国际公约》的规定有所抵触的话。"按照香港法律界一些人士的看法，1991 年的这些人权立法为香港法院进行宪法性的司法复核提供了正式的法律基础。由于在香港回归前全国人大常委会依据基本法对香港原有法律进行了审查，并废除了《香港人权法案条例》的个别条款，因此港英以《香港人权法案条例》架空基本法的目的并没有达到。但是基本法的宪制地位至今不能完全确立，与此有相当的关系。

随着这些立法的完成，港英开始大力推广司法复核制度。从 1991 年到 1997 年，香港司法复核的案件开始明显增加。同年即有 R v Sinyau-ming 和 R v Lum Wai-ming 案，香港上诉法院先后裁定《危险药品条例》中的若干条款及修订后的若干条款因不符合《香港人权法案条例》和《公民权利和政治权利国际公约》的标准而无效。审查的法律依据就是 1991 年修订后的《英皇制诰》第 7 条。香港法院对此条的理解是，它们可以据此审查和推翻任何在 1991 年 6 月 8 日后制定的违反《公民权利和政治权利国际公约》人权标准的本地立法。[①]

尽管如此，回归前香港司法复核的范围非常有限。"法院无权受理控告国家行为的案件；法院的审判权不得构成对其他部门（如行政部门）正常工作的干预；法院在审理案件中，如果遇到涉及国家行为的事实问题，必须向行政机关要求就该事实问题提供证明。"[②]香港法院更无权审查英国议会颁布的法律

① 陈弘毅：《论香港特别行政区法院的违宪审查权》，载《中外法学》1998 年第 5 期，第 12—18 页。

② 王叔文主编：《香港特别行政区基本法导论》（修订本），中共中央党校出版社 1997 年版，第 138 页。

和英国枢密院令以及英国政府的行为。它审查的范围只限于香港本地立法，尤其是有关人权保障的立法。

特别需要指出的是，由于回归前香港不享有司法终审权，因此，香港本地的司法复核并非终局的。当事人不服，还可以上诉到英国枢密院司法委员会，该委员会可以通过否定案件的判决来否定香港法院的司法复核。

（三）1997年以来香港法院进行司法复核的情况

1. 基本法的有关规定

1997年香港回归，基本法开始生效。基本法与世界上许多国家宪法和宪法性法律一样，没有明确规定法院是否享有司法复核权。香港法律界人士是这样认识这个问题的：

《基本法》第11条规定，“香港特别行政区立法机关制定的任何法律，均不得同本法相抵触。”这说明《基本法》是特区的最高法律规范，具有真正的凌驾地位，特区的其他一切立法不得违反《基本法》。这就为建立特区的违宪审查机制（即司法复核）提供了宪法性基础。

那么由哪一个机关来判断特区立法是否违反《基本法》呢？全国人大常委会固然是一个，但它不是唯一的，也不是经常性行使这项权力的机关。《基本法》第80条规定：“香港特别行政区各级法院是香港特别行政区的司法机关，行使香港特别行政区的审判权。”“司法”的“法”当然首先包括特区最高法，即《基本法》，特区各级法院自然负有监督实施《基本法》的职责。

《基本法》第19条规定：“香港特别行政区法院享有独立的司法权和终审权。香港特别行政区法院除继续保持香港原有法律制度和原则对法院审判权所作的限制外，对香港特别行政区的所有的案件均有审判权。”

第82条规定：“香港特别行政区的终审权属于香港特别行政区终审法院。”终审权在很多地方都是与司法复核或者违宪审查密切相关的。加之《基本法》第158条赋予了香港特区法院在审理案件时对特区《基本法》的条款进行解释的权力，所以，由特区法院实施违宪审查（司法复核）就是顺理成章的了。

《基本法》第8条规定：“香港原有法律，即普通法、衡平法、条例、附属立法和习惯法，除同本法相抵触或经香港特别行政区的立法机关作出修改者外，予以保留。”第81条又规定：“原在香港实行的司法体制，除因设立香港特别行政区终审法院而产生变化外，予以保留。”香港法律界人士认为，既然在回归前，香港已经形成了由普通司法机关即法院负责司法复核（违宪审查）的制度，香港回归后，根据《基本法》原有法律和司法体制予以保留的规定，这种司法复核制度自然应该保留下来。①

所以，香港法律界认为，基于《基本法》的这些规定，也基于香港回归前法院已经有司法复核的现实，香港特区法院在回归后应该继续享有司法复核权。

香港大学法律学院陈弘毅教授认为，“基本法是比《英皇制诰》更全面和具体的宪法性文件，成为香港社会未来发展的宏伟蓝图和总体规划。香港特别行政区法院在根据《基本法》行使违宪审查权时，扮演的角色便是《基本法》实施的权威性的监护者，这是一个庄严和神圣的任务，可谓任重道远”。② 因此，香港特区法院“在基本法下的（司法）审查范围比原有制度广泛。它是一个更有规范性的制度，（基本法）有很多对权利和自由的保障。它比《英皇制诰》更具规范性，尤其是有关经济和社会政策的问题。有关财政政策、教育、职业组织、宗教自由、民航、公务人员退休金保障、知识产权的保护——只举几个例子——都可以是宪法问题”，都可能要进行宪法性审查。“现在的趋势是扩大司法管辖权，法院可以管辖任何包括宪法解释在内的问题，即使它不能非常明确的处理。”③果然，香港回归后，特区法院多次行使这项权力，在有关诉讼中对香港本地的立法和行政行为实施是否违反《基本法》的司法复核。

2. 1997年以来司法复核的情况

香港特别行政区成立后第一个工作日，本地法律界就人为制造了一个测试性案件（test case），即马维騉案。这个案件直接挑战特区临时立法会合法性和香港原有法律是否能够保留问题。法官运用了美国1803年马歇尔首席大法官同样的智慧，表面上判决政府胜诉，认定临时立法会合法、合宪，实际上该判

---

① 陈弘毅：《论香港特别行政区法院的违宪审查权》，载《中外法学》1998年第5期，第12页。

② 陈弘毅：《论香港特别行政区法院的违宪审查权》，载《中外法学》1998年第5期，第18页。

③ Ghai Yash, *Hong Kong's New Constitutional Order*, Hong Kong University Press, 1999, p. 306.

决使新的特区法院获得了一个至关重要的权力，即通过审判权的行使，对特区立法机关和特区政府的行为乃至中央的行为实施司法复核的权力，从而巩固了香港法院回归前已经取得的司法复核权，不知不觉当中本地的立法和行政行为已经被法院进行了司法复核，法院实际上已经凌驾于立法机关和政府之上了，政府的行为从此就要受法院的监督。

从此之后，香港社会一些人士自觉不自觉地把大量复杂敏感、法院传统上从不涉足的案件起诉到法院，法院的大门也一时大开，对任何案件都来者不拒，详加审查。香港法院司法复核的范围和程度都有极大的扩展和加深。

除了上述马维騉案外，还有香港海外公务员协会诉香港特区行政长官案（有关《基本法》第 48 条第七款“法定程序”的定义问题）①、詹培忠诉立法会主席案[有关《基本法》第 79 条第（六）项，解除立法会议员资格无须等待上诉完毕问题]②、香港海外公务员协会诉公务员事务局局长案（有关合约公务员转为长俸制时须符合一定的中文语文要求并未违反《基本法》第 100 条规定问题）③、有关翁坤利及其他人案（关于《移交被判刑人士条例》第 10 条第 1 款符合《基本法》第 153 条问题）④、陈华诉坑口乡事委员会及谢群生诉八乡乡事委员会案（关于《基本法》第 40 条有关新界原居民的合法传统权益的解释、《基本法》第 26 条香港永久性居民选举权的解释问题）⑤、张文慧诉社会福利署署长案（《社会工作者注册条例》规定社会工作者必须注册符合《基本法》第 144 条及 145 条问题）⑥、Agrila Limited 诉差饷物业估价署署长案（关于《基本法》第 121 条中“应课差饷租值”的含义不仅限于该词在《差饷条例》中的意义问题）⑦、有关黄仲祺及陈树英案（关于《1999 年提供市政服务（重组）条例》符合《基本法》第 68 条第三款、第 97、98 和 160 条及附件二的问题）⑧、香港特别行政区诉吴恭劭、

---

① (1998) 1 HKLRD 615.

② (1998) 2 HKLRD 552.

③ HCAL No. 9 of 1998.

④ (1999) 3 HKLRD 316.

⑤ 137 & 139/1999, CACV 278 & 279/1999.

⑥ HCAL 25/1999.

⑦ CACV 107/1999.

⑧ HCAL 151/1999.

利建润侮辱国旗区旗案(对国旗区旗的保护和表达自由关系问题)等①。

另外还有居港权的系列诉讼案,包括陈锦雅等诉入境事务处处长案②,吴嘉玲、吴丹丹诉入境事务处处长案,徐权能诉入境事务处处长案,入境事务处处长诉张丽华案③,吕尚君及颜秀英诉入境事务处处长案④,入境事务处处长诉刘港榕等案⑤。这些案件涉及《基本法》第24条对香港特区永久居民的定义、第22条关于内地居民赴港定居的手续、《基本法》第39条关于《公民权利和政治权利国际公约》的规定以及全国人大常委会对基本法的解释的效力等问题。

2001年7月20日香港特区终审法院作出三个重要判决,即谈雅然、陈伟华、谢晓怡诉入境事务处处长案(香港永久居民通过合法途径在内地领养的儿童符不符合《基本法》第24条关于特区永久居民的定义)⑥,入境事务处处长诉庄丰源案(父母不是香港永久居民的中国公民本人在香港出生符不符合《基本法》第24条关于特区永久居民的条件)⑦、Fateh Muhammad 诉人事登记处处长案[《基本法》第24条第2款第(四)项中通常居住连续七年不包括在香港服刑的日子]⑧。

著名的司法复核案例还包括刘慧卿诉新华社香港分社社长姜恩柱案,尽管1999年6月香港高等法院裁定刘慧卿状告姜恩柱"违反私隐条例"败诉,但是实际上原告的目的已经达到。

2003年6月10日香港高等法院在 Lau Kwok Fai Bernard 代表部分香港公务员团体诉特别行政区政府立法减薪违"宪"一案中裁定,公务员团体挑战特区政府立法减薪的司法复核案败诉。2005年7月香港终审法院审结此案,公务员团体仍然败诉。

---

① (1999) 1 HKLRD 783.
② (1999) 1 HKLRD 304.
③ (1999) 1 HKLRD 315, 339I－340J.
④ (1998) 1 HKLRD 265.
⑤ FACV Nos 10 and 11 of 1999.
⑥ 终审法院民事上诉2000年第20、21号。
⑦ 终审法院民事上诉2000年第26号。
⑧ 终审法院民事上诉2000年第24号。

香港保护海港协会诉特区政府关于中环填海一事而提起的司法复核，2004年3月法院裁定行政长官和特区政府有权修订填海规划图，工程可以继续。尽管政府胜诉，但是政策的执行已经受到很大影响。

2004年3月香港终审法院就刘芳案所进行的司法复核，使得任何通过欺诈方法取得证件的人都可以到香港居留。①

最近的案例包括2004年12月的领汇上市案，特区终审法院裁定，由于没有获赋予权力缩短上诉期限，因此拒绝香港房屋委员会提出缩短领汇诉讼上诉期限的申请。

今年一些人士就特区新行政长官任期案提出的司法复核，如果不是中央先采取了释法行动，否则也会为在7月以前产生新特首带来变数。

特区律政司司长梁爱诗曾经表示，回归后，有超过1/3的《基本法》条文已经经过香港法院的解释②，而全国人大常委会仅仅作出3次解释。在这些案件的审理中，特区各级法院已经多次对特区的立法和行政行为实施了司法复核。不管法院最终判决政府胜诉或者败诉，有一点是明确的，通过这些司法复核，特区政府的行为毫无疑问地接受了法院的审查和监督。

三、与香港过去和英美的制度比较

（一）香港目前的司法复核并非回归前原有的司法制度

对于《基本法》规定的香港“原有”的法律和司法制度在回归后基本保持不变(第8条和第81条)，哪些才是“原有的”，一直有争议。我们认为应该是《中英联合声明》签订时(1984年)，最迟是《基本法》制定时(1990年)的法律和司法制度。但是英国和香港法律界一些人士认为，“原有”应该是指1997年回归前所有的制度。无论怎么计算，目前香港的司法复核都不是回归前已经存在的制度。这与《中英联合声明》和《基本法》保留“原有”法律和司法制度的精神是不符的。

香港的法律和司法制度来源于英国。但是即便在英国，香港目前这样的

---

① 终审法院民事上诉2004年3月26日。FACV No. 10 of 2003。

② 《梁爱诗：基本法争议难预知》，《文汇报》(香港)2005年5月5日。

司法复核也并不存在。由于英国实行"议会主权"的体制，议会是国家的最高权力机关，因此在英国，法院是不可以审查议会的立法是否违宪的，更不得宣布议会立法无效。虽然由于加入欧盟，这些年英国法院获得了一定的"复核"议会立法的权力，但是英国法院不会动辄宣布议会立法无效。所谓"司法复核"实际上是美国"三权分立"体制下的司法制度。在这种制度下，法院完全独立于立法和行政，三权互相独立，法院可以"复核"立法机关的立法和行政机关的行为是否违宪。由此可以看出，目前香港的司法复核是回归前后才逐渐形成的。

（二）即便在美国司法复核也是受限制的

但是，即使以美国为师，学习美国的司法复核制度，司法复核在美国也是受到各种严格限制的。

美国是世界上最早建立司法复核制度的国家。如前所述，美国宪法本身并没有赋予法院审查美国国会的立法和美国总统的行为是否符合宪法的权力。司法复核在美国是通过著名的马伯里诉麦迪逊案(Marbury vs. Madison)确立的，这个判决因此被称为是"没有硝烟的战争"，是"伟大的篡权"。从此以后，美国法院主要是联邦最高法院审理了大量司法复核案件，包括一些有高度争议的案件，例如美国要不要实行支持堕胎的政策(即计划生育问题)，未经国会批准美国对他国开战是否违宪，2000 年总统大选争议的裁决，等等，以至于有学者评论说美国最高法院的 9 名大法官实际上对所有国家大事都有最终的裁决权，只要有人起诉到法院，只要你愿意自投罗网。在上个世纪罗斯福总统实施"新政"期间，保守的最高法院频频出手，不断对他的"新政"措施实施司法复核，并宣布其违宪而无效，使得"新政"难以展开。罗斯福总统不得不采取各种措施，甚至威胁要修改宪法，增加最高法院法官人数，任命新的法官，以改变法官的构成，从而改变最高法院的态度。当然，最后终于有一些年迈的法官退休，罗斯福得以任命支持"新政"的法律界人士担任法官，最高法院才改变对"新政"的态度。美国历史上还曾经发生过由于法院的不当司法复核而引发国家大乱的情况，因此如何把握好一个恰当的"度"是法院进行司法复核的关键。

美国是一个"泛司法"的国家，也就是说法院没有受案范围的严格限制，似乎任何问题包括政治问题都可以司法化，变成一个政治性的法律纠纷，由法官来处理。很多人觉得美国法院什么案件都可以进行司法复核，美国法官什么案件都敢判。实际上，经过多年的实践和磨合，美国已经形成一套比较成熟的司法复核理论，对司法复核实施了很多限制。

这种限制主要是通过司法机关的自制(judicial restraint)实现的。司法机关应该严格遵守自己的权限范围，既不回避问题，也不应过于积极主动；既不渎职，也不越权。司法复核要做到恰如其分，尽可能不与民意机关发生冲突，尽可能不否决民意机关的决定。法官始终要公正、理性，要有科学的态度，要保持低调、消极的姿态，不事张扬，要有消极的美德(passive virtues)，应该尊重其他国家机构对自己职权的行使。司法复核绝对不是越多就越好，法院既要履行司法的职责，又切记不要动摇国本，努力把司法复核权力的运用局限在最低限度，这就是所谓的司法最小主义(judicial minimalism)。

在美国，有学者研究最近这些年美国最高法院的宪法判决，发现有一个规律，即法院通常倾向在解决具体问题的同时，把最根本的问题留下来，先不做出一个最后的决定。这种态度超出了传统的保守主义或者自由主义的划分，不属于任何其中一种，这是一种新的司法哲学或者说司法复核哲学。在程序上，奉行司法最小主义的法院在作出决定的同时，留下许多事情不做决定，法院总是从狭义的角度来看问题，法院把自己视为民主讨论(democratic deliberation)制度的一个环节，试图通过自己的司法活动引起对有关问题更多的民主讨论和协商。法院允许议会、行政机关和各地方就最终解决问题继续进行参与，这样使法院的判决建立在充分考虑各种意见、具有相当民意基础之上。

在实体方面，司法最小主义强调法院应该维护被广泛认可的美国宪法的核心本质、基本原则，例如对基本权利的保护和对法治原则的坚持。法院应该固守这些根本宪法原则，其余的则尽量不要妄下结论。

司法最小主义者以美国最高法院近几年的一些判决为例来说明自己的观点。例如，最高法院尽管认为弗吉尼亚军事学院拒绝招收女生是违宪的，但是法院并没有明确指出其他机构这样做是否违宪。① 关于安乐死问题，最高法院

① United States v. Virginia, 116 S. Ct. 2264 (1996).

多数意见尽管否定了一般安乐死的权利，但是，对医生协助的安乐死是否可以，并没有下最后结论。① 在处理互联网上的言论自由、平等保护问题、性和同性恋等问题上最高法院都是尽量留下一定的空间，为未来发展留有余地。芝加哥大学法学院的 Cass R. Sunstein 教授又把这种现象称为“决定最少主义”(decisional minimalism)。他认为，法院这样做有两个好处，一是减轻了法院判决的压力和负担，二是尽量降低了法院判决错误及其伤害的可能性。因此，“法院不应该决定那些对解决案件无关的问题；法院应该拒绝那些马上做决定条件还不成熟的案件；法院应该避免决定宪法问题；法院应该尊重自己的先例；法院不应该发布指导性的建议；法院应该遵循以前的正式判决但不是以前的附带意见；法院应该有消极的美德，对当下的重要问题最好保持沉默。”所有这些都涉及“沉默的建设性运用问题(constructive use of silence)”。②

Sunstein 认为，“当一个国家的民主处于道德或者政治上不确定状态的时候，法院不一定有最后最好的答案。司法答案也许是错误的，即使是对的，但是可能发挥相反作用”。法院最好是以民主讨论参与者的身份来加入这个过程。“司法最小主义不一定是最好的办法，但是在宪法上它却有特殊的作用，法官意识到自己的局限，知道有些时候最好的决定是对事情不做出决定。”③

司法自制或者说司法最小主义尤其表现在法院处理政治问题和公共政策问题时，一定要非常谨慎。如果法院过分积极介入政治问题和公共政策问题的解决，随意否决民意机关制定的法律，甚至把自己变成纠纷的一方，那么它就要冒很大的政治风险，即把自己变成像议会和行政机关一样的政治机关，失去自己司法机关的本性，失去自己的方向，从而最终也失去自己的公信力。像美国最高法院 2000 年介入美国总统大选计票那样高度的政治性纠纷的解决，结果自己元气大伤，社会公信力急剧降低，招致很多批评。因此，对于政治问题法院尽量不要介入，法院不应从裁判的位置上跳入运动场上。这就是司法

① Washington v. Glucksberg, 117 S. Ct. 1781 (1997).

② Cass R. Sunstein, *One Case at a Time: Judicial Minimalism on the Supreme Court*, Cambridge, Harvard University Press, 1999, pp. 4-5.

③ Cass R. Sunstein, *One Case at a Time: Judicial Minimalism on the Supreme Court*, Cambridge, Harvard University Press, 1999, p. 263.

复核的政治问题理论(political question doctrine)。

实际上，这种理论由来已久。即便19—20世纪自由主义代表人物例如韩德法官(Bills Learned Hand，1872—1961)对司法干预民选议会的决定也一直持怀疑态度。在50多年的联邦司法经验中，他仅仅两次否定国会立法，而且后来他还非常遗憾自己没有保持一个“完美的”司法记录。他深信民主过程高于任何可能的选择，几乎所有多数人的意见都不比压制这些意见更危险，法官的决定并不比人民的选择或者他们代表的选择更高明。①

这样做的原因有以下几点：首先，普通法的传统本来就是如此，即尽量采取个案的方法、对社会影响最小的方法解决社会问题。其次，这样做体现了司法尊重政治机关自我判断、司法本分和矜持的精神。第三，面对复杂的现代社会，司法机关并不比议会和行政机关知道得更多，司法机关甚至可能完全不懂一些高度专业性、技术性的问题，因此，由议会和行政机关做出决定比法院做出决定要科学合理。第四，每当人们面临新的问题、新的领域的时候，由于对这个新生事物知悉不多，因此，人们在采取行动的时候通常都会非常慎重，不轻易下结论。第五，也是最重要的是，法院的这种自我克制，体现了人民主权的精神。法院不对有关政治争议下最后结论实际上是尊重人民的选择，留下足够的时间让人民在实际生活中逐渐发现合理的规范到底应该是什么。毕竟在一个民主法治社会，人民才是一切最重要问题的最终的裁决者，人民是最终的发言者、决策者，人民才是最好的法官，即使法院也不能越俎代庖。第六，法官自己不是民选的，缺少民意基础，不要轻易否决民意机关和行政机关的决定，因此法官必须自制。

四、结语

可见，香港目前的司法复核既非香港原来固有的司法制度，也不是英国的司法传统，也不符合美国关于司法复核的最新理念和做法。

香港回归后，作为一个事实，香港特区法院已经肩负起解释基本法、监督

① Gerald Gunther, *Learned Hand*: *The Man and the Judge*, New York, Alfred A. Knopf. INC. 1994. xii.

基本法实施的责任。通过特区法院的司法活动，基本法的许多条款的含义更明确了，基本法得到了丰富和发展。我们既要肯定特区法院对基本法正确的解释，也要防止社会滥用司法复核的情况。应该通过适当方式在香港法律和司法界形成一种新的法律和司法文化，养成一种“消极的美德”，学会自制，从而恢复香港法律和司法的原貌。根据西方发达国家司法实践的经验，法院在行使司法复核权力的时候，不要轻易介入政治问题的解决，政治问题应该由政治机关（即立法和行政机关）去解决；法院一般也不要过度介入公共政策问题的决定；法院对于一些新型案件，例如环境保护和高科技案件在行使司法复核权的时候，要为社会发展和政府施政预留比较大的回旋空间，不要把新生事物一棍子打死。

回归前，香港没有司法终审权，回归后香港司法制度应该说发生了很大变化。我们经常讨论香港行政和立法机关如何贯彻实施“一国两制”和基本法的问题，但是对香港司法界如何重新给自己定位，如何贯彻实施“一国两制”和基本法，也就是法院如何处理宪制性的司法复核案件，则讨论甚少。这个问题应该引起我们的高度重视。

结语　香港为什么依然重要

几年前江苏人民出版社向我约稿，希望我写一本关于基本法的书。我也想赶在2017年香港回归祖国20周年之际，出版一本关于“一国两制”和基本法的专著，系统总结20年的实践经验，研究“一国两制”事业发展的规律，探寻中国作为一个崛起大国的治港治澳之道和特区高度自治的“艺术”。但是一直苦于没有大段时间可以静下心来研究、写作。我想，不如把20多年来自己写的几十篇相关文章，加工编辑，汇编成书，这样可以忠实记载20多年来香港发生的重大政治法律事件以及自己当时的解读，让读者对今日香港是如何形成的有一个完整的历史认识；同时把自己这一两年在各种场合发表的最新观察的文章收入，分析今日香港面对的现实问题和挑战，展望未来发展前景，这比写一本学术专著更有历史动感和现实意义。

没有想到，即便这么一项工作也不轻松。梳理总结20多年对“一国两制”和基本法的研究成果，从中找出学术脉络和中心思想，比重新写作更难。在出版社的极力督促下，现在终于完成了。这里要说明的是，由于要忠实记载20年来的历史原貌，除了个别文章的资料略有更新或者补充外，大部分文章是“原汁原味”的。读者看到的数字或者情况是写作当时的，例如回归前几年、十周年、十五周年时写的文章提到的数字，这不是作者偷懒，而是为了便于与现在的情况比较。每篇文章都注明了写作时间和原载刊物，演讲稿也注明了时间和活动名称。有些文章当时写出来了，没有发表，就只注明写作时间。还有，对文章之间有重复的内容，我尽可能进行了处理，但是有些为了保持原文的完整性，没有删节，这里一并做个解释。

明天，国家最高领导人习近平主席将率最高规格的中央代表团亲临香江，见证回归 20 年的重要时刻。此时此刻，2017 年 6 月 28 日深夜 11 点半，在维多利亚港岸边的办公室里，我刚刚与负责本书编辑出版事宜的戴宁宁女士通完电话，下意识地浏览手机，发现有朋友发来微信文章，标题是“鸦片战争爆发 177 年后的今天，我国新型万吨级驱逐舰下水”，这引起我的注意：在今天这个特殊的日子，我国完全自主研制建造的首艘万吨级大型驱逐舰下水，这将是亚洲乃至世界目前体型和威力最大的水面战舰，其意义甚至超过我国自主建造的第一艘航母。文章提到，就在 177 年前的今天，1840 年 6 月 28 日，英国发动了臭名昭著的鸦片战争（我一直称其为“毒品战争”），拥有近百万军队、当时 GDP 总量居世界第一的大清国竟然抵挡不住区区一万多英国远征军的进攻，大刀长矛敌不过坚船利炮，两年后这场战争以中国的完败而结束。175 年前，即 1842 年 8 月 29 日，就在南京签署了中国近代第一个不平等条约，祖国母亲痛失香港岛，一切关于香港的故事就此开始。这个消息让中国的网民沸腾起来，有人马上建议为了牢记当年的国耻，庆祝香港回归祖国 20 周年，今天下水的中华民族首艘万吨级大型驱逐舰应该命名为“香港舰”。经过改革开放多年的奋斗，今天我们有了 21 世纪的坚船利炮，中华民族屈辱的历史将永远成为历史，今天不同寻常！

我突然想，这也许解释了为什么南京的朋友那么执着地要出版这本书，万事皆有缘！在这里，我必须感谢江苏人民出版社几年来对我的耐心包容和持续不断的善意提醒，感谢徐海总经理、府建明副总经理和戴宁宁主任等人的理解与支持，才使本书的出版成为可能。

行文至此，作为结语，应该总结一下本书的内容观点。目前，关于“一国两制”和香港问题的讨论，有两种错误认识。有人认为，20 年前香港 GDP 占中国的 18.45％，是绝对的老大，2016 年占比下降到 2.85％，内地个别省市超过了香港；过去 30 多年，香港一直是内地最大的境外投资来源地，现在内地自己的资金都用不完,还要想办法投出去;现在全国都已经开放,走出去、请进来无需再经过香港,香港作为国家最大国际贸易窗口的功能和风光早已不复存在。这种情况下,香港还有什么用?况且“一国两制”运行起来成本很高,还不如让香港与内地特别是深圳完全融合,变回“一国一制”的常态算了。与此同时,一些极端人士认为,20 年来“一国两制”不成功,中央不断“干预”香港“内部”事务,特别是不给“真普选”,香港干脆“独立”、重新回到“两国两制”算了。

这两种观点都是极其错误的。20 年前香港的回归是永久回归,177 年前、175 年前的历史绝对不会重演,香港既不可能“独立”,也不可能重新“归英”,任何人都必须诚心诚意接受这个政治现实。中国积贫积弱的时候我们都不曾放弃香港的主权,以今日中国之强大更不可能重新丢失领土主权。既然如此,香港作为中国的一部分,在“一国”之下有两种选择,要么继续坚持“一国两制”,要么“内地化”,与内地其他省市一样实行“一国一制”。主张“一国一制”的人,显然没有弄清楚“一国两制”的来龙去脉、精神实质和战略考虑,没有看到保持“两制”不变,不仅是香港繁荣稳定的需要,也是国家发展的战略需要。比如,中国每个城市都可以讲中文,我们还需要增加一个可以讲中文的城市吗?我们缺少的是可以普遍讲英文、可以双语工作的城市,香港就应该保持自己的英语特色。因此,坚持“一国两制”不改变、不动摇,确保“一国两制”在香港的实践不走样、不变形,继续深化“一国两制”的贯彻实施,严格依照基本法办事,完善与基本法实施相关的制度和机制,无论对香港或者整个国家都是最佳选择。我们既不会允许香港“独立”,也不会允许香港“内地化”,“一国两制”是必须长期坚持的基本国策,是中国特色社会主义和中华民族伟大复兴事业的重要组成部分。

2006 年我写过一篇文章,谈香港为什么仍然很重要。今天看来这篇文章的观点仍然不过时。我认为,1949 年中华人民共和国成立后,香港以其独特的地位一直在中国经济社会发展,尤其在中国与西方沟通方面发挥着非常重要的作用。由于西方国家对新中国的封锁,在相当长的历史时期,香港几乎是中国与外界联系的唯一窗口,是中国开展外贸的主要渠道,是中国外汇收入的主要来源地。对于西方,香港就像一个巨大的“中国城”(Chinatown),西方人通过香港认识中国；而对于广大的中国腹地，香港就像一个巨大的“西洋城”(Westtown)，中国内地人通过香港认识西方，在中国与西方之间，香港发挥着独特的桥梁和纽带作用。这些年随着中国改革开放步伐的不断加快，西方世界不再必须通过香港才能与中国开展交往，中国也不再必须通过香港与外界联系，香港的地位作用似乎降低了，其重要性似乎不如以前了，中国在迅速现代化，世界在快速全球化，香港会不会被自己的祖国和世界双重边缘化呢？

我认为，香港回归祖国后，其重要性不仅没有降低，反而无论从国内或者国际来看，香港的地位都在提升。只要香港能够把握中国现代化和世界全球化提供的历史机遇，善加利用“一国两制”的制度优势，在中国与世界之间给自己一个合适的新定位，就不会被边缘化。这可以从香港对国家改革开放、对解决台湾问题和对国际社会三个层面来观察 1997 年后香港地位的提升。

第一，“香港经验”仍然是中国内地进行市场经济改革和现代化建设的重要参照。香港是资本主义市场经济高度发达的地方。中国改革开放的重要目标是建立社会主义市场经济体制，实现国家的全面现代化。在这个方面，中国当然可以向西方发达国家学习，但香港经验却是无可代替的。香港有其独特的优势，除了地缘外，她毕竟是一个华人社会，拥有完善的市场经济体制和法治，加上香港中英文两种语言的优势，对国家经济体制改革具有重要借鉴意义。与苏联等社会主义国家比较，中国市场经济改革能够成功的一个重要原因就是中国人对市场经济并不陌生，因为在中国大地上除了社会主义制度外，本来就已经有了成熟发达的市场经济体系，那就是香港，其他社会主义国家则不存在这种情况。相比其他社会主义国家在市场经济改革中迷失方向，甚至导致国家崩溃，中国能够驾驭市场经济，能够成功应对国际金融风暴，很快适应 WTO 的挑战，香港经验和贡献弥足珍贵。这是“一国两制”带来的独特的制度优势。

今天，尽管中国在建立社会主义市场经济体制和现代化建设方面已经取得了很大的进步，但是这一切还刚刚开始，还有很长一段路要走，尤其在法治和政府管理体制方面与发达经济体相比还有很大差距。作为特别行政区的香港在这个方面仍然发挥着其他地方包括上海所无法代替的作用。此外，香港无论过去、现在或者将来，仍然扮演中国与世界“超级联系人”的角色，前港督威尔逊勋爵（Lord David Wilson）（1987—1992 年在任）曾经说香港是“亚洲的国际都会”（Asia's World City），我认为香港首先是中国的世界城市（China's World City），一如纽约之于美国和世界。

第二，香港经验对解决台湾问题的影响。一个现代化的中国必然是一个统一的中国。香港不仅要为中国的市场经济改革和现代化建设做贡献，而且在最终实现国家统一方面也发挥着独特的作用。尽管越来越多人主张把台湾问题与香港问题分开来处理，不要把香港发生的事情与未来的台湾联系在一起。的确，台湾问题与香港问题很不一样，不应该事事都把二者联系在一起。但是，不管我们愿意不愿意，总是有人拿香港来说事，一定会拿香港来比较，来攻击中国大陆的“一国两制”政策，这二者实际上是无法脱节的。“一国两制”在香港的成功实施，尽管不可能说服所有的台湾人接受它，更不可能改变极端“台独”分子的态度，但是肯定会说服更多台湾同胞接受“一国两制”，至少会使更多的台湾同胞对中国大陆产生更大的好感。因此，无论如何，把香港治理好，确保“一国两制”在香港的成功实施，对于解决台湾问题意义重大。

第三，回归后香港的国际重要性。中国成功运用和平方式和“一国两制”的模式解决香港问题，对于其他国家也是一个很好的参照。人类发生的很多战争都是因意识形态和宗教信仰不同造成的。不同的人民、不同的种族选择不同的信仰、不同的社会制度，这是正常的。任何一种社会制度都是我们中的一部分人对自然、历史和社会长期思考的结果，都有其产生的客观依据。我们可以不同意它，甚至可以批判它，但是武器的批判不可随意取代批判的武器。人类必须学会与自己的同类和谐和平相处，国与国必须学会共存双赢乃至多赢。“一国两制”就是中国人运用东方智慧提出的解决类似历史遗留问题的中国方案。把“一国两制”的成功经验推而广之，运用于解决国家与国家之间的关系，那就是不让意识形态和社会制度的不同成为国家与国家之间不和平的理由，乃至成为战争的借口。“一国两制”的持续成功具有特别的国际重要性。确保“一国两制”的成功和香港的繁荣稳定，不仅符合香港同胞的利益，符合中国的国家利益，而且也符合香港居民中外国公民的利益，符合他们自己祖国的利益，全世界也是“一国两制”的受益者。

其实，香港不是依然重要，而是永远重要。上述这些分析固然有很多道理，但是，最根本的一点应该是，属于自己的国土不能仅仅用经济利益来衡量其重要性，不是富了就重要，穷了就不重要。我们国家尽管很大，但是每一寸土地都不是多余的，都同等重要。1793年英国国王乔治三世派使团向乾隆皇帝请求“相近珠山地方小海岛一处，商人到彼，即在该处停歇，以便收存货物”。对此，乾隆皇帝在给英国国王的敕谕中严正指出，“天朝尺土俱归版籍，疆址森然。即岛屿沙洲，亦必划界分疆，各有专属……此事尤不便准行”，坚决加以驳回。在中华民族接近全面复兴的今日，香港与祖国其他地方一样，永远都重要，与祖国永远不分离。

总之，香港1997年回归祖国不是“一国两制”的终点，而是一个起点。同样，今年香港回归祖国20年也不是“一国两制”的终点，只是一个起点，而且是更高的起点。处理好香港问题，确保“一国两制”持续成功实施、基本法全面落实，对于国家的改革开放和现代化建设、对于实现台湾与大陆的统一有重要意义，对于其他国家乃至对于建构一个和谐和平的世界秩序也具有相当的重要性。无论就国家层面或者国际层面而言，香港的地位都在上升，作用都在加大。对于国家而言，“一国两制”是全新的开创性事业，已经积累了很多经验，还需要解放思想，大胆做依据宪法和基本法应该做的事情，真正承担起中央作为主权者的责任。对于香港而言，也要解放思想，把握历史机遇，善加利用“一国两制”和基本法提供的各种便利和好处，找准自己在国家中和国际上的合适位置，认真研究如何把香港现有优势与中国现代化和全球化的需要结合起来，不断扩大现有优势，发展新的优势，搭上国家现代化的快车，与祖国一起迎接全球化的挑战，香港才不会在国家现代化的伟大事业和全球化的浪潮中被人遗忘，被双重边缘化。

回顾总结20多年研究“一国两制”与基本法的历程，我有两个出发点：其一，把“一国两制”和基本法当成一门科学来研究，我坚信一切社会科学研究必须采取科学的立场、态度和方法，这样才不至于泛政治化，误国误民，伤人伤己。作为学者，我热爱真理，追求真理。我只求讲出自己真实的想法，讲实话，讲真话。我不追求华丽的辞藻，也不奢望语不惊人死不休。后来我才知道，一个人这样做要付出不小的代价。我的一些学术观点，有时会被人误解、曲解、攻击。即便如此，我还是要这样做，不会改变自己对真理的终极追求，不会改变自己的学术风格和志趣。

其二，热爱祖国，这是任何一个学者应该有的基本政治取态。法国 19 世纪著名科学家路易·巴斯德(Louis Pasteur)是微生物和细菌学的奠基人，他讲过科学没有国界，成果是属于全人类的财富，但科学家是有祖国的。他还说，科学家没有必要在意当下人们是辱骂还是称赞，而要考虑多年后后世的评价。在很多国家，不管左中右派，不管建制派还是反对派，都共同坚守的政治底线就是“爱国”，爱国是光荣的，不爱国是可耻的。例如在美国选举中，共和、民主两党都对爱国没有争议，大家在这一立场上团结一致，谁也不敢在国家安全方面说三道四。参选人比的是谁更爱国、谁更能维护国家安全，这就是美国的“政治正确”。

这也应该是一切做学问的人必须坚守的底线和学术伦理。永远拥有一颗赤子之心和家国情怀，对人民和大地真诚的热爱，应该体现在一切学术研究之中。特别是中国学者，关心中国人民，让中国人民幸福，能够理解中国问题，这本身就是对人类莫大的贡献。因此，任何学科的学者都应该爱国爱民。正如著名诗人艾青在《我爱这土地》中的诗句：“为什么我的眼里常含泪水？因为我对这土地爱得深沉。”

清华校园中矗立着闻一多先生的塑像，下面镌刻着他的一句名言：诗人主要的天赋是爱，爱他的祖国，爱他的人民。我以前在清华大学的同事、来自香港的何美欢教授毕生奉献给中国市场经济法治建设和优秀法律人才的培养，她的座右铭就是“一切学术为中国”。

自然，这也是我 20 多年来研究“一国两制”与基本法的根本出发点和立足点：追求科学，追求真理；热爱香港，热爱祖国，热爱“一国两制”事业；为了香港，为了祖国，为了人类和平进步。

2017 年 6 月 28 日深夜于香江之畔

图书在版编目(CIP)数据

“一国两制”与基本法:二十年回顾与展望/王振民著. --南京:江苏人民出版社,2017.7
ISBN 978-7-214-21078-4

Ⅰ.①一… Ⅱ.①王… Ⅲ.①一国两制—香港②特别行政区基本法—香港 Ⅳ. ①D618②D921.94

中国版本图书馆 CIP 数据核字(2017)第 151521 号

书　　名 “一国两制”与基本法:二十年回顾与展望

著　　者 王振民
策划编辑 徐　海　戴宁宁
责任编辑 戴宁宁　石　路
装帧设计 陈　婺
责任监制 王列丹
出版发行 江苏人民出版社
出版社地址 南京市湖南路1号A楼,邮编:210009
出版社网址 http://www.jspph.com
照　　排 江苏凤凰制版有限公司
印　　刷 江苏凤凰扬州鑫华印刷有限公司
开　　本 718毫米×1000毫米　1/16
印　　张 22.5　插页2
字　　数 330千字
版　　次 2017年7月第1版　2019年12月第3次印刷
标准书号 ISBN 978-7-214-21078-4
定　　价 58.00元